你不了解的南宋史

霏婉 著

辽宁人民出版社

© 霏婉　2022

图书在版编目（CIP）数据

你不了解的南宋史 / 霏婉著 . —沈阳：辽宁人民
出版社，2022.8
ISBN 978-7-205-10444-3

Ⅰ . ①你… Ⅱ . ①霏… Ⅲ . ①中国历史—南宋—通俗
读物 Ⅳ . ① K245.07

中国版本图书馆 CIP 数据核字（2022）第 070356 号

出版发行：辽宁人民出版社
　　　　　地址：沈阳市和平区十一纬路 25 号　邮编：110003
　　　　　电话：024-23284191（发行部）　024-23284304（办公室）
　　　　　http : //www.lnpph.com.cn
印　　　刷：北京长宁印刷有限公司天津分公司
幅面尺寸：170mm×240mm
印　　张：21
字　　数：260 千字
出版时间：2022 年 8 月第 1 版
印刷时间：2022 年 8 月第 1 次印刷
责任编辑：赵维宁　贾　勇
封面设计：乐　翁
版式设计：一诺设计
责任校对：冯　莹
书　　号：ISBN 978-7-205-10444-3

定　　价：59.80 元

目录 Contents

第一章

高宗嗣统——南宋建立

大宋自开国以来，长期面临两大外敌，一个是雄踞北方的契丹辽国，一个是盘踞西北的党项西夏，谁也没有想到，最后威胁到宋朝根基，导致北宋灭亡的是一个横空出世的女真金国。

也难怪宋徽宗在听闻噩耗时，握着近臣的手大叹："何至于此！"而后昏倒在龙床之上。等他再醒来，便急吼吼地把皇位传给太子，逃离汴京。

徽宗选的继承人是跟自己一样懦弱怕事的宋钦宗。若不是宰相李纲坚持死守，钦宗甚至已经爬上逃跑的轿子。

靖康元年（1126）正月，在李纲的坚持、无数将领的死守下，金军领教了宋朝国都的固若金汤，转而提出和谈。懦弱的钦宗接受了对方提出的条件，金军在局面不利的情况下，满载而归。但这一次的转危为安，只是将北宋灭亡的日期往后推延了数月。

同年（1126），金军再次南下，依然由大将完颜宗望（女真名斡鲁补）、完颜宗翰（女真名黏没喝）领兵，于闰十一月攻破汴京，俘虏徽宗、钦宗二帝。次年，金太宗下诏将二人废为庶人。四月，金军一把火烧了宋朝的都城，带着大批战利品，徽宗、钦宗、皇室人员以及宰执大臣们等三千人，启程北归，史称靖康之耻。

北宋就此灭亡。

金人带走全部皇室成员的目的很简单——斩草除根，彻底断绝赵氏再起的可能。

但若一切都如金人所愿，便不会有之后的南宋。

冥冥之中，自有天意。

徽宗第九子康王赵构奉旨离京，因而逃过发生在汴京的劫难。

徽宗共有三十一子，其中排行第九的赵构并不出众。其生母韦氏宫女出身，身份卑微，在徽宗的众多嫔妃之中也不得宠。甚至，韦氏能生下赵构都属机缘巧合。

韦氏和深受徽宗宠爱的贵妃乔氏原本都是宫女，两人情同姐妹，彼此约定：将来不论是谁先富贵，都要提携对方。后来，貌美如花的乔氏先得到荣宠，她没忘记当初的约定，几次三番恳请徽宗宠幸韦氏。韦氏唯一还算可以的，大抵就是性格温良，但是在后宫之中，温柔顺从的女子实在太多，徽宗对韦氏没什么兴趣，但是爱妃又多次请求，他才临幸了韦氏。韦氏因此受孕，诞下儿子，这便是赵构。

赵构天性聪明，博闻强识，史书记载他在武学方面也不错，可以拉开一石五斗的大弓，是个能文能武之人。赵构十五岁那年，被封为康王。韦氏并未因儿子封王开府而得到晋升，依旧是后宫之中一个地位不高的修容，但韦氏的内心非常满足，儿子健康长大，封为王爷，就算是皇室闲散之人，也不会缺荣华富贵，她的地位不论高低，这后半生都算有了依靠。

可惜，历史并未像韦氏期盼的那样发展，她很快被晋升为贤妃。

靖康元年（1126）十一月，金人第一次渡过黄河包围汴京，向宋朝提出的要求之一是徽宗得派出一个亲生儿子到金国为质。徽宗的儿子们个个心惊胆战，深知一旦到了金国，必然没有好下场，轻则受辱，重则丢命。这个时候，康王赵构站了出来，自请前往。

徽宗大概是第一次意识到，自己还有这么一个儿子。

十九岁的赵构气定神闲，目光灼灼，他并非懵懂不知前景，而是有着不惧赴死之心。

韦氏丝毫没有封为龙德宫贤妃的喜悦，她恨不能拉住儿子的衣袍，恳请他不要前往金营。对于一个母亲而言，如果要用儿子的性命去换取尊贵，那她宁可不要这份尊贵。

历史，不会因一个母亲的哀求而改变。

徽宗领着文武百官，亲自给赵构送行。

赵构随后离开宋军范围，步入金营。

金国主帅完颜宗望、完颜宗翰要给这个宋朝皇子一个下马威，在大帐周围安排的净是目含杀气、手持军刀的武士。

赵构目不斜视，镇定自若，随后在金营中的日子，他如常看书生活，与在家中并无二致。

完颜宗望不相信这个宋朝皇宫里长大的十九岁年轻人能如此镇定，故意问他看什么书。赵构答曰：“《孙子兵法》。”

完颜宗望讥讽道：“宋人果然只会纸上谈兵。”

赵构随即道：“那将军将弓借我一用如何？”

完颜宗望遂把弓箭给他，并道：“我这弓箭一般军人都拉不动，就不信你这个宋朝皇子能有此本事。”

赵构不再言语，拉弓搭箭，对着天空射出一支箭，直飞入云。

完颜宗望大吃一惊，对赵构的身份产生怀疑。他猜测眼前这个送来做人质的年轻人是将门之后，是个冒充的宋朝皇子。随后发生的事情，更是加强了金人的这份猜测。

当时，宋朝各地听闻京城危急，集结勤王兵马，陆续赶到京城救援。宋廷鉴于双方兵力变化，一改之前的懦弱，派出敢死队突袭了金营。

金营防御森严，并未因为一时处于优势而放松戒备，宋朝的敢死队没有讨到任何便宜，反而被金人全歼。

金人虽然赢了，但非常生气，当即问责宋朝，并要把他们认为的假皇子赵构送回去，让宋朝换个真皇子来。宋朝只得将五皇子肃王赵枢送去做人质，赵枢此后再没能回宋。而回到京城的康王赵构则获得朝野内外一致赞赏，被加封为太傅、定武军节度使。

韦贤妃悬了十多天的心终于落下。

金人听说赵构被加封的消息，才明白他确实是个真皇子。因此在第二次渡过黄河围攻汴京的时候，金人点名要康王赵构前去议和。这实际上只是金人的奸计，他们表面议和，背地里对大宋的进攻一点没有放松。

但宋朝没有选择，康王赵构因此离京，再一次踏上了前往金营的道路。在他走到磁州时，老百姓把与赵构同行的王云看作卖国贼，将王云活活打死，守臣宗泽等人也力劝赵构留下。

宗泽说："肃王一去不返，如今金人狡猾地提出非要请您前往议和，他们的兵马已经逼到眼前，您再去又有何好处？还是不要去了！"

赵构经过多方考虑，决定暂时不再前行。

赵构到了磁州之后，金人失去了他的信息。他们认为赵构是个隐患，派出数百骑兵到磁州城下打探赵构的消息。

知相州的汪伯彦得知消息，给赵构送去密信，并亲自带着箭弩，领兵到黄河边将赵构悄然接到相州。

后世将汪伯彦定为奸相，但他在当时国将灭的环境下，确实保护了赵构这个皇室血脉。赵构也因此对汪伯彦极为信任，他跟汪伯彦说："将来若能见到陛下，定请他任你为京兆尹。"

他们还不知道，已经再没有机会见到钦宗了。

此时被金军围在京中的钦宗，正把骗子郭京当作最后的救命稻草，听信其能请来天兵天将击退金军的谎言。

也许，在内心深处，钦宗也清楚这不过是饮鸩止渴，根本起不到作用。因此在汴京即将城破之时，他听到赵构在相州的消息，马上命心腹秦仔等四人，将有着"封赵构为河北兵马大元帅，汪伯彦、宗泽为副元帅"密旨的蜡丸藏在头发中，突出重围，去寻赵构。

靖康元年（1126）十一月二十五日，金军兵临城下，发动总攻。郭京爬上城头，命人打开城门，让他招来的天兵天将出城迎击。推演过无数种攻城方式的金军，做梦都没有想到会这般轻易地冲入城去。宋朝的皇城最终便以如此可笑的形式被金军拿下。

十二月，收到密旨的赵构在相州正式建立元帅府，并发出诏令，集结军队，进京勤王。入宋各地残余的兵马和百姓已经失去了主心骨，各自为战，形如散沙。这份诏令一出，如一星微弱的火种，点亮了大家心头的希望之灯，各地残余的兵力开始聚集。

最先抵达的是磁州老臣宗泽和他召集的两千余人，加上相州本来的兵马，赵构手里有了万余兵马，终于不再是一个光杆司令。

要靠这一万余人赶走金军，实属天方夜谭。赵构很清楚这一点，但他依然宣布启程，带兵去解京城之危。

在这万余人中，有一个刚刚二十岁的相州当地小伙，听闻招募士兵，他踊跃报名，后来成长为一代将领，他活着的时候差点改写中国历史，扭转宋金格局，他死后亦是令无数中国人充满敬仰、为之不平的抗金英雄。这个年轻人叫作岳飞。

"三十功名尘与土，八千里路云和月。莫等闲，白了少年头，空悲切。"

此时，激昂慷慨的《满江红》还未面世，岳飞也还只是一员新入伍的小兵，但报效国家的理想，以及母亲"尽忠报国"的教诲已深深根植在心头，他满怀期待地看着队伍前方的赵构。

赵构宣布大军出发。

宗泽担任先锋，为其开路。这位文臣在战场上表现出色，以如此稀少的兵力与金人力战，最后将大名府（今河北省邯郸市大名县）打下。

赵构和汪伯彦随后带着主力部队抵达大名府。

信德府（今河北省邢台市）知府梁扬祖随后率三千兵马赶到大名府，加入赵构的队伍，其麾下兵官张俊、苗傅、杨沂中、田师中等，皆是后来南宋历史上赫赫有名的将领。

勤王队伍扩大，威名提振，正是加快勤王速度的好时机。

官员曹辅却从汴京赶到大名府，拿出钦宗的密旨，对众人道："金人登城不下，刚刚要和我们议和，陛下要你们屯兵近旬，不要轻举妄动。"

对于这份密旨，几人的态度泾渭分明。

汪伯彦认为密旨为真，应当听从君王之言，等待后续指令。如若轻易出动，就是抗旨。

宗泽认为密旨有诈，很可能是已经攻破了汴京、挟制钦宗的金人的诡计。现在时间就是一切，大军应当马不停蹄地赶去解汴京之危。

赵构则有自己的判断，经历过一开始的热血冲动之后，他已经冷静下来，清楚认识到眼下这些人手去对付强悍的金军，等于以卵击石。

汴京之危，自然要救。赵构派宗泽先行，前往澶渊。

钦宗旨意，自然也要听。汪伯彦请求移师东平府（山东省泰安市东平县）。赵构听从建议，而此时不在赵构身边的宗泽就算想反对也鞭长莫及。

靖康二年（1127）正月，宗泽已奉命离开大名府，奔赴开德，其间与金人大战十三回合皆胜。随着捷报连连，宗泽一边请赵构号召天下各路兵马到京城会师，一边派人送信给北道总管赵野、河东北路宣抚范讷、知兴仁府曾懋请求增援。后者认为宗泽没有胜算，没有回应。宗泽无奈，只得继续孤军进军。

都统陈淬向宗泽提出，敌人兵强马壮，不可轻举妄动。宗泽大怒，差点将陈淬斩首，诸将纷纷求情，陈淬才被宽免。不久，陈淬戴罪立功，大败金军。

但是，宗泽的军队随后便与金军主力相遇。宗泽避其锋芒，转而往东。而金军那边不断有增援前来，宗泽被前后包围。

眼见部将王孝忠战死，周围都是敌军，宗泽下令道："反正进退都是一死，我等唯有死中求生了！"

众将士报着一死殉国的决心，无不以一当百，奋力杀敌，很快斩杀金军数千人。

金军被这不畏生死的气势震撼，败退数十里。

宗泽估计金军不会善罢甘休，金军人数是宋兵的十倍多，一战而退只是暂时的，金军定会再来。而眼下敌强我弱，如若再遇，未必还有胜算。宗泽于是下令趁夜转移。果如宗泽所料，金军当晚发动偷袭，但没想到宋军已经悄然退却。偷袭未成，而金军意识到宗泽果然是个用兵了得之人，对他生出敬畏，准备避开宗泽不与他正面作战。但令金军更意想不到的是，宗泽兵行险招，随后派兵渡过大沟河，主动对金军发动袭击并获得胜利。

靖康二年（1127）二月，赵构听从汪伯彦的意见移师东平府，依靠着宗泽吸引金军主力兵马的注意，赵构和汪伯彦带着主力部队迁回东移，并没有离汴京越来越近，而是绕着开封画了个半圆，最后在山东境内的济州、濮州等地屯兵。

高阳关路安抚使黄潜善、总管杨惟忠带着数千人赶来，真定总管王渊也带来了三千人。至此，陆陆续续聚拢到赵构麾下的已有八万人，成为一股不可小视的势力。

在汴京的金军听闻消息，一面加快在汴京搜罗金银美女，一面威胁钦宗马上派人叫赵构回京。

接二连三收到催他回京的诏书，赵构没像第一次收到钦宗诏书时那般痛哭流涕，他问左右怎么看待此事。

后军统制张俊说："这多半是金人奸计。您如今在外，受命于天，不能轻易前往京城。"

此话正中赵构下怀。

金人见赵构没有中计出发前往汴京，派遣五千骑兵奔驰而来，意在取赵构之命。

哲宗朝的宰相吕公著之孙吕好问当时在汴京，闻讯赶紧派人给赵构送信，并建议说："如若康王您的兵马，可以对抗就与之尽力一战，若是不能，就尽快远避。"

在这期间，金军其实已开始准备北撤。

金人也没有想到此次南下，能一举拿下汴京以及宋朝的皇室。金人并没想好怎么治理黄河以南大片的土地和数以万计的宋朝百姓。再加上中原的气候对金军来说难以适应，眼看冬去春来，马上就要进入炎夏，离开家乡许久的金军都希望早日北归。

金国决定参考当年辽国起用宋朝降臣治理抢来的土地的经验，在汴京的金军将领完颜宗望先后约谈了保静军节度使萧庆和汉军都统制刘彦宗，两人都不敢接受这种任命。

金人见状，决定建立一个伪汉人政权。当然，这个伪政权姓什么都可以，就是不能姓赵。在做出决定之后，金人把徽宗、钦宗贬为庶人，随后宣布推选异姓天子。为了平息百官和百姓的反对，金人逼迫钦宗赵桓对被叫去投选新皇帝的百官们表示："我辜负了百姓和天下，确实不适合为天子。如今另立贤者，是百姓之幸。"

百官们也不知道选谁才符合金人需求，又不敢相互商量，一个个如芒刺在背，坐立不安。

就在大家左右揣测写谁的名字时，左司员外郎宋齐愈掏出一张写着"张邦昌"的字条。

张邦昌是何许人？

原来，金人第一次要求宋朝送出一个皇子去金国为人质时，还要求出一个宰相陪同。那次去金营的人是康王赵构，而陪同去的宰相便是张邦昌。与赵构的气定神闲形成鲜明对比，张邦昌刚见到金军就吓得腿发软，痛哭流涕。

后来，康王赵构被退了回来，换肃王赵枢去做人质，陪同的臣子依然是张邦昌。

让百官们投票推选天子的时候，张邦昌还在金营之中，并不在汴京。不知道是百官趁其不在不能反对，还是认为宋齐愈拿出的写有"张邦昌"的字条是金人的暗示，总之，百官们不由自主把手里的票投给了张邦昌。

当然，也有人不肯就这样顺从金人推选异姓天子。同知枢密院事孙傅发起了"乞立赵氏"的行动。

孙傅深深后悔当初支持钦宗相信骗子郭京，导致汴京城破。钦宗被要求前往金营，同时身为太子太傅的孙傅受钦宗之托，陪同太子监国。后来金人搜罗太子、皇子、公主等赵氏皇室成员时，孙傅曾预谋将年幼的太子藏于民间，寻找类似的孩童替代，可惜没能成功。太子哭着被金军带走时，孙傅要求同往。

金军表示："你可以不去。"

孙傅道："我乃宋朝大臣，且是太子的师傅，应当死从。"

后来宋朝的臣子们知道金国准备立异姓王管理宋朝的土地，于是展开"乞立赵氏"的行动。孙傅给金军将军府上疏，请求立赵桓为帝，被拒后又请求立任何一个皇子为帝，再次被金人拒绝。

孙傅锲而不舍，继而上疏表示只要是赵氏的子弟，随便立哪个都可以。

他是完全没看明白金人不想赵氏复起的决心，自然又一次被金国拒绝。

孙傅在上疏中写道："择立异姓，天下人不服。"

金国狠狠训斥他："若废旧立新如此艰难，当初赵氏如何被拥戴？当年宋太祖自立为帝都成功了，如今天下推举贤能，谁说不行？"

在反对立异姓天子的过程中，许多忠臣文人都表达了反对，被后人认定为奸相的秦桧也是其中一员，当时他任御史中丞，写了洋洋洒洒的千字文来反对立异姓天子。秦桧这篇文章写得实在太好了，令金人对他印象深刻，下令："把这小子拘起来。"

最终，张邦昌被定为伪政权的异姓天子。当时身在金营的张邦昌也表示反对，金人骗他是册立赵氏为天子，要他辅佐，请他尽快入城。

待张邦昌穿戴朝服赶到城内，百官夹道等待相迎，金人昭告天下："张邦昌被推选为皇帝。"

张邦昌惊倒之余，又是称病，又是绝食，坚决不同意。

金人随后要挟："若三日之内不接受做天子，就先杀大臣，再杀军民！"

百姓们为了避免金人屠城，哭着求张邦昌接受这个推选结果。

张邦昌无奈只得接受，他虽懦弱，并被列为《宋史》叛臣中的第一人，但设身处地地思考张邦昌所处境地，便能理解他为何说出"愿用我九族性命换一城百姓的性命"这句话。个人的生死也许不如君臣礼教，但是一城百姓还不如吗？那可是几十万条性命！被金军反复践踏的汴京，实在承受不住再来一次劫难！

不理解张邦昌的不光是史官，还有许多官员，他们没有勇气反抗金军，却决定密谋杀掉张邦昌，似乎杀掉了这个人，金人就不会立李邦昌、王邦昌一样。殊不知对金人来说，立谁，立几次，又有何难！

密谋杀张邦昌的官员们抱着必死的决心起事，在起事之前，他们将妻儿杀死，以绝后路。

如今看来，这些细节不禁令人长叹，中华民族从来不缺勇敢的人，张邦昌是勇敢的人，密谋杀张邦昌的官员也是勇敢的人，他们为天下、为百姓抛却个人生死荣辱。但是，如果把这份勇敢放在与金人对抗，誓死保卫汴京上，似乎远比用在后来种种更为合适。

靖康二年（1127）三月七日，张邦昌登基，国号大楚。

登基仪式搞得如同丧事，不论张邦昌，还是群臣，都愁容满面。仪式上，张邦昌没有坐文德殿的帝座，而是在侧下方另外放置了一张椅子。群臣要向他朝拜时，他慌忙站起身不受，并对群臣说："是为百姓而行权宜之计，不敢窃位。"

群臣坚持要朝拜，张邦昌于是转身面东而立，并且几次悲从中来，痛哭出声。历史上，做皇帝的人，恐怕没几人如他这般战战兢兢，充满悲切和自责。他不敢有丝毫僭越之举，在接下来在位的三十多天里，不称朕，不受朝拜，并将皇宫房屋用写着"臣张邦昌谨封"的封条封起来，完全是一个臣子为赵氏守家护国的姿态。

　　登基七日后，张邦昌前往金军将军府，求见完颜宗望等人，表示城内百姓已经没有金银和粮食了，如若继续搜刮，无异于将百姓逼向死路。他提出七项请求，包括：不毁坏赵氏宗庙；免征金帛；保存汴京城楼；三年后迁都南京，即应天府（今河南省商丘市）；五日内金军撤兵；让他以帝为号，称大楚帝；向金国借一些金银以在日后需要时做犒赏用。

　　完颜宗望等答应减免岁币，并释放了一些大宋臣子。

　　甚至当初写千字文反对立他为异姓天子的秦桧等人，张邦昌也请求能将他们释放，但被金国方面拒绝。

　　四月一日，金军北归。

　　如南下时一样，金军分为两路，一路由完颜宗望负责，监押徽宗、郑皇后等人，沿滑州（今河南省安阳市滑县）北去；另一路由完颜宗翰监押包括钦宗、朱皇后、太子等人沿郑州北行。皇室成员、臣子、教坊乐工、技艺工匠等数千人，以及金银珠宝、宋朝奇珍，被分为七批陆续押送，前往金国。经济文化繁荣昌盛的北宋终以这不堪回首的靖康之耻收尾。

　　金军开始撤离这日，张邦昌在南熏门送别徽、钦二帝，他全身缟素，潸然泪下，身后的臣子也无不悲切。

　　金人给张邦昌留下了管理所需的臣子，书信告知赵构金军动向的吕好问也在其中，他被任命为事务官。当时张邦昌没改年号，但是不少见风使舵的臣子已经上疏请求他一定要更换年号。在这样的背景下，代理门下省的吕好问则在每次颁布的文书上都使用"靖康二年"字样。

　　金人挟徽宗、钦宗二帝撤离后，吕好问又问张邦昌："您是真想继位，还是姑且敷衍而后慢慢图谋后举呢？"

　　张邦昌表示不解其意。

　　吕好问道："金人是拿刀逼迫大臣和您，您才答应做这个临时皇帝。如今金人走了，大元帅在外，元祐皇后在内，这大概是天意。您不如尽快迎元祐皇后入宫，同时请康王早日继承皇位，那便能免于祸事，转危为安。否则的话，只怕死无葬身之地。"

在天子位子上如履薄冰的张邦昌当即接受了吕好问的建议，一边迎元祐皇后入宫垂帘听政，一边给赵构写信并献上"大宋受命宝"玉玺，请他接受天下。

元祐皇后是宋哲宗的原配皇后孟氏，不得哲宗喜欢，被哲宗宠妃陷害废黜。哲宗驾崩，徽宗继位，支持徽宗上位的向太后在世时，孟氏被短暂复位，因为她最初封后是在元祐年间，故被称为元祐皇后。向太后过世，新旧党争越演越烈，孟氏被牵连其中，二度被废，撵出皇宫，在宫外孤苦生活二十多年，甚至被从记录皇室人员的宗册上删除。但也幸好因为册上没有她的名字，元祐皇后才没被金人掳走。靖康之变时，金人根据宗室典册抓赵宋皇室成员，因此根本不知道元祐皇后这位非在册人士的存在。

张邦昌将元祐皇后迎入皇宫，尊她为宋太后。这位命运坎坷的女性，勇敢地肩负起了为赵宋坚守江山的重任。

与此同时，正努力奔向京师的宗泽听闻金军胁迫徽、钦二帝北去，立即领兵奔赴滑州，经过黎阳，到达大名府，想直接渡过黄河，控扼金人的退路，截回徽、钦二帝，然而其他勤王之师却无一到达。在他悲愤之时，又听说了张邦昌登基建立大楚之事，于是准备讨伐张邦昌，并上疏赵构说："如今赵氏的血脉只剩下您了，这是上天的授意。请尽快一起讨伐，兴复社稷国家。"

赵构接到了张邦昌请他回去继承大统的书信后，并没有表现出愿意的样子，他既没有同意，也没有拒绝，而是用词温和地给张邦昌回信，将他勉励了一番。

宗泽得知此事后，向赵构明确表示出希望赵构登基的意愿，道："天下的期望在于王爷，如果王爷行事得道，则可以使天下人之心得到慰藉。"

宋太后也派侄子孟厚忠给赵构送去请他继位的书信，并对天下发表诏书，公开表态支持康王继位，诏书中写道："汉家之厄十世，宜光武之中兴，献公子之子九人，惟重耳之尚在。兹惟天意，夫岂人谋？尚期中外之协心，同定安危之至计。"

这段文字中，宋太后将赵构比作历史上有名的两位中兴再造之主汉光武帝刘秀、晋文公重耳，言明赵构继位完全顺应天命，是众望所归。

赵构表面上对皇位并无渴望，不接受大家的推举，这让一些与徽宗、钦宗血亲关系很远的赵氏子弟蠢蠢欲动。宋太后的诏书发出之后，各地百姓都开始传诵诏书中的词句，原本有些异动的宗室子弟也只能表态支持康王继位。

那赵构为何不接受大家的推举呢？他真的不渴望皇位吗？

当然不是。

赵构跟身边人说，他在相州时做了一个奇怪的梦，梦里兄长钦宗把身上的腰带解下来送给他。送腰带的梦，赵构做没做，无人知晓。可当年徽宗面对金军压境，急匆匆要把皇位传给钦宗的时候，就有过解腰带赠予的动作。

可见，作为徽宗、钦宗唯一的嫡亲，赵构早看清了天子这把龙椅，他是唯一的人选。之所以不急于马上继位，是因为赵构顾虑张邦昌本身是金人所立，从那边拿过玉玺和皇位，依然有名不正言不顺之嫌。赵构想要的自然是从钦宗那接过皇位，而目前的实际情况，在他心中并不够顺应天命，名正言顺。

汪伯彦领会了赵构的意思，他对赵构说："钦宗的年号靖康二字，拆出来便是'十二月立康王'。您看，一切早有天授，您才是正统。"

赵构听罢，这才软下口气说："如此，是可以重新考虑大家的推举之意了。"

知南京应天府（今河南省商丘市）朱胜非也恰好来到济州，恳请赵构前往应天府："南京即宋州，是当年太祖皇帝龙兴之地，是大宋国号起源，而且交通四通八达，是个好地方。"

此提议获得宗泽的大力支持。

赵构本也不想前往汴京完成继位仪式，而若在当年太祖发迹之处继位，更能展现是天命所归之意，于是他决定听从朱胜非的建议前往应天府。

即将出发到滑州，鄜延路副总管刘光世、西道都总管王襄、宣府司统制官韩世忠都赶来会师。赵构手下的兵马增至十万。

四月，赵构抵达应天府，继位大典定在五月初一。

应天府立刻开工修建受命坛，皇帝穿的龙袍等御用之物由东京留守王时雍护送过来。同时，张邦昌也赶在四月底抵达应天府，朝见赵构。

张邦昌痛哭流涕地跪在赵构面前，表示自己实在迫不得已，为了汴京百姓不遭屠杀，才被迫做金人的傀儡。

赵构伸手扶他，表示体谅其为难之处，并赞许张邦昌，若非有他这番义举，汴京的情况必定更加糟糕。

赵构和张邦昌曾一同为人质前往金营，对于那种"人为刀俎我为鱼肉"的境况，赵构深有感触，他同身边的人说："若以后金人用张邦昌之事为借口来问罪，便说他是顺应民意而主动交权。"

五月初一，赵构即位，史称宋高宗，是南宋历史上第一位皇帝。但他依然属于赵匡胤建立的宋朝的延续，并非建立新的王朝。后人创造"南宋""北宋"之词，是为将靖康之耻前后的宋朝做出区分。

在汴京的宋太后，被高宗尊为元祐太后，后为避太后祖父孟元的名讳，又改为隆祐太后。高宗登基的同一日，隆祐太后在汴京宫中撤去听政之帘，表示还政高宗。

高宗遥上被金人掠去的钦宗赵桓为"孝慈渊圣皇帝"，生母韦氏为宣和皇太后，遥立一样被金人掠去的妻子邢氏为皇后。

张邦昌被封为同安郡王。高宗任命他为太保、奉国军节度使，后来又加封为太傅，并让他参与军国大事的讨论。

同时，高宗宣布大赦天下，但凡过去投靠过金人的朝臣，一概既往不咎，唯对徽宗时期的"六贼"蔡京、童贯、王黼、梁师成、朱勔、李彦的后人，依旧不得起用。

　　高宗登基之初这番作为，包括对张邦昌的处理，可谓宽厚，甚至有太祖赵匡胤当年之风，自此为世人开启了绵延一百五十二年的南宋篇章。

第二章

李纲入朝——南宋第一相

高宗登基后，改年号建炎。

古人讲究运术，以五行代表王朝，宋朝为火，因此赵构等人参考太祖赵匡胤的年号"建隆"，将新朝代的年号定为"建炎"，也取火能克金之意，希望借此能抵挡住金人，光复大宋，收回故土。

因高宗的登基发生在五月，故而建炎元年和靖康二年实为同一年。

新帝登基，帝国新的领导班子也随之确立，黄潜善为中书侍郎，汪伯彦为枢密院知事，吕好问为尚书右丞，王渊、韩世忠等人也都得到了相应任用。

一系列的任命之中，独独空出了宰相之位，这并非是高宗的疏漏。

这时的高宗虽然只是个二十岁的年轻人，但从他主动站出来赴金为质，到集合各地军事力量后一边喊着勤王一边却没有贸然与金军正面冲突，再到顺应民意继位等行为决策都可以看出高宗是个清醒、有政治头脑的人物。

对于宰相人选，他有着另一番深思熟虑。

新朝建立之初，宰相之位更应当给予一个深受百姓认可的人物，而此时他身边的臣子虽然都很能干，却并无一人的个人声誉或者在百姓心中的地位足够胜任此职。

那是否有符合的人选呢？

有，那便是组织并成功领导第一次开封保卫战，后被昏庸的钦宗罢官，令十万京城百姓伏阙上疏要求重用的前宰相李纲。

高宗果断下旨，请李纲火速到应天府担任尚书右仆射（即右相）兼中书侍郎。

高宗心意已决，但在朝廷之中，反对的声音并不小。

右谏议大夫范宗尹上疏说："李纲名浮于实而有震主之威，不可以相。"并一连上了三份奏折。

功高盖主一向是帝王最忌讳的事，范宗尹此话说得非常严重，直击高宗心头。但他没有真正体谅到高宗正面临的短期问题是稳定朝纲，急需一个德高望重的人物做南宋这艘大船的压舱石。即便李纲真的深得民心，功高盖主，那也可以以后处理。

高宗赞李纲："学穷天人，忠贯金石。"把范宗尹挡了回去。

另一个积极反对李纲为相的御史中丞颜歧，是张邦昌的故友，他上疏请高宗三思的理由更为离谱。颜歧道："金人喜欢张邦昌，陛下封他为三公郡王还不足够，应该加封同平章事，才显得倚重他，礼遇他。而李纲这个人最为金人讨厌，立他为相的诏书虽然已经下了，但最好能尽快罢免。"

金宋属于敌对关系，这种以敌人的喜好为用人标准的话，竟然出自一个士大夫之口。宋朝自太祖赵匡胤开国以来，给予文人最高级别的尊重，最大的包容，希望能得到有才之士为国献计，不带顾虑畅所欲言，进谏良策，但其初衷恐怕绝不包含如此荒诞的卖国行为。

高宗看到这个奏折也极为不悦，道："金人恐怕也不喜欢朕做天子，依你所言，朕是不是也不要做天子了？"

一般臣子听得此话，定然诚惶诚恐，不敢再提，但颜歧反对李纲的步伐竟然并没有就此结束，他一转身就把御史台的官印盖在反对李纲入相的奏折上，差人送给正往应天府赶来的李纲，想以此让李纲知难而退，以为是高宗同意了御史台的主张，不再需要李纲入朝为相。

颜歧的行为开创了一个特别坏的先例，翻看以往宋史，找不出一个官员敢违背圣意，暗地里做这般小动作。但是自颜歧起，欺上瞒下、不顾天下安危的荒唐行为，竟然充斥南宋一朝，一个个奸臣佞贼粉墨登场，一步步把国家推入深渊。

　　李纲倒是没被这些奏折打退，他给高宗上疏："英哲不足之人不可能成为中兴之主。英是内心刚强，可以做大事，而不会被小故左右；哲是善于明辨是非，可以任用君子，不为小人离间。愿吾皇以汉高祖、汉光武帝以及唐太宗为榜样。"并加快了前往应天府的步伐。

　　范宗尹和颜歧是明着反对李纲的主力，但并不代表其他没有站出来的人就支持李纲。高宗身边最重要的臂膀黄潜善和汪伯彦都认为自己从龙有功，宰相之位已是囊中之物，谁料半路杀出个李纲，虽然他们都位列宰辅大臣，可屈居李纲之下，他们不甘心。矛盾已经种下，只是这两人老谋深算，没有轻易发作，而是在等待时机。

　　六月，李纲抵达应天府，风尘仆仆的他立刻得到高宗召见。

　　君臣二人见面，不禁都潸然泪下，思及之前的浩劫，更是差点抱头痛哭。等两人缓过情绪，对眼下的情况展开详谈，李纲吐露出心中准备良久的光复大计，其中许多观点和高宗不谋而合，高宗甚是感动。

　　李纲道："金不是一个道义的国家，专以诈谋取胜。若我朝不领悟这个道理，永远都会在他们的设计谋害之中。幸有天命眷顾，陛下您率师在外，避免浩劫，且为天下百姓所爱戴。如今，内修外攘，迎回二圣，收回故土，定国安邦等责任在陛下与宰相。"

　　高宗已登基，因此大家不再将徽宗、钦宗称为帝，而用"二圣"替代，徽宗为道君太上皇，钦宗为渊圣皇帝。

　　言及此，李纲拿出颜歧派人送给他的奏折，表明态度道："陛下，臣在来的路上，知道了言官颜歧等人道我不足以胜任宰相，而且被金人所讨厌的事，也自知能力有限。"他推辞不做宰相。

　　高宗当即下令革去颜歧的职务，范宗尹外放知舒州（今安徽省潜山市）。

　　李纲依旧推辞。

　　高宗道："朕知道你忠义且足智多谋很久了，要使我国强盛，四方安宁，非由你出任宰相不可，爱卿不要再推辞了！"

李纲由此确认高宗坚定起用他的决心，才起身哭着拜谢道："昔日唐明皇想要让姚崇为相，姚崇提出十项举措都逐一切中问题要害。如今臣也有十项建议，请您听一听，是否符合现在面临的问题，只有得到您的准许，臣才敢接受任命。"

这十项建议分别是：

一、议国是。

李纲认为，中国自古统领四夷，能自守而后才能战斗，能战斗而后才能和平，但这些在靖康之变时都失去了。如今宋想要与金作战，尚且能力不足，但要放弃失去的故土，那也不可能甘心。所以为今之计，大宋应该自治，坚持以守为策，加强自身能力，提高士兵气势，才有可能谈收回故土、与金一战等长远之事。

二、议行巡。

李纲建议高宗尽快回汴京祭祀宗庙，以慰京城百姓之心。若汴京不能居住，则实施巡幸。根据天下的局势，以长安（今陕西省西安市）为西都，襄阳为南都，建康（今江苏省南京市）为东都，高宗对三都巡回停留，让金军难以捉摸高宗的具体位置。

三、议赦令。

特赦令一直有祖制可循，之前的大赦不符合标准，而且有滥用之嫌，会造成不好的影响，尤其是对张邦昌这种人的处理，李纲希望高宗能够重新处理张邦昌。

四、议僭逆。

有了第三条议赦令的铺垫，李纲进而提出对张邦昌的正确定性应该是叛臣。张邦昌身为国之大臣，遭遇金人的挟持而登基为异姓天子，修改国号。这等大罪，应该处死。

五、议伪命。

国家发生如此重大变故，竟然鲜少有死义之士，而做金人走狗张邦昌属下的人却不计其数。昔年肃宗平定贼乱，把这类人根据情节轻重定了六等罪，李纲认为高宗应当考虑参考这种先例整顿士大夫的风气。

六、议战。

李纲认为大宋的军政荒废已久，士气低下，当务之急便是重整纪律，信赏必罚，以提振军队士气。

七、议守。

另一边，李纲看透金国狡诈，势必还会再次南下，眼下应该沿黄河、长江、淮河做好防御工作，以扼其冲。

八、议本政。

当下朝野内外纲纪混乱，李纲恳请高宗马上把权力归于中书省，统一政令，这样说一不二的朝廷方得天下敬重。

九、议久任。

李纲总结靖康朝的失败之一，是朝臣的任命和贬黜都太快，建议高宗今后能谨慎任用，用之则尽量让其在任上长久，才能显现臣子的能力以及措施的效果。

十、议修德。

最后，李纲向高宗提出期许，天子修身养德，则得民望，而后得中兴。

李纲精心准备的十条建议，其实围绕着两个核心——重整朝纲和抗金兴宋。这两点相辅相成，缺一不可。要抗金兴宋，必要重整朝纲。只有完成了重整朝纲，才有机会抗金兴宋。李纲是主战派的代表，他内心看不起张邦昌这样的主和派，也认为国家要推行对金强硬的措施，就必须把张邦昌作为典型拉出来，作为重整朝纲的第一步。如果受金胁迫就可以投降，就可以做异姓天子，那后患源源不断，每次金军南下势必便出现一批未战先降的软骨头，拖宋朝后腿。因此，李纲的态度其实非常坚决，就是要办了张邦昌，以儆效尤。

李纲这个主战的核心思想有没有得到高宗认可不好说，但深得宗泽赏识，对于李纲的归来，他也高兴得手舞足蹈。冷眼旁观的黄潜善和汪伯彦悄然交换了一个眼神。眼下，高宗倚重李纲和宗泽，黄潜善和汪伯彦还不能动作，但他俩是主和派，宗泽、李纲是主战派，双方势必无法站到一起。

次日，高宗深思熟虑后，压下了其中涉及张邦昌的"议赦令""议僭逆"，将其余八条下诏颁行。

李纲把处理张邦昌作为整理朝纲一个里程碑式的事来办，他再次上疏道："张邦昌在徽宗朝十年，钦宗上位，立他为相。汴京遭难时，金人要挟，张邦昌如若以死守节，天下会更爱戴大宋，感动于张邦昌的忠义，金人这些蛮夷说不定还会后悔对赵宋皇室惨无人道的作为。但张邦昌自以为是，修国号，住宫禁，擅自发出诏书，阻止四方勤王之师。陛下想要中兴大业，又将有僭逆之举的张邦昌放在尊贵的位置，又封三公郡王，又允许议政，如此天下人怎么看？又如何会归附朝廷呢？"

高宗于是动摇了，举棋不定地询问黄潜善、汪伯彦对这件事的看法。黄潜善、汪伯彦和李纲政见不同，思考角度也完全不同，两人认为张邦昌在当时金人胁迫的情况下做出无奈之举，保了京城百姓的安危。而且当初，无奈成为伪政权的朝臣良多，不少是现在朝廷的一员。如果处理张邦昌，也就寒了这些人的心，如此人心就会不齐，又谈什么中兴大业呢？

高宗无奈，双方都说得很有道理，难以下结论。

他不得不又找来吕好问咨询："吕爱卿当时在汴京，对实际情况最清楚不过，怎么看处理张邦昌的事？"

吕好问和得一手好稀泥，无非是把以前说的再重复了一遍："张邦昌之事，天下人皆知，还请陛下裁夺。"

高宗很是犹豫，李纲穷追不舍。

李纲当面和高宗说："张邦昌若在，天下人会以为有两个天子。"这句话深深戳痛了高宗的隐患，这里两个天子，还有两个被金人掳去了，仔细算起来都有四个天子了。

李纲继而又道:"臣以后见到张邦昌一次,就用笏板打他一次。如果陛下坚决要选择留他,就不要留老臣了。老臣愿意解甲归田,不做宰相。"笏板,便是历史剧中古代臣子每次上殿面君时手里持的工具,可以用来记录圣意,或者把想奏禀的事提前写在板上,以防忘记,一般由象牙制成。

高宗迫于无奈做出选择,但他还是不忍心对张邦昌赶尽杀绝,于是选择折中处理,下诏道:"张邦昌确有僭逆之举,理应处死。但念在他迫于威胁,且主动悔改,暂饶一死。"

高宗把张邦昌贬为昭化军节度使,安置在潭州天宁寺,一班伪政权的官员也被相继贬谪。

历来不缺踩低捧高之人,眼见张邦昌不受高宗待见,一下从高处跌落,这种揭发其行径的奏折就冒了出来,其中一件秽乱之事,最终触及高宗逆鳞。一直认为高宗对张邦昌的处理还不够严厉的李纲,也以此事为依据,再次要求严办张邦昌。

此事在宋朝的正史中虽无记录,但野史中一直流传甚远,且可以在金人的记载中找到痕迹。

金史曰:康王即位,罪以隐事杀之。

"隐事"二字,说明这件事不太能上台面,不适合公开来说。

事情发生在张邦昌登基之初,当时金人把宋徽宗的嫔妃靖恭夫人李氏等十余宫女赐给张邦昌,且立李氏为伪政权的皇后。

张邦昌向来胆小,行事谨小慎微,就算是金人赐给他的女子,他也不敢真有非分之想。李氏可不这么认为,天已经变了,张邦昌身居高位,她没有道理不牢牢把握。因此,在宫中,李氏几次三番劝张邦昌饮酒,并趁机投入张邦昌怀中。

还未完全糊涂的张邦昌推开李氏,大道:"使不得!"

李氏爬起来重新扶住张邦昌,再劝他饮酒,并安排干女儿陈氏在内的宫女陪同其过夜。

可惜李氏的富贵梦没做几天，张邦昌就迎了宋太后入宫垂帘听政。张邦昌退居东府时，李氏还曾专程相送。

高宗听得此事，大为震怒。李氏是徽宗后宫之人，也就是高宗的父母辈人，张邦昌胆敢染指徽宗的女眷，对赵氏皇室是极大的侮辱轻视。他当即令人将李氏抓住拷问。李氏招供了始末。陈氏知道事情败露，吞金自尽。

李纲提出必须严办张邦昌和当时加入伪政权的官员。

吕好问也是当初被金人任命为伪政权的官员之一，他为张邦昌说公道话，责问李纲："王业已经很艰难，现在正是纳污含垢的时候，根本没必要对如此多人绳以峻法，弄得朝野人心惶惶！"

李纲不听，仍然坚持。

高宗最后下诏，赐死张邦昌。

吕好问则自请解职，被贬知宣州。

高宗把相位交给李纲，也把所有国家大事交给李纲决策安排。偌大的帝国，其实是一个烂摊子。李纲身为南宋第一相，在位仅仅七十五天，但他是南宋开国时定海神针一般的人物，他的一系列措施为后续南宋与金、元上百年对峙奠定了坚实的基础。

在对金的态度上，李纲是坚决的主战派。在积极推动高宗处死张邦昌的同时，他也与黄潜善、汪伯彦这些主和派斗智斗勇。

高宗朝初，黄潜善、汪伯彦将主战的宗泽视为眼中钉。两人在高宗身边屡进谗言，促使高宗疏远耿直的宗泽。李纲为相后，立刻提拔宗泽为东京留守兼开封府尹。黄潜善、汪伯彦见李纲和宗泽亲密无间，也想把宗泽调离李纲身边，于是纷纷赞同。

毫无疑问，宗泽是东京留守最适合的人选。在靖康之变中被金人重创的开封府，在他手下迅速修复，成长为抗金一线的重要城池。但李纲安排宗泽守汴京，无形之中也入了主和派削弱主战派力量的圈套，给两人之后的结局埋下了隐患。

为了提升北方的防御能力，并且把同金国的战场往北推进，同时形成协同保护汴京的能力，李纲提出了极具战略眼光的军事部署，在黄河沿线设置河北招抚司和河东经制司，他分别任命张所和傅亮为河北招抚使、河东经制使，负责组织两河军民抗金。

在靖康之变中，宋失去的土地并不多，金人南下掠过之后，也自知难以治理大片的宋朝疆域，选择将主力退回金境。但靖康之耻对宋朝心理上的摧残是致命的，京师被破，徽宗、钦宗二帝被掳，各地力量缺乏统一部署，也失去了主心骨，成了一盘散沙，自守、观望的情绪占了主导。

针对这个问题，李纲整顿军队，五人为一伍，二十五人为一甲，百人为一队，五百人为一部，两千五百人为一军。他奏请朝廷派出将领，前往抗金一线做指挥，同时吸收游击抗金义军，把所有的防御力量凝到一起。

通过李纲这些有效的战略部署，宋军那种一打就散、一打就败的局面扭转过来，从抗金一线传来的捷报给整个大宋上下提振了士气。

战争，既烧人命，又烧金钱。

刚经历过劫难的宋朝，国库空虚，不光要支持前线，还要照顾各地因战火失去家园沦为难民的百姓。与此同时，汴河上贼寇不计其数，决堤处随处可见，致使汴京漕运阻塞，南北不通，包括东京汴京、南京应天府等地在内的城市出现缺粮，城内粮价大涨。

李纲迅速主导打通京师漕运、陆运，短短二十余日，粮食入京，粮价回落。李纲深知经济问题和抗金一样必须马上解决。经历过北宋最后那段时光的他对徽宗、钦宗朝的问题看得很深刻，他深知国家遭遇磨难的原因之一，就是当时"六贼"当道，与民争利。

李纲对高宗道："财与民的关系犹如水和鱼，财为水，民为鱼，鱼需要水养，民也需要财养，水干则鱼亡。故而养鱼者，深知蓄水的重要性。养民者也当施行宽厚简易之政。"他希望精简行政机构，减少官员，以减缓国家财政的压力。

　　毫无疑问，这触动了许多利益集团的利益，朝廷中对李纲的反对声、高宗耳边对李纲的贬低越发多起来。原本很信任李纲的高宗在这样的环境下，慢慢对李纲的意见也不像过去那样支持，李纲上交的许多奏折都被"留中不发"。身为天子的高宗还运用他的"政治智慧"，将李纲提升为左相，同时，任命黄潜善为右相。表面上，李纲的官位得到提升。实际上，用与李纲政见不合的黄潜善牵制了李纲。这给李纲独相的局面画上了句号，也完全结束了李纲一人对朝政大事说了算的局面。

　　黄潜善上位之后，主和派马上针对李纲独相时期力推的措施展开行动。

　　黄潜善授意河北转运副使张益谦，上疏反对李纲设置河北招抚司。张益谦称这个设置导致河北盗贼愈炽。此时，被李纲任命为河北招抚使的张所甚至还在上任的路上，尚未到任，何来的影响，又如何能导致盗贼问题？

　　李纲道："张所尚在京师，张益谦何以知道张所导致了盗贼愈炽？张益谦这么说一定有幕后指使之人。"随后要求张益谦给出合理解释，并下令枢密院核查。

　　汪伯彦照旧上疏要求取消河北招抚司。李纲和他力辩，汪伯彦无言以对。李纲随后又在高宗面前与黄潜善据理力争，高宗表面上没有支持主和派，却仍旧下诏罢免了张所。

　　被李纲提拔为河东经制使的傅亮，马上成了主和派的下一个目标。从之前主和派阻止李纲为相的意见就可以看出，主和派内部非常担心强烈的反抗会造成金人反感，甚至导致他们主张的和谈也遭到拒绝。

　　傅亮才到任几日，主和派指责他故意拖延时间，延误战机。黄潜善要求傅亮立刻渡河。

　　傅亮表示："准备尚且没有完备就渡河，只怕延误国事。"

　　高宗却支持主和派的意见，下令让傅亮立即回应天府。

　　李纲反对。

　　高宗奇怪："难道少了他就不行吗？"他似乎忘记了李纲当初十条建议中

就有一条"议久任"，早就指出了任命和罢免都不宜频繁，而傅亮才刚要着手恢复河东地区的防御。

高宗竟然说防御是小事，打发了李纲，甚至李纲表示如若罢免傅亮那他也会辞官，依然没能令高宗收回旨意。

显然高宗不希望因为抵御金人这样关于国家民族危亡的"小"事，影响了卑躬屈膝求得金人饶命的"大"事。这恐怕就是经历了两次金人南下，耳听了徽宗、钦宗如何被金人羞辱的高宗，当时心里的真实想法。这也就不难理解，为何在得知金人再次打来时，高宗要坚持南巡，说白了其实就是南逃。当初徽宗匆忙让位于太子，自己仓皇出逃，用的也正是南巡的名头。高宗心里早有打算，万不得已他就一口气跑到江南，与金国划江而治。谁能相信这是当初不惧生死，挺身而出主动前往金营为质的康王呢？

原来，一切还是皇位的诱惑。

而最后要了李纲政治生命的也就是他坚决主张"收复失地，迎回二圣"，触及了高宗心头最敏感的点。李纲忘记了，他坚决要求处理张邦昌的时候说天下不允许有两个天子。那么原本没有继承皇位可能的高宗，又如何能接受比他更正统的徽宗、钦宗回来呢？那天下岂不是有了三个天子？且论资排辈，他还是末尾的那一个！最后真正打倒李纲的不是主和派，而是高宗不允许失去的皇权！

此时，刚升任殿中侍御史的张浚又参了李纲一本，说李纲以私意杀侍从官宋齐愈，量刑不公，有伤新政。

张浚斥责李纲："杜绝言道，独擅朝政，事之大小，随意必行，买马之忧，招军之暴，劝纳之虐，优立赏格，公吏为奸，擅易诏吏，窃庇姻亲。"请求罢免李纲的相位。

这个宋齐愈便是之前金人要大家推选伪政权时，拿出写有"张邦昌"三个字的字条，促使大臣们都纷纷跟随投张邦昌的官员。

张浚表示，在李纲要执行募兵、募马、募捐等措施支援前线作战时，宋齐愈曾私下和他说："这些不可行。西北的好马买不到，东南能买到的马不适合作战；招人当士兵，每增加两千人，要增加多少军费？哪里能出这么多钱？从百姓身上寻求募财更是不现实！"说完，宋齐愈表示要好好上疏阐述一下观点。

但宋齐愈的观点还没正式提上去，李纲已用宋齐愈是当初伪政权里的臣子之名，将他抓捕。之后，宋齐愈被定"附逆之罪"，在东市被腰斩。

张浚并非主和派的一员，但主和派很乐得见他上疏求罢李纲宰相之职。黄潜善、汪伯彦等人也不会放过这个打压李纲的机会，他们反复在高宗身边弹劾李纲。李纲又正好为了傅亮的事要挟高宗，说若高宗罢免了傅亮，他便辞官不做宰相。

建炎元年（1127）八月二十日，高宗正式下诏罢去李纲左相之职，为观文殿大学士、提举杭州洞霄宫。

这已经是李纲第二次被罢相。上一次罢相，是在他刚赢得开封保卫战之后。不论是在钦宗朝，还是在高宗朝，李纲为相的时间都极其短暂，君王在国家面临危机的时候起用他，又在他将力挽狂澜，扭转历史局面时，把他清除出中央。这不仅仅是李纲个人的悲剧，也是整个宋朝的悲剧。

这一年的李纲才虚龄四十五岁，已经经历了人生几个起落。他分明有寇准、王安石之才，可惜，没有遇到属于他的仁宗、神宗。连元朝宰相脱脱都禁不住为李纲惋惜："以李纲之贤，若能在靖康、建炎时完全发挥出来，二圣又何至于被掳北行，宋又何至于南渡偏安一隅？自古以来，都是用君子则天下安，用小人则天下危。李纲在任仅仅七十多日，提出数个谋略都被采用，高宗独独听信黄潜善、汪伯彦、秦桧之言。"

李纲被罢相两个月后，又被罢去了观文殿大学士，只剩下提举杭州洞霄宫一个虚衔。

杭州洞霄宫是一个始建于汉的道观，位于杭州九峰山下。这个提举洞霄宫职位，在南宋时期，主要用于安置离任的宰相。

在第一次开封保卫战后，钦宗罢去李纲官职，但是太学生陈东带领学生们上书请愿，各地上万百姓为李纲鸣不平，钦宗虽然没有重新任命李纲为相，但也不得不委派李纲其他官职。

而这一次，陈东再一次为李纲辩护："要恢复中原，非用李纲不可！如果李纲不做宰相，是不是就要任命黄潜善为左相，汪伯彦为右相？这两人对陛下只有私恩，有何才能为相？"他甚至问高宗："将来若赵桓回来，你将如何自处？"问题直戳高宗的心病。

布衣欧阳澈也上疏高宗，力挺李纲，并称主和派不堪重任。

黄潜善、汪伯彦自然鼓动高宗将这两个大言不惭的文人砍头，他们深知对方已经触犯了高宗的大忌。高宗顾及太祖赵匡胤定下的"不得杀士大夫及上疏言事之人"的祖训，没有明着点头。黄潜善深知圣意，暗示应天府尹以召见之名，将之杀害。

陈东自靖康为李纲上疏起，不论到哪都带着一口棺材，他早知道自己最终的归宿，从不惧死。当府尹大人传见的消息传来，陈东从容手书一份遗书，差人带给身在家乡的父母，然后吃完了府尹安排的一餐午饭。

饭后，陈东和差役表示要去一趟茅厕。

差役怕陈东趁机跑了，面露难色。

陈东朗声一笑，道："吾陈东也，畏死即不敢言，已言肯逃死乎？"

他去过茅厕，整理衣冠，坦然赴死。

建炎元年（1127）八月二十五日，李纲被罢相后的第五日，陈东和欧阳澈在东市被问斩。

当年太祖赵匡胤定下"不得杀士大夫及上疏言事之人"的祖训，要求每一任皇帝都必须发毒誓：有渝此誓者，天必殛之！

北宋九位帝王，无一人违反此誓。就算是无能软弱如钦宗，在知道自己南归无望后，都知道让南逃的官员向高宗转达"不可杀士大夫"的祖训。

刚登基不到一年的高宗，竟然将之打破。这个年轻皇帝固然有一些政治智慧，但恐怕并没有明白大宋之所以有如此多前赴后继为国肝脑涂地的文人义士，追其根源，便在太祖这句誓言之中。

数年后，不知是不是怕受到报应，高宗给陈东、欧阳澈平反，追授陈东为承事郎，拨五百钱做每年祭祀费用，给陈东扫墓。

但，这又如何？

李纲下位，义士被杀，南宋的命运已在这一刻悄然注定。

在离开相位之后，李纲再没有回到权力中心，也就无力左右整个国家的抉择和命运。但他并没有自暴自弃，始终为国家的命运奔波呼吁。不论大事小事，他仍坚持向高宗上疏发表意见，但是，主和派没有放过他，在黄潜善、汪伯彦等人的再三打压下，李纲一度被越贬越远。

建炎二年（1128），李纲被贬澧州（今湖南省常德市澧县），还没等到澧州上任，又被贬万安（今海南省万宁市），这个地方比当初苏轼被贬的儋州还要遥远。在南下海南的路上，因为发生黎民叛乱，李纲和儿子李宗之被困在雷州，不得不滞留雷州长达一年。

在这里，李纲偶遇了京师太学时期的同学。此时对方已遁入空门，在湖光岩楞严寺任长老，法号释琮。释琮邀请李纲到湖光岩一游。奔波许久的李纲，终于得寺庙一偏房暂居，与老友阔论畅饮，倾诉这些年来彼此的所遇所想。

李纲下位后，高宗也过得相当糟糕。建炎三年（1129），他被金军追着不断南逃，举国上下充斥着不满的声音。为挽回民意，高宗下旨罢免黄潜善、汪伯彦等人，并特赦李纲等被罢黜的主战派大臣。此时，李纲父子已经在渡海前往海南岛的路上。这份特赦走过李纲曾经长途跋涉的道路，历经大半年终于送到了这位一心为国的忠臣手中，李纲终于得以北归。

绍兴二年（1132），高宗重新起用李纲，提拔他为观文殿学士，任湖广宣抚使兼知潭州。李纲把全部的精力都投入到了这份工作中，抓紧分分秒秒为国效力，为民造福。当地匪乱严重，高宗虽然不喜欢李纲，但知道他在治乱方面可以信任。李纲也在这个时期，因为负责筹措军费军粮，而遇到了被朝廷从前线抽调到此镇压起义的岳飞，一老一少两位爱国人士，共商抗金保国大业，畅谈古今，相见恨晚。

绍兴九年（1139），李纲又一次被罢免，他又失去了报效国家的机会，只能在家关注着各方局势。在生命最后的岁月里，他看到了各路宋军在"中兴四将"韩世忠、张俊、刘光世、岳飞的带领下，对金兵发起了一轮轮有力反攻，将战线一路往北推进，收复失地。他也看到了在有如此大优势的前提下，高宗再一次向金人乞和。

"还是要议和啊，为什么还要议和？！"悲愤、忧虑的情绪围绕在这位已经五十七岁的老臣心头。

绍兴十年（1140）上元节，李纲祭奠早逝的弟弟校书郎李经，悲伤恸哭，而后病倒，没多久，在仓前山楞严精舍的寓所病逝，给后世留下无尽的惋惜。

一百五十年后，南宋最后一位宰相文天祥扶持着飘摇欲倒的国家，穿过身边漫天的炮火，透过前方源源不断杀来的蒙古军，仿若透过时光，与这位前辈同战又同泣。

七百年后，林则徐在李忠定公祠提笔写下："进退一身关社稷，英灵千古镇湖山。"

相似的人总是惺惺相惜，相似的人总是做出一样的选择，不论我们的民族处于盛世还是遭遇危难，一代又一代的人身上都有一种精神，即便个人死去，王朝更迭，也从未从我们这个民族消失……

第三章

第一次南宋与金战争（上）——建炎南渡

在高宗任用李纲为相又将之罢黜的这段时间，金国方面其实已经知晓张邦昌结束大楚而赵构建立南宋政权的事。金国之所以没有马上有所动作，是因为在其内部也一直有着两种不同的意见。

一方主张温和地处理与宋朝的关系，认为可以放还徽宗等人，只要宋朝真心臣服，以后一直向金国岁贡。金国打击掠夺宋朝的目的，便可不战而达。其代表人物完颜宗望信奉佛教，是金太祖完颜阿骨打的第二子，世称"二太子""菩萨太子"。

一方主张积极打压宋朝，其主要人物完颜宗翰，是协助完颜阿骨打建立金国的国相完颜撒改的长子。完颜宗翰勇猛有谋，铁面无私，就算金太宗完颜晟做错事，他也敢主张打皇帝二十棍。

据传，金国开国初，家底不丰，金太祖曾与群臣约定：国库财物只可用于战时，违者打二十大棍。

原本此约定一直执行得很好，谁知金太宗登基后竟然挪用了国库中的财物，结果还被负责清点国库的国相发现。

完颜宗翰得知后，于朝会上当众揭发此事。大臣们闻言，一致认为天子犯法与庶民同罪，哪怕是金太宗也不能逃避这二十大棍。

金太宗也认识到错误，咬牙忍了这二十大棍，并发誓以后绝不再犯。

天子挨完打后，群臣下跪请罪。

金太宗宣布宽恕众臣。

完颜宗望和完颜宗翰都是金国重臣，有能力影响金太宗的决策。对于怎么处理赵构在南面建立政权的事，两人相约到一处叫"山后草地"的地方，与其他大臣们一起商议。

这次商议，自然谁也没说服谁。

但是，完颜宗望在商议结束后不久因疾病暴毙了。这一变故导致金国朝廷内对宋强硬派占据了主导地位，随后以出使大楚为名，派人前往汴京，打探南宋的虚实。

与金国派人南下差不多的时间，高宗也写了信交人北上，试图打探金国对南宋政权的想法。

但金国方面并没有回复高宗，去信如石沉大海。

金国打探虚实的人一到汴京，就被东京留守兼开封府尹宗泽扣下，言明他们明为使臣，实为间谍。

宗泽上疏高宗道："金人假装遣使到伪楚来探虚实，臣愚昧，恳请将之斩杀以破金人奸计。陛下受人蛊惑，认为要对这些人礼遇有加。臣不敢领命照做，这样会令金人觉得我大宋国弱。"

求和心切的高宗根本听不进去，坚持要将人遣返。

主和派还跳出来谴责宗泽拘留金使行为不当。

时任尚书左丞许景衡上疏极力为宗泽争辩，并道："宗泽为开封府尹，威名政绩，卓然过人，今日的士大夫没一个比得上他！"

宋朝名将宗泽，实为文人，出生在浙江义乌，一生耿直忠诚，敢于直言。在北宋元祐六年（1091）的考试中，他写长文批判朝廷弊病，因此只得了个"末等"，获"赐同进士出身"。

建炎元年（1127）五月，李纲还在宰相任上。金人又侵河中的消息传来，时任贵州防御使郝仲连率众力战，然而始终等不到援军。郝仲连预感城池即将失守，先杀了家人，而后率其子与余部奋战。最终，城池沦陷，郝仲连父子英勇殉国。

消息传来，宋廷一片哗然，李纲主战，黄潜善主和。

宗泽主动上疏曰："上次金人再度南下，朝廷没有出一个将领，一支军队，却有奸佞之臣不断劝告议和，乞求金国，最终导致二圣北迁，社稷蒙耻。臣猜测陛下继承皇位后，定会赫然震怒，扭转乾坤，再造大宋王室，复兴我大宋基业。陛下登基四十天来，未有大号令发出，但刑部发出的命令如云，包括不能誊写传播大赦布告给河北东路、河北西路以及陕西路的蒲、解二州。这是剥夺天下人忠义之气，使忠臣义士都不能尽忠报国、仗义驱敌的行为。提出这种主张的人，太不忠不孝了！臣虽然胆小无能，但愿用性命报答国家。"请求前往前线。

再加上当时李纲极力推荐宗泽担任东京留守，高宗于是准许宗泽前往开封上任。

宗泽到开封时，这里几乎是一片废墟，物价飞涨，人心惶惶。他立刻着手平稳物价，处理贼患。

当时，金国在黄河北岸留有骑兵，时不时骚扰南下，并可隔岸听到对面的军鼓声。而宗泽手中的军队人数远远不足以抵御，但在开封周围还有各种残兵、流寇、义军，各自作战，于是宗泽决定说服他们，形成统一的抗金力量。

其中有一支力量庞大的匪寇，首领叫王善，盘踞在河东。宗泽单枪匹马入其营劝说："国家先前为难之际，如若有你这样的人，何至于变成后来的样子？"

王善被宗泽的真挚打动，诚心归顺。

另一支草寇，首领是大盗杨进，宗泽对他晓以利害，成功招降。

还有一支残兵"八字军"，活跃在太行山一带，其首领王彦曾是种师道的部下。种师道和李纲分别是钦宗朝时一武一文两位救国之士，钦宗罢了李纲的相位，又把种师道清出中央，种师道这位七十六岁的老将在悲愤之中病逝。王彦的这支八字军治军严明，骁勇善战，当时金人悬赏缉拿王彦，部将们为表忠心不变，都在脸上刺字"赤心报国，誓杀金贼"，由此得名八字军。在听闻宗泽抵达开封后，王彦一边加紧练兵，一边派人送信给宗泽，约定日期，一起大举伐金。

在这个时期，还有一个有名的将领也在宗泽麾下，便是大家都熟知的抗金名将岳飞。

岳飞原本是王彦的部下。王彦带领包括岳飞在内的一千七百人渡过黄河，到达新乡，与金军狭路相逢。金军人马远胜，王彦谨慎起见，不想出兵。岳飞这时单骑而出，直接杀入敌阵，一刀砍倒金军旗杆。王彦和余下人见岳飞如此英勇，大受鼓舞，也都奋勇冲上去，将新乡夺回。

次日，岳飞又率兵与金军在侯兆川大战。岳飞受伤十几处，仍不畏生死，奋勇杀退金军。当时，他的部队出现粮草紧缺，请求王彦支援。

王彦没有同意。

岳飞并未因此退缩，继续深入太行山，抓住金国将领拓跋耶乌。

事后，岳飞明白自己已为王彦不容，率余下人马到汴京投靠宗泽。宗泽认为岳飞是一员将才，任命岳飞为留守司统制，并在后来的战役中委以重任，岳飞也因此飞快地成长起来。

宗泽一面招募、扩大军力，一面加强修缮开封，加固城墙，提高防御能力，并将防御范围扩大到城外，加建二十四座堡垒，沿着黄河修筑连珠寨，挖掘壕沟等可以抵抗骑兵的军事防御设施。

防守如此完备，宗泽上疏高宗，请他回到汴京坐镇。宗泽深知，他个人的威望无法和天子匹敌，真正可以鼓励军民奋勇抗金的是高宗能够御驾亲征，亲自领导抗金战役。

宗泽在上疏中写道："陛下回汴京是人心所向，千万别再提南巡了，那是人心所恶。再者，陛下忍心丢下祖宗两百年的基业吗？"

一直到次年秋病逝，这位老臣先后连上了二十四道乞求高宗回汴京的奏折。透过这记录于史书的细节，后人仿佛能看到那一份份奏疏上，书写所用的并不是墨，而是宗泽的血与泪，是无数抗金儿女的悲与哀。

甚至，当时还只是一员小将的岳飞，也上疏给高宗，请求帝王"亲帅六军，迤逦北渡，则天威所临，将帅一心，士卒作气，中原之地，指期可复"。

但是高宗受黄潜善等人的蛊惑，始终不回复这些奏折。

主和派黄潜善、汪伯彦甚至污蔑宗泽这些奏折之语实在癫狂，户部尚书张悫反击两人："像宗泽这种忠义之士，要能再多一两个，天下早就安定了！"

八月，李纲被罢相。

在高宗做出这个决定时，就已经下定决心南逃，他甚至还下诏粉饰了一番自己的逃跑行为，说："连年战争，国势不强，为长远考虑，南巡淮河一带。"又道："有任何人敢造谣，动摇朝廷，必须积极揭发，就算知情不告之人也一起处死。"

太祖赵匡胤的龙兴之地没能给高宗带来任何勇气，这位南宋的第一任皇帝在上位五个月后，迈开了他南下逃跑的步伐，也从此注定了南宋只能拥有"半壁江山"的格局。

十月，高宗抵达扬州，顾不上喘息，他派朝奉郎王伦、阁门舍人朱弁前往金国，提出议和请求。

果然如宗泽所料，完颜宗翰看到宋朝急于求和，内心更加鄙视，反而更加坚定了南下攻略宋朝的决心。

建炎元年（1127）十二月，金国以赵构废除张邦昌的大楚为由再次出兵，南下讨伐，完颜宗翰担任此次金军的统帅。

第一次南宋与金战争爆发。

金军兵分三路，中路由完颜宗翰率领，从河阳渡河，主攻河南；完颜宗望过世，由金太祖完颜阿骨打的第三子完颜宗辅（女真名讹里朵）顶上，率领东路军从沧州渡河，主攻山东；西路军由金国名将完颜娄室（女真名斡里衍）和完颜杲（女真名撒离喝）率领，从同州渡河，攻打陕西。

汴京作为宋朝名义上的国都，意义非凡，自然是中路军的主要目标。

宗泽当即做出反应，派遣部将刘衍前往滑州，刘达前往郑州，做好防御工作，牵制敌军，同时下令诸将严守汴河，严阵以待。金军每次南下军备所带不多，基本依靠四下掠夺，为此，宗泽一早要求汴京周围区域粮食清空，不让金军获得任何补给，迫使金军打不了持久战。

建炎二年（1128）正月，金国的中路军进军西京洛阳，攻取汝州。完颜银术可攻下邓州，邓州守将李操等人被杀。不久，金军又攻克颍昌府（今河南省许昌市），颍昌知府孙默以身殉国。

金国大将完颜宗弼（女真名金兀术）率队攻打郑州。完颜宗弼是金太祖完颜阿骨打的第四子，人称"四太子"，而郑州通判赵伯振是太祖赵匡胤的八世孙。两位皇族之后的斗争，赵伯振处于势弱，却没给太祖丢脸，他一面奋勇杀敌，一面安抚军民，坚守城池八日。郑州城破后，赵伯振又率兵与金人展开巷战，后被流箭射中坠马，他与冲上来的金军一直搏杀到生命的最后一刻。

郑州之后，完颜宗弼的下一个目标便是汴京。正月初七，完颜宗弼率军抵达距离汴京仅数十里的白沙镇。

宗泽安抚士兵和百姓们道："不用惊慌，刘衍等在外防守，必能御敌。"

他一边让百姓们照常准备元宵灯会，以安民心；一边派出精锐数千人，绕到敌人后方，准备伏击敌人退路。

张灯结彩的汴京城令金人摸不着头脑，生怕宗泽做了什么埋伏。在金军犹豫之际，宋将刘衍主动出击。双方激战进入胶着状态时，埋伏在后方的宋军冲出来，宋军前后夹击，金军顿时慌乱，仓皇败退。刘衍一直把金军逼退到滑州才作罢。

捷报传回汴京，士气大振。

此时，完颜宗翰占据西京洛阳，与汴京对峙。

宗泽派出阎中立、郭俊民、李景良三将，率军出兵郑州。这支军队在路上遭遇完颜宗翰派出的主力金军，双方大战，结果李景良临阵脱逃，而阎中立战死沙场，郭俊民投降金人。

宗泽大怒，将逃回汴京的李景良按军法处死。

完颜宗翰狡诈，写了亲笔信，派使带着降将郭俊民前往汴京，意图招降宗泽。

这一年，宗泽七十岁，到了生命的最后时光，视荣华富贵如浮云，他唯一的心愿是北上收复故土，迎回二圣。

完颜宗翰想要宗泽这位忠肝义胆之士投降金国，那真是天方夜谭。

宗泽不但撕毁了那封信，而且斩杀了来使和郭俊民。

不久，金军又趁刘衍返还汴京，再次攻打滑州。宗泽闻讯，差部将张挥前去解滑州之困。

在滑州，张挥遭遇金军围攻，寡不敌众，部将劝他撤退。张挥道："苟且偷生，我没有颜面见宗公！"继续奋勇杀敌。

听闻张挥陷入苦战，宗泽心如刀割，刚一得知消息便让部将王宣前去救援。而且，滑州地理位置特殊，是挡在汴京前的重要防御城池，一旦滑州失守，汴京将直面来势汹汹的金军。

可惜王宣赶到滑州时，金军已经破城，张挥力战而死。

"兄弟们！"王宣振臂一挥。其实，在赶来救援的路上，他已下决心，要么打赢此战，要么便以身殉国。

所以，王宣举刀策马对身后的部将们道："兄弟们，跟我把滑州抢回来！"

金军刚拿下滑州，还未站稳脚跟，又闻城外杀来宋军，匆忙应战。

双方杀得不知日月几何，最后竟真叫王宣从金军手中把滑州夺了回来！

这一役，不亚于虎口夺食，令宋军大为振奋，金军也轻易不敢再进攻汴京。金军三路军因此没能完成会合的目标。

完颜宗翰认为如今一口气拿下南宋已经不可能，再战下去会变成持久战，这不利于物资向来不丰富的金军。于是，完颜宗翰决定收兵，临行之前，金军把西京洛阳洗劫一空。

金军的中路军一撤，势如破竹的另外两路也相继撤退。当时，西路军已攻破同州、华州，拿下潼关。

宗泽保护了宋朝的国都，声名远播，甚至连金军也私下称呼他为"宗爷爷"。

为了实现收复故土的愿望，宗泽储备足够宋军用半年的粮草，筹谋好作战方案，联络活跃在太行山一带的八字军共同北上，只盼高宗可以到汴京坐镇，甚至御驾亲征。他在上疏中写道："老臣已快七十岁了，早到了致仕还家的年纪，之所以一直没有这么做，不是贪恋功名，而是因为二圣还在北方蒙尘，陛下尚未能回到京师。"

然而，请高宗来汴京的奏疏，总如石沉大海，了无回音。

宗泽日日担心战机因此延误，复国大业不能完成，悲愤交加，心血熬尽，导致背上毒疮复发。

弥留之际，他怆然泪下，对诸部将道："若诸君他日能歼灭强敌，我便死而无憾了！"

众将无不泣然："吾等必尽全力！"

待众将退出后，宗泽叹呼："出师未捷身先死，长使英雄泪满襟。"这是杜甫的著名诗句，喟叹诸葛亮一生宏愿未达，终成千古遗恨。也许在那一刻，除却这首诗，再无其他语言可以替代他满心满腔的遗憾。

"过河啊！过河！过河！"

这是这位忧国忧民的老臣留在世间的最后话语，他到最后一刻，都心系社稷，他没有给家人留话，也未交代一件家事。

建炎二年（1128）七月，宗泽病逝，追赠观文殿学士，谥忠简。

汴京百姓无不恸哭，不计其数的文人为他撰写悼文。

与宋朝不同，宗泽的离世对金国而言无疑是一个天大的好消息。但是，金国方面并没有轻举妄动。他们在观察，宗泽活着的时候将以汴京为中心的抗金一线建设得固若金汤，那么他死后，这条防御布局是否能得以延续？

宗泽的儿子宗颖一直跟随在宗泽身边，在军中也很有声誉。宗泽离世后，他与岳飞将父亲的灵柩护送到镇江安葬。大家都以为，事情完成以后，朝廷会让宗颖子继父职，担任东京留守。然而，朝廷最后下的调令是以杜充为东京留守。

杜充此人，说他是主和派都算抬举，从他后来的作为来看，应该说他是个不折不扣的投降派。

刚上任，杜充便将宗泽先前的措施全部推翻。

《宋史》评价他：喜功名，性残忍好杀，而短于谋略。

他也知道自己不得宗泽原来的部众认可，于是想出杀鸡儆猴之计，寻剿匪借口要岳飞出兵，攻打活动于汴京东的义军首领张用。岳飞以"寡不敌众"为由，婉言推辞。但杜充以军法行事相威胁，勒令岳飞出兵。岳飞只能带了几千人，敷衍出征，很快败给张用。张用看出杜充的用意，觉得在汴京已经没有意义，带着一班兄弟离开了。

宗颖与杜充意见不同，多次劝谏杜充不达效果，失望至极，干脆也请辞回家为父守孝。

八字军的首领王彦本来与宗泽约定一起举兵北上收复失地，如今见宗泽过世，杜充不可靠，王彦便率亲兵求见高宗。可惜，来见他的是黄潜善和汪伯彦。王彦对两人陈述河北、河东地区的大军都在翘首盼望高宗可以回到汴京坐镇。主和派的黄潜善和汪伯彦觉得他这是无稽之谈，而且当时朝廷已经派了议和的人前往金国。两人害怕王彦破坏和谈，于是请高宗取消接见王彦的安排，让王彦去担任御营平寇统领。王彦大为失望，于是称病致仕。

宋朝抗金力量由此一再被削弱。

也许，上苍不忍看宋朝一步一步走向"半壁江山"的局面，又给高宗送来一个警喻。

这个时候，太祖赵匡胤的七世孙赵子砥从燕山逃了回来。于情于理，高宗都应亲自接见赵子砥，并询问那些被掳去北方的皇室情况以及金国在燕山周围的动向。可是，高宗竟然派黄潜善和汪伯彦代做此事！

赵子砥和两位宰相说起二圣到金国后，一个被封为昏德公，一个被封为重昏侯，囚禁在苦寒之地，许多皇室子弟过得很凄苦。

黄潜善和汪伯彦都无动于衷。他们大概都忘记了，建炎之初，大臣曹勋从北方逃回，带来徽宗写在里衣上的亲笔书信："速来救父母。"还有高宗生母、妻子让曹勋一并带来的书信。当时，高宗哭着将这些信物给近臣们看。曹勋又提出招募敢死之士的请求，希望由海路北上营救徽宗。

不，他们没有忘记。当时，高宗就没有应允曹勋营救二圣的提议。那么逃回来再多的曹勋和赵子砥又有什么用呢？

听到两位宰相询问北方的情况，赵子砥认真地回答说："金国一面议和，一面还在打着南下侵略的主意。宋朝停止一切军事部署，同金人议和，和引狼入室没有区别。遥想当年辽国也想和金人议和，金人依然对辽用兵，随后只用了十年，便灭了辽。这些我们都要引以为戒啊。"

然而，黄潜善和汪伯彦听了这些，只是转头和高宗说："赵子砥这个人不行，说话太过夸张，陛下没必要见他，听他说什么废话了。"

于是高宗见都没见赵子砥，就打发他出任台州知州。

行文至此，其实一切都很清楚，高宗根本不打算接回二圣，只求和金国互不干扰，哪怕宋朝牺牲一些钱财和土地，都没关系。他似乎一点儿也不怀念北方的故土，一心只想保住皇帝的位子。

那是帝位上的荣华富贵太过吸引人吗？

似乎也不是。

赵构和父亲徽宗不一样，他过的完全是一种修士般的生活。

元朝宰相脱脱回顾宋史时，赞高宗"恭俭仁厚"，称他为"中兴六君"之一，与夏朝第六任君王少康、周宣王姬静、东汉光武帝刘秀、东晋元帝司马睿、唐肃宗李亨相提并论。

在扬州的日子，高宗每日都穿戴整齐，端坐着，听臣下们奏事。下朝后，他便在旁边小阁内思考国家大事，身边除去纸笔等物，没有任何奢华之物。到江南以后，各地官员进奉的家具中有的用了镶嵌螺钿的工艺，这种工艺要求工匠有较高的技艺，也需要消耗珍贵的木材和珠宝。高宗非常生气，让人把这些家具搬到街上当众砸碎焚烧，以示反对奢靡的决心。

对于一日三餐，高宗没有特别要求。宫人呈来什么，他便吃什么，并说不敢忘记靖康之难时，面对金人追击，自己风餐露宿，以天为被地为席的日子。

后来高宗禅让，上位的孝宗很孝顺，宋朝经济发达，临安成为当世最富饶的城市之一。身为太上皇的高宗身边什么山珍海味没有？可高宗还是没有改变简朴的性格。他既遗传了赵家的艺术造诣，也遗传了赵家的温厚性格。每次吃饭，高宗都让人拿两副碗筷，然后他把要吃的部分从大盘子夹取到其中一个碗里，再端起另一副碗筷把之前夹取出来的食物全部吃完。当时，他的妻子吴皇后非常不解，询问缘故。

高宗说："不想食物撤下去给宫人吃的时候，宫人都吃我的剩饭罢了。"他这份修养，恐怕在古今中外的帝王之中也是少数，令人不禁想起他的祖上，那位吃到小石头都要悄悄吐掉，怕做饭的宫人因此受到惩罚的宋仁宗。

在扬州时期，高宗的后宫也非常简单，皇后邢氏在靖康之耻时被金人掳走，他没再册立其他皇后，身边只有之前离开汴京时跟在他身边的妃子潘氏。高宗登基时，潘氏被立为贤妃。建炎元年（1127）六月，她为高宗生下了一个儿子。

高宗把隆祐太后也接到扬州，时常叮嘱潘贤妃好好侍奉隆祐太后，他也经常给隆祐太后问安，把隆祐太后当作亲祖母一般尊敬。

很显然，高宗比起他的父亲徽宗、兄长钦宗，更像个靠谱的皇帝，他也确实想把国家带回正轨，并以身作则传承中华民族的优良品德。但是，靖康之耻给他造成沉重的心理压力，让他对金人产生了恐惧，失去了反抗的勇气，只求偏安一隅。

看淡了钱财奢靡的高宗甚至对身边人说："普通人丢弃玉石，毁坏珠宝，就不会被小贼惦念。"他追寻古人质朴的生活，也希望这样的国家不被强敌惦念。

但是，作为后人的我们，尤其是在深刻认知中国近现代百年兴衰后，都知晓这只是高宗的一厢情愿罢了。从古至今，在战场上得不到的东西，永远不要期望在谈判桌上得到。

建炎二年（1128）七月，金国认为宋朝北方防线已经松散，也获知了赵构在扬州的消息，宣布再次南下。金太宗甚至在诏书中写道："康王当穷其所往而追之。"

康王，金太宗用这个词语称呼赵构，显然是不认可赵构建立的南宋政权，并要不惜一切代价追击到这个人，赵构入山，便搜山，赵构下海，便检海，不达目的不罢休，不抓到赵构不收兵。

这是高宗最不想看到的情况，但它真实发生了，虽然高宗没有拔腿就跑，但是接下去在扬州的日子，每一次前方传来金兵越来越近的消息，便如同把他推入油锅，高宗终日惶惶不安。

金太宗对未来格局已经定下方向，拿下赵构，然后建立一个类似张邦昌的大楚那样的伪政权。

完颜宗翰领命，出任十万金军的元帅，带领主力部队对宋朝发动第二轮进攻。完颜娄室率领另一支队伍平定陕西。

南下的道路对金军来说已经驾轻就熟，西京洛阳很快落入完颜宗翰之手。

完颜娄室那边也捷报不断，顺利攻占永兴，而后秦州守将投降，金军顺利开入秦州，开始攻打西河，一直到这里才算遇到顽强的抵抗。

原来，同州观察使刘惟辅带三千骑兵赶去救援沦陷的秦州，在新店这个地方，同完颜娄室的先锋相遇。刘惟辅趁着黎明抢先发动攻击，当先一刀砍中对方将领黑锋的胸口，黑锋堕马而死，金军士兵顿时没了之前的嚣张气焰，纷纷败走。

完颜娄室得知爱将被杀，自然不会轻易放过这些人，安排埋伏准备伏击对方。

随后，右都护张严不听刘惟辅的劝告，坚持追击，入了金军的包围圈，主力尽失。刘惟辅等人往西奔逃，一面继续抵抗金军的追击。最后，刘惟辅带亲信数百人藏匿在山里的寺庙中，遣人去西夏求助，被西夏拒绝。走投无路之下，刘惟辅的部下竟然投降了金军，金军劝刘惟辅也投降，刘惟辅面不改色道："死狗！要杀便杀！"又怒斥投降的人："国家没有辜负你们，你们为什么要投降敌人？！"而后闭口不言，毅然赴死。

在西京洛阳的完颜宗翰，没有强行攻打汴京，他留下完颜宗弼守河阳，自己绕过汴京往东，目标直指在扬州的高宗。

此时，河南统制翟进奉命收复洛阳。他的队伍先抵达福昌县，驻扎下来后，翟进派兵袭击金军营垒，并不断伏击金军在外的游击部队，屡屡获胜。随后，双方在灵山寨（今河南省洛阳市宜阳县）大战。翟进突破包围后，率领七百死士，昼伏夜出，奔行五夜抵达洛阳，于半夜破城，生擒金军将领高世由。夺回洛阳之后，翟进整军攻打完颜宗弼所在的河阳。完颜宗弼早有防备，设置好了埋伏圈等翟进上钩。翟进命次子翟亮为先锋，遭遇金军埋伏，整个部队几乎全军覆没。幸好驰援洛阳的韩世忠路过，率人冲入乱战之中，将翟进救出。

韩世忠出身贫寒，年少时应募从军，抵御西夏，常年驻守西北，并屡立战功。宋徽宗宣和二年（1120）又在平定方腊起义中表现出色，升迁承节郎。靖康元年（1126）正月金军南下，韩世忠追随李纲参与了第一次开封保卫战，随后一直活跃在抗金一线。靖康二年（1127），他响应勤王号召，来到当时是康王的赵构麾下。高宗登基后，韩世忠升为定国军承宣使，率部属跟随他前往扬州，颇受高宗重用。

与此同时，河北抗金义军基地五马山寨被金军攻陷。

五马山寨位于河北西路庆源府（今河北省石家庄市附近），靖康元年（1126），七品武官赵邦杰在此依山设寨，召集各路乡兵义士。建炎二年（1128），马扩投奔山寨。

别小看马扩这个看似普通的人名，他可是一位传奇的外交家，周旋于宋、金、辽三国，促成了宋金海上之盟，共同灭辽。

马扩年少时，考取武举，随后从父出使金国。

金太祖完颜阿骨打有意试探马扩的功夫，邀马扩一起去打猎，还暗中叮嘱部下发现猎物以后不许轻举妄动，要看马扩怎么反应。等到打猎时，一只黄獐忽而跃起，被马扩跃马追逐，一箭射中。金太祖抚掌，笑称："果然善武。"赏赐马扩貂裘、锦袍、犀带等物。

马扩因为有金太祖这份赏识，后来多次负责出使金国，与金国重臣多有交情。

海上之盟，原本约定由宋朝负责攻打燕云十六州，收复失地，结果被金国打得奄奄一息的辽国，依然守住了燕云之地。宋朝不得不请金国出兵帮忙。当时负责出使金国求兵的便有马扩。

在金国同意出兵后，马扩一路跟随金军，目睹这支军队何等勇猛、高效地拿下燕京城。马扩深深地感知到，如果金国调转目标攻打宋朝，宋朝必承受不住。在他的积极活动下，金太祖在世时，金国严格遵守海上之盟的约定。灭辽之后，即便金国朝内大臣极力主张攻打宋朝，金太祖都没有答应。

金太宗登基后，金国打破盟约，南下伐宋。

马扩最后一次出使金国，来到金军元帅完颜宗翰面前，提出金国应该继续履行和约。

完颜宗翰表示是宋朝招降金国叛将张觉违反合约在先，应该为此付出代价。

这一次见面，双方不欢而散，自然什么也没谈成。但在送别马扩时，完颜宗翰命人备下盛宴，马扩欣然赴约。彼此都知道，这是他们最后一次把酒言欢，辞别之后，便是战场再见。

一别之后，马扩参与义军，活跃在抗金一线。

靖康二年（1127），拿下汴京的金军拔营北归，带着俘虏的北宋皇室和无数珠宝。"菩萨太子"完颜宗望听闻马扩在真定（今河北省石家庄市正定县）被俘，特意绕道探望马扩，并劝马扩投金："金国大大小小的官员，随便你挑。"

马扩笑道："国难当前，我怎么可能到敌国当官？"

完颜宗望最后还是放了马扩，准许他开酒家为生。

因此马扩在五马山寨复出，马上被推举为义军首领。

当时，徽宗的第十八子信王赵榛悄悄从金军押送赵宋皇室北上的队伍里逃脱出来，也投奔到五马山寨。

周围的义军听到信王赵榛的消息，都纷纷赶来。五马山寨很快成为抗金义军的重要据点，据传人数达到十万之多。信王派马扩带着他的亲笔信前往扬州，希望得到朝廷的认可和支援。

马扩到达扬州后，信王的亲笔信被递交到高宗手中。当时黄潜善和汪伯彦都在高宗身边，两人怀疑书信为伪造，写信的信王也是假的，道："金军防范很严，不可能让人逃跑出来。"

高宗道："是我亲弟弟的笔迹，怎么可能认不出来？"

不论事实真相如何，高宗认下了信王，下旨封信王赵榛为河外兵马都元帅，是负责黄河以北军事的最高长官，封马扩为拱卫大夫、元帅府马步军都总管，并授予马扩"便宜从事"的权力。须知自宋太宗赵光义开始，这个权力就被没收了，每每带兵出战的武将头上都压着个监督武将不能"便宜从事"的文臣。

但是，主和派自然不可能支持马扩，拨给他的尽是一些乌合之众。甚至，黄潜善在马扩离开扬州的时候，不放心地秘密叮嘱他："陛下要你暗中监视信王，你可要看清他的真假啊。"

马扩见此情形，心知这一次来扬州算是白走了。而且在他回去的途中，高宗又差人追上来，叮嘱他切莫渡过黄河。

马扩预感前路有变，在大名府停下。

九月，完颜宗辅听闻马扩已到大名府，恐他带了援军，提前对五马山寨发动围攻。

信王得讯，率领众义军迎战。由此可见，不论他的身份是真是假，都要比龟缩在扬州的高宗有骨气得多。

完颜宗辅的人马围住五马山寨后，没有立刻发动进攻，而是切断了五马山寨的水源。

天正大旱，水源断绝，起义军陷入绝境。金军趁起义军人心惶惶之时，攻陷山寨。马扩在寨中的妻儿均被金军俘虏，而信王赵榛在混乱之中失踪。有人说，信王已被乱刀砍死；也有人说他有幸逃命出来，但对高宗失望透顶，隐姓埋名。

马扩听闻山寨被围的消息，马上招募人马前去救援，但还没赶到，又遭遇金军伏击，败走扬州。

十一月，完颜宗翰率军从黎阳渡过黄河，与完颜宗辅在濮州（河南省濮阳市范县）城下会合，认为这个小小的城池应当很轻易就能拿下。谁知濮州知州杨粹中趁金军尚未站稳脚跟，命将领姚端主动发动夜袭。完颜宗翰吃惊不小，差点没能全身而退。在金军猛烈的进攻下，濮州这座不起眼的小城，成了一块难啃的骨头。

杨粹中和满城的将士、百姓苦守三十三日，始终没能等来朝廷的援军。金军最终冲破城门，杨粹中坚守到最后一刻，以身殉国。

金军继续南下，进攻开德府。

开德府守臣王棣是北宋名相王安石的继孙、王安石弟弟王安礼之孙，因王安石之子王雱早逝无子，王棣被过继在王雱名下。开德府沦陷，王棣战死。

金军进而进攻相州。

相州通判赵不试，是太宗赵光义的六世孙。自靖康元年（1126）担任相州通判起，赵不试便助当时的相州知州汪伯彦，与磁州守将宗泽、大名府军一起围歼金军。高宗登基后，汪伯彦随驾前往南京应天府，而赵不试继续留守相州。

此时，金军围相州数日，城内无粮草，城外无援兵，赵不试知道再守下去，也是和开德府一样的结局。他登上城楼，与外面的金军约定："可以投降，但不能伤害百姓。"得到金军应允。

于是，赵不试打开城门，让金军入相州。而他回到官邸，东面而拜，命身边的东京留守统制张琼待他死后以土掩埋，而后跳井殉国，张琼后来也在井旁自刎殉国。

相州虽然失守，一城人的性命却得以保全，百姓们感激赵不试，均自发祭奠他。

在扬州的高宗得知赵不试跳井殉国，亦黯然神伤，追封他为观文殿大学士，并敕封为护国将军，配祀宗庙。

同月，另一路金军由完颜娄室率领，攻下延安府。

一开始，金军只拿下延安府东城，并没有攻下由延安通判魏彦明坚守的西城。魏彦明散尽家财，犒赏将士，西城在他的努力下又苦撑十三日才沦陷。当金军冲入时，魏彦明淡然地坐在城楼上。完颜娄室以家人的性命要挟他投降。

魏彦明不为所动，道："我食大宋俸禄，你这狗东西要我背叛国君？"

完颜娄室大怒，将之杀害，随后进攻晋宁府。

晋宁军知军徐徽言，本来约了知州折可求合围金军，谁想折可求为妻儿性命，带着麟、府、丰三州投降。

完颜娄室得知折可求还是徐徽言的妻舅，于是让折可求到城下喊话，劝徐徽言投降。

徐徽言挽弓对折可求道："你和国家都没感情，我与你又有何感情可谈？不光我无情，我这箭矢更无情！"说罢一箭射中折可求，带人杀出城去。

完颜娄室没想到徐徽言会如此孤勇，被杀了个措手不及，急忙败退，完颜娄室的儿子也在混战中被宋军所杀。

完颜娄室一口气退出数十里后，重新收整兵马，发誓为子报仇，再攻晋宁府。

当时河东各州府都已被金军攻陷，孤城晋宁又顽强地独撑了三个月余。

金军阻断其水流，导致晋宁城内水绝，同时，粮食也即将用尽。徐徽言不断激励将士，带着残兵破甲与金军死战。到最后知晓难再坚持的时候，徐徽言下令将全城军械毁去，以免留给敌人，而后致信兄长徐昌言。徐徽言告知兄长，此战他已报必死决心，请兄长继续为国尽忠。

后来，部将变节，悄悄开启城门将金军引入，徐徽言与太原路兵马都监孙昂誓死抗击，自知大势已去，忍痛将妻儿烧死于室内，准备拔剑自刎，被破门而入的金军俘虏。

完颜娄室敬徐徽言是个汉子，以官爵诱降道："只要你归顺，我可以让你和子孙世代统率延安，管辖全陕。"

徐徽言责斥他异想天开，道："我受国厚恩，为国而死，死得其所，岂会向你卑躬屈膝！"

完颜娄室见他敬酒不吃吃罚酒，遂射杀之。

至此，秦陇一带，尽数被金军攻陷。而完颜宗翰的那一路大军则攻陷东平府（今山东省泰安市东平县），继而攻破济南。

在济南，金兵想挖孔子的陵墓，看看里面有没有珠宝。完颜宗翰得知孔子是汉人的圣人，立刻下令制止，并处死了参与挖陵的金军士兵。可见在金国高层已经达成共识，在拿下宋朝的城池之后，要减少宋朝百姓的反感，为将来金国推举统治宋地的伪政权打下民意基础。

十二月，完颜宗辅进攻大名府。

守臣张益谦欲弃城逃跑，提点刑狱郭永力劝道："北方门户若失，朝廷危矣！眼下打不赢，我们就死守到底，挫敌锋锐，等待援军，还没有到放弃的时候啊！"他看出张益谦降意难去，于是，招募士兵趁夜色出城给朝廷送去急报防备金军。

但自两人理念不一的那一刻起，大名府已非一块坚硬铁板。

金军拉出东平、济南投降的百姓在城下对大名府官民喊话："我们两地都已投降了，投降者有富贵，不投降的什么都没有。"

那些贪生怕死的自然都有异动，郭永见状大声道："今日是我们报国之时！等朝廷王师赶到，大名府肯定能守住，大家只要努力，就不用怕这些金人！"众将士的信心又被激起，表示愿意坚守。

金军劝降不成，趁入夜大雾四起，用战车冲撞城墙的残破裂缝之处，开始攻城。

良久城陷，郭永坐在城楼上，儿子们请他撤离，郭永道："我受国家恩惠，当以死报国。然而我死了以后，覆巢之下安有完卵，你们怎么办呢？这是我们的命吧，都不用怕。"

很快，张益谦率众向金军投降，被金军质问："破城许久，怎么现在才来投降？"

几人哆哆嗦嗦答说："有人不让投降啊。"

郭永此时已正衣冠，向东南叩拜，等金军骑兵过来询问何人阻碍投降，他起身坦然道："是我！"

完颜宗辅听闻过他的大名，意欲以高官厚禄招降。郭永不为所动，反问："为何还不快点杀了我？我死后做鬼也不会放过你们。"之后，一家都被金人杀害。

金军不断逼近南方，前方的战报也如雪片般飞入扬州。有些忠君之士认为必须要有所作为，做好下一步规划。

户部尚书叶梦得上疏道："御敌之计有三：形、势、气。形以山川地理为本，势以城池、军队粮草、器械为重，气以将帅、士卒为急。形固可以持守，势强可以资立，气振可以作用。由此，敌人皆在可以应对的范围里。"他提出，"请陛下渡江南巡，依赖长江天险，以备不虞"。又请求安排重臣守泗州（今江苏省盱眙县）和金陵（今江苏省南京市），以备退保。

侍御史张浚进言说："中原是天下的根本，应当修葺东京、关陕、襄邓以待陛下巡幸。"

高宗说他："知无不言，言无不尽。"升任张浚为礼部侍郎，授任御营使司参赞军事。可见高宗也不希望身边尽是黄潜善、汪伯彦之辈，他亦渴望听到不一样的声音。

十月，张浚请求先把后宫女眷、皇子安排到更安全的杭州，建议苗傅、刘正彦为扈从都统制、副都统制。

高宗虽然没有马上表态，但在次月，他将祖宗牌位安置于寿宁寺，祭天祭祖，大赦天下，而后十二月，便安排兵马护送隆祐太后先行前往杭州。

有一些史书记载，黄潜善和汪伯彦扣押了前方的军报，故而高宗并不知晓金军即将兵临城下。高宗说："有黄潜善为左相，汪伯彦为右相，朕何患国事不济。"当时，金军已攻到山东，山东境内匪盗群起，而短视的黄潜善和汪伯彦认为这都不是问题，根本不向高宗上报地方请求朝廷派军的奏折。甚至，张浚认为金军必来，这两人都只是一笑置之。

但真相是否如此，有待商榷。首先，高宗若不知金军逼近，不可能在建炎二年（1128）十二月，新年春节即将到来之时，安排隆祐太后提前撤离，又于次年二月，安排后宫女眷和皇子到杭州。第二，朝廷不派遣军队镇压各地贼匪，恰恰不是高宗不知，而是高宗知道，但贼匪的问题并非眼下急于处理的问题。在当时，高宗心中的第一大问题，必然也一定只有金国。宋朝此时有限的兵力和防御能力，都是他留给自己最后保命之用，要是调拨去剿匪，金人到了面前，他又该怎么办？第三，对于金国，高宗希望可以和谈，因此不敢贸然兵戈相见，归根到底还是求和的心理作祟。而在建炎南渡后，高宗为平复天下百姓的怨言，把责任推到了主和派黄潜善和汪伯彦的身上，用"朕不知道"这个拙劣的理由掩盖他的优柔寡断、懦弱求和。当然，高宗在事后反思时，确实也气这两人摸准了他"求和"的心理，不断进言金军不可能那么快南下，粉饰太平，又附和唯有求和才能解决宋金问题，消磨了高宗最后一点点的抗金信念，所以后来贬黜两人时，高宗用了"误国"二字。

在惶惶不安之中，高宗在扬州过了建炎三年（1129）的春节。但是，该来的还是来了。

正月初九，完颜宗翰率数万大军攻打中原战略要地徐州。知州王复坚守孤城二十天。正月二十九日，徐州弹尽粮绝，被金军攻陷。五十二岁的王复拒不投降，满门百口遭金军杀害。

驻扎淮阳的南将韩世忠，率领数千宋军救援。

完颜宗翰闻讯，率大军迎战韩世忠，同时分出万人往高宗所在的扬州方向前进。

宋金两军大战，韩世忠因兵寡而败退沭阳。完颜宗翰没有放过他，追至沭阳，宋军溃败，韩世忠再往盐城撤退。

随后，完颜宗翰坐镇徐州，下令金军攻下楚州（今江苏省淮安市）和泗州，在两处寻找渡口渡过淮河。在徐州城内，金军找到了宋朝存放于徐州府库的大量官银和物资，完颜宗翰将之犒赏给各路金军，金军士气大振。

二月，高宗下诏百姓自行躲避金军，刘正彦护送皇子和女眷前往杭州。

此时，楚州守臣朱琳投降，金军开入楚州，乘胜南下，攻下华东腹地天长军（今安徽省天长市）。

被高宗派去探知前情的宦官邝询刚到天长军便远远地看见了金军，吓得他掉转马头急奔回扬州。

高宗得知金军已近在咫尺，二话不说，披甲出城。这一次走得匆忙，连宰相黄潜善、汪伯彦在内的大臣们都没通知，他身边只有御营司都统制王渊、礼部侍郎张浚、宦官首领康履以及少数禁卫军。

　　高宗一行人出了扬州城北门，黄潜善、汪伯彦等大臣才听闻消息，当时这些重臣刚刚开完一个会议，正在会后的宴席上，当即就乱了，有的回府找家眷一起跑，有的直接上马去追高宗。

　　扬州城内的百姓，得知皇帝和宰相都出了城，金兵已经快到扬州城外，也纷纷出城往南逃难，城门附近还发生了踩踏事件，死伤数人。

　　一个叫黄锷的大臣被家丁护着出城。因见到前方堵塞难行，家丁高呼："快让路，这可是黄大人！"

　　百姓们误以为此人是黄潜善，大喊："你这个祸国殃民的贼子！"不等黄锷争辩，就将他活活打死，连脑袋都被扭了下来。

　　另有一个叫黄哲的大臣，也被乱箭射死。

　　慌乱之中，还是太常少卿季陵赶到太庙，带着历代宋朝皇帝的神位逃出扬州。

　　高宗等人跑到江边的瓜洲镇，渡口一艘船都没有。此时，不论官民都在惊慌之中跳江、坠江，淹死之人不计其数。最后是张浚找到了一条小船，载着高宗过江抵达镇江。

　　高宗在镇江和陆续追上来的大臣召开了一次紧急会议，主要是商量下一步怎么做。

　　吏部尚书吕颐浩幼年生长于西北，娴熟军事，建议高宗："陛下坐镇镇江，声援江北，这样江北的军民定会拼死抗金。"

　　王渊则道："镇江三面都有金兵，已经不再安全，不如再往南退。"

　　高宗的目光在地图上徘徊。

　　王渊进一步道："杭州有钱塘江为屏障，易守难攻。"

　　张邵则道："还是进都金陵为佳，纵使不能夺回中原，也可以靠江、淮、蜀、汉、闽、广，以图恢复。"

　　高宗考虑再三，最终采纳王渊的建议，决定前往杭州。

　　大将刘光世此时赶到镇江，因担心高宗知晓他的部队尚未与金兵作战就撤退渡江，刘光世一面圣便指责王渊："渡江船只都由你调配，而你把船只都调去运你的家人和私财，令我们的将士们无船渡江！"

"陛下明鉴！"王渊当即跪地，把责任推给下属，"这都是江北都巡检皇甫佐办事不力，臣已将皇甫佐正法！"

高宗已没有空管这些龌龊事，他在镇江短暂停留一晚，即启程南下，经过常州、无锡、平江府（今江苏省苏州市）、秀州（今浙江省嘉兴市），最后抵达杭州。

这一路上，高宗连下任命。令吕颐浩任同签书枢密院事、江淮两浙制置使，留守江宁府（今江苏省南京市）；令中书侍郎朱胜非和江淮节度使刘光世任五军制置使，屯守镇江府；后又改令朱胜非在平江抗御，张浚为副，一同节制军马，镇守平江府；承宣使张俊驻守吴江。

高宗这头快马加鞭、一刻不停地往南跑，恐怕根本没有想到进入扬州的仅仅是金军方面的五千先锋。如果当时宋朝将士拧成一股绳，何愁对付不了这人生地不熟的五千敌人？结果他们从上到下自乱阵脚，白白把一座扬州城拱手让人。

五千金兵进入扬州城后，放言要杀掉留在城中的所有人，于是百姓们也不问青红皂白一股脑逃出城去。五千金兵就此轻松地将城中的财富扫荡一空，而后放火烧城。在扬州城真正死在金人刀下或者被火烧死的百姓，其人数远远不及逃出城后渡江、坠江而淹死的多，而那个有十万人之众，"烟花三月"的扬州城也就此被一把火毁去……

高宗这次从扬州逃到杭州，史称建炎南渡。

后来民间流传着的"高宗泥马渡江"的传奇故事，说的就是高宗这次南渡。据说，高宗来到江边时，后方是金国追兵，前路被滔滔江水阻隔，此时一匹白马奔来。高宗翻身上马，一跃过江，一口气直接跑到杭州。而高宗翻身下马后，白马饮了井水，便变回了泥马。于是大家在白马变回泥马的地方，建造了一座寺庙，称之为白马庙，里面祀奉着这匹白马的神像，被百姓们尊为"白马明王"。如今的杭州已经找不到白马庙，但仍然有一个叫作"白马庙巷"的地方，据说就是当初白马庙所在的地方。

这个传说故事就如同许多帝王出生之时有奇异的天象一样，其目的是为了告诉百姓，此人是天选之子，理应做皇帝。但仔细想想，若高宗真有神助，何不返身把金兵击退？因此，传说只是传说，只能引人一笑而已。

第四章

第一次南宋与金战争（中）——建炎复建

高宗刚在杭州落脚，便发布"罪己诏"，公开求谏，大赦天下。

吕颐浩从扬州送来奏报，说金军已撤离扬州。吕颐浩遣将领陈彦渡江，收复扬州，目前扬州城内多处被金军烧毁，百姓亦死伤无数。

此时，仍在宰相位上的黄潜善和汪伯彦竟然还没把国家危亡当成最重要的事，一心只想阻止高宗赦免李纲。

不过，这两人的好日子也已到头。

建炎三年（1129）二月，御史中丞张澄弹劾黄潜善和汪伯彦，称其导致天子蒙尘，天下怨怒，有大罪共计二十条。

高宗为安抚百姓，下诏贬黄潜善为江宁知府、汪伯彦为洪州知州。

右司谏袁植认为贬得太轻，上疏要求把二人斩首。

高宗提及"不杀士大夫"的祖训，认为罪过不可尽归大臣，拒绝袁植的请求，还把袁植贬官了。

相位空悬，高宗提拔朱胜非为右相兼中书侍郎，王渊升入枢密府为枢密院事。此时的高宗万万没有想到，正是因为他对王渊的提拔，引起了七品将领苗傅、刘正彦的不满，导致二人兵变。

苗傅、刘正彦是从康王时期就追随高宗的武将，祖上世代为将，忠心家国，之前负责担任护送太后、皇子南下杭州的任务，他们认为自己的功劳不输王渊，理应得到晋升。而王渊在高宗逃出扬州时，分明有失职行为，导致国库绢帛、皇帝的御用之物都落入金军之手。结果，高宗提拔将领时，偏偏只提拔王渊，而没给两人任何认可。苗傅、刘正彦愤感天子用人不公，认为是因为王渊与高宗身边的宦官康履等人勾结所致。

而康履此人仗着自己是高宗身边重用的宦官，就是在逃离扬州的路上，还专横跋扈。在路过吴江时，他竟然和其他宦官们在江边比赛射鸭子为乐。等到了杭州，康履又提出到钱塘江观潮，其所用的帐篷挡住了百姓行走的道路。

苗傅因此指责康履："是你们这些宦官导致了天子颠沛流离至此！"

康履反唇相讥说："朝廷养你们这些士兵，一个个都是吃白饭的，打仗又不行，所以金人如此猖獗！"

苗傅一个武人，嘴皮子自然没有宦官康履厉害，因此越发恨康履。而同样心存不满的刘正彦和苗傅一起抱怨康履和王渊，两人一拍即合，决定一起起兵清君侧。

这两人本属于王渊的下属，向王渊密报有人准备在天竺山一带起兵叛乱。王渊遂将自己的精兵派去天竺山埋伏，准备平乱，立一大功。随后，苗、刘两人带兵埋伏在王渊下朝的必经之路上。

三月五日，朝廷宣读晋升大将刘光世为检校太保的诏书，王渊听完之后下朝离开，遇见苗、刘两人带着士兵冲上来。

王渊奇怪："你们怎么都穿着盔甲？"

没人回答，士兵们一拥而上将王渊从马上拖下来。

刘正彦道："你勾结宦官谋反，吾等为民除害！"亲自将王渊斩首，随后将王渊的头挂起来示众，并带人包围了康履的住处，见到宦官便杀，处死了百余宦官，但没找到康履，于是带士兵们前往行宫。

原来，康履已获知消息，急忙入宫报告高宗有人作乱。

高宗不知道如何处理，此时，苗、刘两人带兵来到行宫北门外。

正好宰相朱胜非入宫禀事，尚在宫中。朱胜非当即登上城楼，喊话苗、刘两人："你们这是要做什么？为何要杀朝廷命官？"

苗傅道："苗傅不负国家，只是为天下除害。"同时，遣人布告杭州城内的百姓，都是奸臣误国，导致扬州之灾，今日他们为民除害，意图中兴，绝无二心。

朱胜非与对方交涉许久，苗傅等人始终坚持要见高宗。守宫门的中军统制吴湛与苗、刘是同党，这时打开城门，引两人手下进城，一起高喊"苗傅不负国家，只是为天下除害"。

杭州知州康允听闻有人作乱，领兵入宫护驾。此时他领着百官，请求高宗上城楼安定军心。

高宗随后亲自登上城楼，与苗、刘交涉。

当皇帝的华盖出现在城楼上，苗傅和刘正彦领着诸将士跪地叩首，高呼万岁。

高宗的心略略一定，这些人还认他这个皇帝，遂问二人此举的目的。

苗傅高声答道："陛下听信宦官，赏罚不公，军士有功者不赏，内侍所主者却得美官。黄潜善、汪伯彦误国至此，犹未流放。王渊遇敌不战，但因为结交康履，还被任命为枢密。臣自陛下即位以来，立功不少，只封为遥郡团练使。如今，臣已将王渊斩首，但凡在行宫之外的宦官也都诛杀。恳请陛下下令一并斩杀康履、蓝珪、曾择，以谢三军。"

高宗道："康履等人有罪，我定将他们流放海南。诸将离去吧。"

苗傅等人不肯，道："天下生灵涂炭，都是宦官作祟，若不将他们正法，吾等不走。"又道："今日之事，都是臣一人主张，臣的部将们事先并不知道，也未参与预谋，他们无罪。"

高宗随后表示可以下旨封苗傅为承宣使、御营都统制，刘正彦为副，并且宣布不追究任何参与此事的将士。

苗傅道："若我等要高官厚禄，只需要攀附康履就行了，何必兴师动众来这里？"

高宗一下噎住了，问计于身后百官。

军器监叶宗谔道："陛下何必珍惜康履？眼下平息三军怒气才最重要啊！"

高宗无奈，他确实不想做下诏杀人的皇帝，但现实不允许他仁慈。而后，康履被捆着装入篮子，吊下城楼，随后被城下将士腰斩。

临死之前，康履大呼："官家何故只杀我一人啊！"这句话喊得惹人深思，看来康履觉得不公平，像他这样该死的人，还有许多。

但康履已是一颗被高宗放弃的棋子，不论如何呼喊都改变不了命运。他的首级后来被砍下来，和王渊的一起挂在城阙上示众。

高宗以为做到这一步，苗、刘理应满意离去。但他没有想到，苗傅又道："陛下的皇位有些不妥，将来渊圣皇帝（即钦宗赵桓）回来，又要如何处理？"

高宗一直有一块心病，便是他的皇位是由金人扶植的张邦昌那边得来，而迎回二圣更是他最忌讳的话题，苗傅此时把这个话光明正大说出来，显然这个问题不光折磨着高宗，也同样徘徊在底层士兵们的心里。如果国家强势还好，可眼下金兵到了眼前，高宗毫无作为，更令他们生出了对天子身份的怀疑和怨怒。

高宗呆立良久，他已无法朗声和几人对话，示意朱胜非再次下去跟苗、刘两人沟通。

朱胜非坐吊篮下城楼，询问苗、刘二人想要如何。

苗傅提出要隆祐太后垂帘听政，派遣特使与金人议和。

朱胜非再上城头，把话转达给高宗。已经到这份儿上了，高宗别无选择，即下诏书，恭请隆祐太后垂帘，权同听政。

百官听诏下拜。

唯独苗、刘二人依然不拜，又提出进一步的要求——请高宗传位皇太子。

两人身边的幕僚还对高宗喊话："民为贵，社稷次之，君为轻，陛下应以社稷百姓为重，效仿徽宗禅让。"

众皆惊愕失色。

浙西安抚司主管机宜文字时希孟道："要不问一下三军的意见吧。"

杭州通判章谊斥责他："这是什么话！难道要听从三军的意见办事？"

高宗示意章谊不用说了，章谊立刻屏息不语。

高宗嘉奖地看了章谊一眼，转身对宰相朱胜非道："朕确实有做得不妥之处，理应避让，去请太后来主事。"

朱胜非道："从古至今，都没有这样让位的道理啊！"

颜岐颤巍巍地道："若太后下谕，也是有过的。"

高宗随后命人去请隆祐太后上城楼。

当时还未开春，城楼上没有避风之处，寒风阵阵。

隆祐太后登楼后，高宗立即起身将唯一的一把凳子让给太后坐下，他自己站在太后一侧。群臣再三请他入座，高宗道："我已经没有资格坐了。"

隆祐太后环视四周，道："让哀家出城安抚将士吧。"

"不可啊！"百官皆认为此举危险，担心城外的士兵挟持太后。

唯独朱胜非力排众议道："叛军不敢，若他们有此举动，反而说明他们之前所言都是假的，我们可探明他们的真实想法。"

隆祐太后亦认为有道理，她经历过太多变故磨难，早把生死看淡，随后坐轿出城。

到城楼外，隆祐太后询问苗、刘二人："尔等为何如此逼迫陛下？"

诸将士对隆祐太后跪下行礼，苗傅道："国家有难，二圣未归，陛下被奸佞蒙蔽，无所作为。吾等建议陛下禅位给太子，太后垂帘听政。"

隆祐太后缓声道："以前道君太上皇任用奸臣，随意更改祖宗法度，才造成了今日的局面。当今陛下神圣孝明，只是被奸臣汪伯彦、黄潜善所贻误，现在两人也都被放逐了。再者，强敌在外，国难当头，正应该上下一心，何必再生混乱，轻易更换君主呢？"

苗傅坚持道："必须如此，不可改变。"

隆祐太后也坚守底线，道："可以依你们所请，但哀家要与陛下一起执政。"

苗傅不依,他们都是武将,坚称若不立幼帝,他们就只能动粗了。

隆祐太后反问:"好,以哀家一个老妇和幼子执政,我们一老一少,如何与金国抗争?"又质问在旁的宰相朱胜非:"你们这些大臣怎么光站着,一言不发?"

朱胜非一头冷汗,正不知作何回答。这时从城楼上跑下人来,禀告隆祐太后:"皇上已同意让位,请太后下诏。"

隆祐太后坚决不允,甚至要挥袖离去。

朱胜非登楼,对高宗哭泣道:"事态发展到这样,是臣的失职,身为宰相,臣应当以死谢罪。"

高宗道:"形势发展到这个境况,爱卿又怎么预料得到呢?如今已经没了王渊,又要害爱卿,朕以后怎么办?"而后,挥退左右,轻声与朱胜非道:"只能先听他们的,再看以后如何挽救。若是失败了,再道生死也不迟。"

朱胜非闻言伏地,久久不起。

高宗轻叹,让朱胜非起来,下去告诉苗、刘等人,让他禅位可以,但得应允四个条件:

第一,禅位之后,他的待遇要如道君皇帝让位一样,供奉丰厚;

第二,禅位之后,国家大小事务要听太后及即位的幼君处置;

第三,禅位诏书下达之后,诸将和士兵立刻回到营区;

第四,必须约束军士,不可抢掠纵火、骚扰百姓。

苗傅和刘正彦同意了这些条件,并马上指挥士兵返回驻地。离去时,将士们都觉得为国家做成了大事,个个欢欣鼓舞。

当日,高宗禅位给三岁的儿子赵旉,史称宋简宗,请隆祐太后垂帘听政。当日,高宗即从行宫搬出,移居显忠寺。显忠寺是一座简陋的庙宇,之后改名睿圣宫。

次日,太后垂帘听政,尊高宗为睿圣仁孝皇帝。

五日后，宫中颁诏大赦天下，改年号明受。而苗傅被加封为武当军节度使，刘正彦被加封为武成军节度使。

蓝珪、曾择被贬去岭南，随后被苗、刘派人诛杀。

太后垂帘听政后，朝中主要的政事由宰相朱胜非处理。但苗、刘二人仍然担心高宗会暗中干预政务，秘密筹划挟太后、宋简宗离开杭州。

另一边，禅位和大赦的消息传到驻扎在外的重臣和大将处，平江留守、礼部侍郎张浚当即觉得此事有异，高宗才二十岁，正值盛年，为何要传位三岁稚子？他叮嘱左右压下消息，并派人秘密前往杭州打探真相。但派去的人尚未回来，平江府又收到了从杭州发出的檄文，其用词多有忤逆之意。张浚敏锐地预感到皇帝身边定然发生了大变故！

此时，同张浚一样预感到情况不对的还有江宁留守吕颐浩和驻守在吴江的武将张俊。

张俊收到杭州来的旨意，命他秘密带三百人前往杭州，余下兵将交由其他将领负责。张俊认为这个密旨出得太过奇怪，怀疑有人假传圣旨，于是跑到平江找张浚商议。

张浚此时已大致了解到苗、刘二人在杭州兵变，逼迫高宗禅让，并将高宗软禁的情况。危急关头，张浚非常清醒，当务之急是立刻起兵勤王，但是只凭平江府和吴江的兵马还远远不够。

正好江宁留守吕颐浩的信在这时送到平江府，吕颐浩也已决定起兵，来信要请张浚一起。张浚马上给吕颐浩回信，表示愿意一起勤王。同时，又给在镇江的大将刘光世去信，请他一同会师。

吕颐浩、刘光世马上回信表示支持。

与此同时，还有一个人来到了平江府地界，他就是"中兴四将"之一的韩世忠。韩世忠败于金军，退守盐城后，带着残余兵马南下前往杭州。张浚的人找到韩世忠时，他的队伍正行舟到常熟。从张浚的信中得知高宗落难，韩世忠大哭一场，当即发誓与苗、刘不共戴天，并希望能和张俊一起做勤王的先锋军。

张俊担心韩世忠兵寡，又问张浚借调了两千人给韩世忠。

如此，吕颐浩、张浚这两位忠心耿耿的文臣，韩世忠、刘光世、张俊三位武将都已集结在一起。

此次起兵勤王，吕颐浩已是年近六十的老臣，而另外三位都是手握重兵的武将，但都不约而同以张浚为首，听他调派，足见这个年仅三十三岁的文臣已经展现出卓越的才干和个人魅力。此次起兵，以韩世忠为前锋，张俊为两翼，张浚和吕颐浩为中军，刘光世大军殿后，往杭州进发。

为了给几方大军争取会师的时间，张浚摆出谈话的姿态，遣人去杭州向苗、刘叛军阐明大意，要求他们尽快归政于高宗。

苗、刘二人虽是武人，但能成功举事，也非毫无头脑之辈。在得知张浚几人起兵后，苗、刘二人决定分化他们，一方面声讨张浚叛乱，一方面则开始拉拢韩世忠。

刘正彦给张浚下达命令，要求他尽快到杭州。张浚明白此去凶险，托词说张俊忽然带兵到平江，军心不稳，他等情况缓解之后再去杭州。

刘正彦要比苗傅心思细腻，知晓张浚不会中计，于是下了杀心。

一日夜里，张浚家里来了刺客，来人掏出一张悬赏张浚首级的告示，道："苗傅、刘正彦正悬赏您的首级。"

张浚问他："那你要下手吗？"

来人道："我乃河北人，书读得不多，但也知道几分道理，晓得要分辨忠奸，不会跟着逆贼做事。此次特意前来，是为提醒您小心，只恐还有其他杀手。"

张浚感激不尽，问其姓名。

那人不答，一转身，已消失在高墙后。

张浚之后将主要将领叫到面前，询问他们："你们认为我们和苗、刘谁是忠义，谁是叛逆？"

诸人都道："我们是忠，苗、刘为逆。"

张浚掏出那张悬赏他人头的告示给几人道："你们觉得我此举大逆不道，就杀了我，拿我的人头去领赏。否则，就跟随我去杀逆贼，但凡有退缩，都军法处置。"

诸人无不应是。

在当时，张浚也不知道此去是赢是输，如若输了，将根本没有命离开杭州。他这番话，既是亮明自己起兵勤王的决心，也为鼓舞军心，一鼓作气。

韩世忠这边，他的家眷都在杭州城内。张浚担心韩世忠会被苗、刘威逼利诱，叮嘱韩世忠的副将把从杭州方向送来的书信一律丢入水中。

后来，苗傅和刘正彦果然以宋简帝的名义，许以韩世忠加官晋爵，试图招安韩世忠。而韩世忠看到招安信上写了年号明受，怒道："我只知建炎，不知明受。"并将来使斩杀。

当韩世忠行到距离杭州不远的秀州时，苗傅和刘正彦又考虑将韩世忠的夫人梁氏作为人质，逼韩世忠退兵。朱胜非闻讯，有意策应张浚等人，便对苗、刘二人道："不如让梁氏迎接韩世忠，反而体现了你们的仁厚，也令所来将士安心，相信他们的家人无恙。"

苗、刘二人认为有道理，奏请太后。隆祐太后封梁氏为安国夫人，允许她带上儿子和太后懿旨，快马迎接韩世忠。至此，苗、刘二人失去了掣肘韩世忠的人质，也叫朱胜非看清这两人孔武有余，而谋略不足。

三月二十五日，张浚、吕颐浩等人公开讨伐苗、刘的檄文传到杭州，城内人心惶惶。苗傅和刘正彦也内心不安。朱胜非于是借机再次劝说两人，还政给高宗。

苗傅最后顶不住压力，接受了提议，他带领百官前往睿圣宫，请高宗复位。

高宗表示知晓两人的忠心，做了一番勉励，并再次加封两人。

四月一日，隆祐太后下诏还政高宗，恢复建炎的年号，史称建炎复建。

消息传到张浚等人这边时，他们已经全部抵达秀州，于是聚在一起商议接下去是继续前往杭州，还是回头。

既然高宗已经复建，再前往杭州则可能被苗、傅二人抓住把柄，说几人出师无名。但此时杭州的兵马还掌握在苗、刘二人手中，如若就此回头，这两人又一次反悔并逼高宗禅让，然后再派兵追讨他们，怎么办？

最后，几人一致认为，不论前路多么凶险，也要继续前往杭州清君侧，彻底解决苗、刘二人。

几路勤王人马继续开向杭州，并在郊外遇上苗、刘二人安排在此的叛军军队，双方展开大战。韩世忠异常勇猛，持枪上阵，并号召部下："今日我等以死报国，等会儿谁没有箭伤，杀无赦！"

战斗一度陷入胶着，张俊、刘光世的部队随后赶到增援，胜利最终倒向韩世忠这一方。

叛军开始四散败退，消息传到苗傅、刘正彦耳中，两人自知大势已去，急忙找到高宗和隆祐太后，表示要离开杭州。但在离开之前，两人请求给予铁券，俗称免死金牌。

高宗看着他们按在佩刀上的手，点头说："理应给。"

苗傅、刘正彦在拿到丹书铁券之后，带着两千人马，迅速离开杭州城，前往福建，同时命令手下在杭州城内纵火，让人无暇追讨，但当夜天降大雨，火没能起。

韩世忠率先进入杭州，拜见高宗。

高宗见到韩世忠便号啕大哭，并低声告诉他："守宫门的中军统制吴湛和苗、刘是一伙的！"

韩世忠随即找到吴湛，作势要和吴湛谈话，然后一把折断吴湛手指，将其逮捕，诏斩于市。

张浚、刘光世等人后来也赶到宫中，拜见高宗。

朱胜非见苗、刘之事已经平定，向高宗提出辞职。

高宗甚为意外："苗、刘之事，并非爱卿所致，何至于要如此？"

朱胜非称这件事在他任上发生，他有不可推卸的责任，坚持离开。

高宗叹息，又问他："那谁可接任宰相之位？"

朱胜非推荐吕颐浩和张浚。

高宗道："张浚还年轻，可以如此委以重任吗？"

朱胜非道："张浚虽年轻，可这次勤王也是他主持的，可见其忠义和能力。"

高宗思索几日后，正式下诏罢去朱胜非右相职务，提拔吕颐浩接任右相，韩世忠为御营左军都统制，加封为检校少保兼武胜、昭胜军节度使，由高宗亲笔赏赐"忠勇"二字，并封韩世忠的夫人梁氏为护国夫人，享受朝廷俸禄，自此开创重臣、功臣的妻子领取俸禄的先例。而张浚原本要和吕颐浩一样位列宰相，却被他拒绝了。

实际上，高宗在张浚勤王入宫后，对张浚慰问再三，并引他觐见太后，还御赐所服玉带，并透露了要他为相的意思。张浚冷静而克制地以"资历浅，不敢当"为由婉拒。

张浚出生在天府之地，家族往上可以追溯到刘邦第一谋士"谋圣"张良。张家在汉州是地方世家，张浚的父亲张贤良在宋哲宗时期参加科举，因其观念与当时主政担任宰相的改革派代表章惇不一致，不得主政者重用，仅仅被分配回老家担任判官。张贤良一生仕途低迷，在张浚四岁时便过世了，但张浚继承了父亲忠直勇敢的性格。二十一岁，张浚考取进士，从最底层的小官做起，按照正常的逻辑，他的晋升之路不会有大波折，但是，一场颠覆国家的靖康之耻发生，所有的规则都被打破。高宗在南京应天府登基，张浚闻讯毫不犹豫策马前往去投奔，就此拉开了他不一样的人生。

建炎初年，面对当朝宰相李纲，张浚敢于直言弹劾，而他这一生最为后世诟病的也正是弹劾李纲。

但我们必须看清，张浚自始至终都不是主和派的一员，他主张与金抗衡。张浚弹劾李纲，完全出于他的忠直和对朝纲法纪的维护。

高宗在罢免李纲后，曾评价李纲："朕以其人，心虽忠义，但志大无才，用之必亡国。"话里固然有为自己开脱罢免李纲之事的嫌疑，但这也可以让世人换一个角度去看李纲。在处理问题的出发点上，李纲并没有错，但他坚持处死张邦昌、宋齐愈的态度，确实固执、不近人情，所以引起了张浚对公正二字的追问。

张浚虽然弹劾李纲，并最终导致李纲下位，但他一直非常尊重李纲，并多次在高宗面前夸奖李纲之忠。在张浚拜相后，他又推动高宗下决定重新起用李纲。

绍兴十年（1140）李纲过世，张浚作诗《李伯纪丞相挽诗二首》。

其一：

> 苍苍安可料，旧德奄重泉。
> 痛为黎民惜，谁扶大厦颠。
> 英风摩日月，正气返山川。
> 丙午功勋在，丰碑万口传。

其二：

> 十相从明主，唯公望最隆。
> 召周虽异迹，李郭本心同。
> 未遇升天药，空余济世功。
> 薰风歌吹咽，泪尽古城东。

从诗可见，张浚赞李纲"丙午功勋在，丰碑万口传"，认可李纲"十相从明主，唯公望最隆"。还剖析自己和李纲之间，如当年召公和周公、李光弼和郭子仪一样，虽然执政上有分歧，但其心赤诚，皆为社稷。当初他弹劾李纲，完全不是私人恩怨，其初衷和心境坦坦荡荡，经得起世人的剖析评价。

再者，张浚的忠直敢言也不单单针对李纲，就在弹劾李纲没多久，他又因为韩世忠手下逼死谏官之事，上奏请求夺韩世忠观察使之职。当时，正是高宗需要依仗韩世忠等大将保家护国的时候，而张浚只是一个人微言轻的殿中侍御史。结果，张浚不断上疏，逼得高宗无言以对，只得罢了韩世忠观察使的职务。

更甚者，在李纲下位、宗泽苦劝高宗北上无果，且黄潜善、汪伯彦当道，人人都知道附和议和的时候，张浚依然上疏要求加强北方防御。他固然不是唯一做这件事的臣子，但能触碰高宗心头敏感之处又得到了高宗赏识的，恐怕就真只有张浚一人了，张浚随后被提拔为礼部侍郎，足见其政治智慧。在他的身上，仿若有寇准当年年少出彩的影子，但又与寇准有所不同，不论如何，一颗政治新星冉冉升起了。

平定苗、刘叛乱，宋史将张浚定为头功，当时高宗是整个宋皇室嫡亲唯一留在宋朝境内的血脉，如果高宗遭遇不测，那么整个中国历史的走向都将完全被改写。张浚主导的建炎复建，帮助的不仅仅是高宗一个人，不单单是南宋，更对整个民族有着深远影响。

因为张浚的推辞，高宗最后下诏任命张浚为枢密院事，很快，张浚又以他的足智多谋为高宗解决了一个心头大患。

话题还需要回到苗傅、刘正彦身上，后来这两人被韩世忠抓获，他们急忙拿出了铁券保命，才知道高宗在铁券上留了个手脚，写明"除大逆外，其余不问"，而他们犯的恰恰是大逆不道之罪，最后被押送到江宁府（当时已改名为建康府，今江苏省南京市）当街凌迟处死。

但有一个人站出来，给两人求情，认为其罪不至死，他就是庆远军节度使、湖北制置使范琼。但范琼并不是真要帮苗傅和刘正彦，而是在试探朝廷的态度，因为范琼此人做的事也并不比苗傅、刘正彦好多少。

在靖康时期，金军攻入汴京，范琼受金人委派逼太上皇徽宗赵佶出城，将宋徽宗和皇族、后妃等三千多人，或者乘轿，或者乘牛车，或者徒步，陆续押送到金营。徽宗被胁迫出城后，汴京百姓号哭不止，范琼竟然立斩数人，并领兵向百姓宣读金国的文书，称赵氏已失国，令百姓不许阻拦皇族、后妃们出城。

金军掠走二帝，立张邦昌建立伪楚政权。范琼又作为金人的走狗，率人杀害不愿事二君的官员和他们的家人。

高宗即位后，特意下诏表示不问责范琼，并加封范琼为定武军承宣使、御营使司同都统制。

结果，建炎初年，金兵南下，范琼竟然拥兵自重，不听朝廷调令。从事后种种来看，这时候的范琼应该已知道朝廷对他不满。作为一个没有忠诚度可言的人来说，原本也不需要在乎朝廷的态度，他只是每次都等到胜负分出以后，投靠胜出的那一方罢了。

建炎三年（1129），苗傅、刘正彦兵变，监察御史陈戬赶到驻兵于南昌的范琼营中，请他回朝救驾。范琼不但不应，还令士兵围着陈戬，强迫陈戬观赏活剥人皮，以此来恫吓陈戬。

建炎复建后，范琼假意给苗傅、刘正彦求情，实际上希望高宗能够赦免他先前依附苗傅和刘正彦的罪名，并以自己在淮南、京东招揽了十九万盗贼要挟高宗。

以范琼一直以来的行事可见，只要给予机会，他绝对能做出苗傅、刘正彦一样的兵变之事，但其出发点恐怕远不如苗、刘二人，而行事狠绝又远远在二人之上。让其发展下去，必然是南宋的一个大患。

见此，张浚反应果断，上奏范琼"大逆不道"的罪状，请求将范琼治罪。

高宗原本忌惮范琼手握重兵，但见这位年轻的枢密院事如此自信，于是准奏。

张浚忠直，但不鲁莽，他在抓捕范琼这件事上，还颇费了一番心机。先以商议平乱为名，派人叫范琼与刘光世等人一起前来。等范琼踏入会场，提前埋伏在会场里的大将张俊便带兵出来一下把范琼制服。范琼随后入狱，子弟被流放岭南。

名臣张浚和武将张俊，都是南宋初期非常重要的人物，时常出现在这段历史的文献记录之中。两人名字相近，非常容易混淆，因此每每读到这两人名字时，都令人不得不停留下来仔细分辨一番，不失为读南宋历史的一个有趣之处。

苗、刘之乱平息，高宗对有功之人论功行赏，被提拔起来的张浚也不忘对高宗道："若没有太后这位中流砥柱，局势不能稳定，也应当厚赏太后的家人才是。"提议封隆祐太后的侄子孟忠厚为宁远军节度使。

高宗准奏。

建炎三年（1129）七月，苗傅、刘正彦被处死，这场兵变按理已经完全结束，但其实这件事，还留下了一个令人惋惜的尾声。

那位被迫接受高宗禅位的三岁孩童、宋简宗赵旉，在高宗复建后没多久便过世了。

高宗在当康王的时候，膝下有五个女儿，都在靖康之耻的时候被金人掠走，其中三个年幼的死在北上的路上，两个年长的女儿说是年长，其实也只有四岁，她们长大一些以后，被金人安排在洗衣处遭受凌辱。她们的父亲在南宋做皇帝，但她们在金国过的是奴隶的生活。

高宗登基后，潘贤妃为他诞下皇子赵旉，这是高宗第一个儿子，也是当时唯一的儿子，一直被悉心教养。复建后，高宗立赵旉为太子。但赵旉经历过苗、刘兵变之后，身体一直虚弱。有一日，宫女不慎打翻金炉，发烧中的赵旉因此受到惊吓病故。

高宗震怒，将打翻金炉的宫女、赵旉的乳母等一干人处死，追封赵旉为元懿太子。

赵旉过世，高宗失去了唯一的儿子。但是在当时，高宗还只有二十多岁，不论是他自己，还是大臣都没有想到，赵旉会是高宗这一生唯一的儿子，而这无疑又给本就艰难的南宋出了一个大难题，留待以后详说。

高宗经历了苗、刘兵变退位，又有张浚等人勤王复建，人生大起大伏，但此时，第一次南宋与金战争还未结束。

建炎三年（1129）五月，高宗复位刚刚一个月，在确认金军离开扬州北上以后，他离开杭州，抵达金陵，随后将金陵改名建康。之所以这么勇敢北上，并不是高宗下定决心抗金，要做出天子守国门的态度来，而是他认为金国会和他和谈，因此特意到金陵去，免得金国派人来谈的时候，他不能第一时间召见。

那是什么原因让高宗有此自信，金国会来和谈呢？

因为高宗自认为把姿态放得很端正，他不是明着求饶暗地里想要雄起，他是真诚到每一根头发丝都想通了，他不会抗金，他要结束斗争，只要能维持现状，哪怕让他装孙子都可以。为此高宗不断往金国遣使送去国书，表示可以去掉自己的封号，使用金国给予的封号，宋朝成为金国的藩国。

高宗也知道金国几位大将的话对金太宗能有影响，派人带了他的亲笔信去拜见完颜宗翰。

高宗在信中说：

"八月日，谨致书国相元帅阁下，某昨遣洪皓输恳切之诚，惧道途梗塞或不时布闻，则又令崔纵进书御者。

既遣使者于庭，君臣相聚，泣而言曰：

古之有国家，而迫于危亡者，不过守与奔而已。今大国之征小邦，譬孟贲之搏僬侥耳。以中原全大之时，犹不能抗，况方军兵挠败，盗贼侵交，财贿日朘，土疆日蹙。若偏师一来，则束手听命而已。守奚为哉？自汴城而迁南京，自南京而迁扬州，自扬州而迁江宁，建炎二年之间，无虑三徙，今越在荆蛮之域矣。所行益穷，所投日狭，天网恢恢，将安之耶？是某以守则无人，以奔则无地，一身彷徨，局天蹐地，而无所容厝，此所以朝夕鳃鳃然，惟冀阁下之见哀而赦己也。

恭维元帅阁下，以宗英之重，行吊伐之师，谋略如神，威权不世。其用兵之妙，与黄帝争驱。遂北平契丹，南取中国，极天所覆，混为一区。此岂载籍所有哉？

故前者连奉书，愿削去旧号……

金珠玉帛者，大金之外府也。学士大夫者，大金之陪隶也。是天地之间，皆大金之国，而无有二上矣。亦何必劳师远涉，然后为快哉？昔秦并天下可谓强矣，而不废卫角之妃；汉高祖成帝业可谓大矣，而不灭尉陀之国；周武帝兼南北朝可谓广矣，而许留萧察以为附庸。

伏望元帅阁下，恢宏远之图，念孤危之国，回师偃甲，赐以余年。

今社稷存亡，在阁下一言。某之受赐，有若登天之难；而阁下之垂恩，不啻转圜之易。伏惟留神，而特加矜察焉。

谨再遣使资政殿学士、朝请大夫、文安县开国子、食邑五百户、赐紫金鱼袋杜时亮，副使武功大夫、开州刺史、武功县开国男、食邑三百户宋汝为特诣行府。傥蒙许使参见，而受约束，幸甚！素秋将杪，冀益顺时保重，永绥寿祉。"

从信可见，身为一国之君的高宗将对方高级将领尊为"大金国相元帅阁下"，把自己放在"宋康王"的位置，可见他这个南宋皇帝，没有得到金国应允，连他自己都不敢承认。

继而，高宗在信中哭惨，表示金国如此强大，继续攻打宋朝的话，他唯有死守和逃跑两条路，所以希望对方看他可怜的分儿上，放过他，别再追击了。为了表示诚意，高宗还愿意削去旧号，尊金国为天地之间最大的国家，而且认为做到这一步，金国的士兵们也没必要再长途跋涉了。

甚至为了能得完颜宗翰到金太宗那边美言一二，高宗不惜许予城池。他似乎忘记了，以完颜宗翰的能力，根本不愁拿不下南宋，到时候，金太宗一样会奖赏他不输高宗的城池，那高宗许诺的这份厚礼对完颜宗翰来说，又有什么吸引力呢？

再者，如若金国对南宋有吞并之念，之前又何必要扶植张邦昌这个伪政府？完颜宗翰出兵之时，金太宗就已明确拿下南宋之后，另立异姓天子管理这片土地。可见，金太宗实际上不满意的是赵家，是宋朝，而不满意的理由也早在之前出兵拿下汴京，抓走徽、钦二帝时说得明明白白——金国认为赵宋说话不算数，多次出尔反尔，不可以信任。

高宗看不清真相，盲目自信，以为会得到金国的恩许。

但有人看明白了。

北宋有史学大家司马光著《资治通鉴》，南宋也有一位有史学之才的人李心传，他著有《建炎以来系年要录》《建炎以来朝野杂记》等书，公正地把高宗这份国书记录下来，并道应当让后人知晓真相。因此如今的后人才能看到高宗这篇用词优美、引经据典却怎么也掩盖不了"委曲求全"行为的大作，一个帝王的摇尾乞怜之相跃然纸上。

在建康，高宗一面苦等金国的回复，一面也在暗自担心，如果金国人一定要抓到他，那么下一步往哪里逃？

高宗个人看重杭州，认为有天险钱塘江守护，再加上前面还有长江，两道屏障，怎么都更安全。

韩世忠反对，认为宋朝已经一退再退，不可再主动放弃江淮的土地。

吕颐浩则认为，金人的目的是抓住高宗，因此且退且战，到哪里都可以住，哪里也都可以打，不应该拘泥。作为宰相，他愿意留守江淮。

高宗自然舍不得吕颐浩，也不知道是哪根筋不对，他说："江淮可交给杜充。"

没错，这个杜充就是在宗泽死后接任东京留守的那个人。杜充不光毁了宗泽苦心经营的河东、河北防线，导致金国认为宋朝已不足为惧，再次出兵南下，爆发第一次南宋与金战争，他更是在金国出兵之后，为了保命逃出东京开封，投奔在扬州的高宗。

而高宗非但没有处罚杜充，还认为他"徇国忘家，得烈丈夫之勇；临机料敌，有古名将之风。比守两京，备经百战，夷夏闻名而褫气，兵民矢死而一心"。一个擅离职守、贪生怕死之辈，被任命为同知枢密院事。

杜充深谙官场之道，假意推辞。

高宗随后任命他为右相，官职仅在左相之下，而且这个位置是越过了年轻有为又功绩不菲的张浚，破格提拔上来的。

随后杜充上任并兼江淮宣抚使，领行营之众十余万镇守建康，王民、颜孝恭、孟涓、刘经、鲁珏等统制官，殿前副都指挥使郭仲荀等人都归其调配指挥。甚至，骁勇善战，擅长用兵，还有平定苗、刘之乱功劳的韩世忠为浙西制置使守镇江府，也被安排在杜充之下。

怎能不说高宗此举可笑至极？

建炎三年（1129）七月，盼不到金国议和的赵构决定回杭州，他将杭州升级为临安府，并粉饰说是感念末代吴越王钱俶归宋以及钱家对宋朝的贡献，所以以其故里"临安"为杭州府名。

在八月下旬诏令三省枢密院事滕康、刘珏以及建武军节度使杨维忠护送隆祐太后以及后宫妃嫔提前往江西转移。

闰八月，高宗启程，一路经镇江、常州、无锡、平江，于十月初八抵达杭州。

也就在这个十月，休整一段时间的金军再次对南宋发动进攻，负责带兵的是四太子完颜宗弼。这一次，金国下定决心拿下南宋，彻底解决问题。发誓不抓到高宗赵构不回金国的完颜宗弼在奏报中用了"搜山检海"一词，因此后世也将这阶段金军的行动称为搜山检海行动。

那段高宗一生中最惊心动魄的逃亡之路，自这个金秋拉开序幕。

第五章

第一次南宋与金战争（下）——搜山检海

金军兵分四路大举南侵，四太子完颜宗弼亲自率领主力部队渡过长江以追击赵构，却听闻赵构已经提早一步跑去临安，下一步甚至可能逃到海上。完颜宗弼于是决定兴建水军，准备从海路攻打浙江，捉住赵构，同时，他下令分出一部分兵马，由完颜拔离速、耶律马五率领，从黄州（今湖北省黄冈市）渡江，追击去往江西洪州的隆祐太后。

黄州守臣赵令岏，乃太祖赵匡胤之子燕懿王赵德昭的玄孙，当时他本已身体抱恙，被准予退任还乡，但听到金军再次南下而来，赵令岏依然折返黄州。

建炎三年（1129）十月二十四日，赵令岏才赶到黄州，拖着病躯和一身疲惫带领城内军民抗金。

可惜因为准备匆忙，黄州没能抗住强悍的金军进攻。

次日一早，黄州城破，金人俘虏赵令岏，令其投降。

赵令岏一身戎装，严词拒绝，被金人不断鞭打，直到最后一刻，他都在怒骂金人并道："身为大宋子民，只跪天地、祖先、君王、父母，永远不会对你们金人下跪！"

高宗听闻，悲痛不已，追赠赵令岏为徽猷阁待制，谥号愍忠。

在那个风雨飘摇的年代，不少赵氏子孙被金人掳走，只有零散血脉残留在外。这些人大部分是关系比较远的散亲，根据祖制，既不可能得高官厚禄，又不能有任何继承皇位的机会。但是，他们中的大部分如当年的郑州通判赵伯振，如今的黄州守臣赵令岏这样，在抗金事业中献出了生命，无愧家国先祖以及大宋的百姓。

十月二十六日，金人自黄州渡江。

对岸的江州（今江西省九江市）守将是"中兴四将"之一的大将刘光世，原本负责镇守镇江的他因参与平定苗、刘兵变有功，升为太尉、御营副使，先后任江东宣抚使，守太平州、池州，移守江州。

刘光世出身将门世家，以荫补入官，和韩世忠一样，在徽宗朝宣和三年（1121）镇压方腊起义之中表现出色，继而获得提拔，升任耀州观察使、鄜延路兵马钤辖。后来刘光世又参与宋朝攻辽的战役，在夺取易州（今河北省保定市易县）时表现出色，领奉国军承宣使，成为宋朝的高级武官之一。

与同样出身贫寒、靠自己打出军功的韩世忠不一样，刘光世是跟随父亲刘延庆参加的镇压方腊起义和易州之战，再结合他后来单独负责的战役表现来看，我们实在很有必要在刘光世是不是具备带兵打仗能力这件事上画一个问号。

但必须要承认的是，此人的官运非常亨通。

汴京被围时，刘光世率三千步骑勤王，没等一行人赶到汴京，北宋便亡了。刘光世立刻转投到当时还是康王的赵构麾下，从此一路飞黄腾达起来。

步步高升的刘光世在奉命镇守江州时，日日与江州知州韩楫寻欢作乐，把酒笙歌，丝毫没有把外面金军的动向当一回事，甚至到金军大批渡过长江之时，还只当来犯的是一些游散盗贼。

要知道，金军渡江可是用了三天时间。

若能把这三天宝贵的时间交给刚刚殉国的赵令峗，黄州又怎么会守不住！可刘光世却偏偏任由大好的时机从身边溜走！

而在知道前方来的是金军而非游散盗贼之后，刘光世和韩楫竟然丢下了满城江州百姓，从后城门逃跑了。

连这样贪生怕死的一个人，都可以名列"中兴四将"，便知道南宋多么缺乏优秀的将领！也令后人越发为同样位列四将之一、后被奸人所害的岳飞所不平！

金人进入江州，如入无人之境，一番抢夺之后，直奔隆祐太后所在的洪州。

护送隆祐太后和后宫家眷的滕康、刘珏等人明白洪州必然失守，带着太后连夜乘舟离开，踏上逃亡之路。

而在吉州（今江西省吉安市），滕康、刘珏畏惧追来的金军，竟然丢下太后自顾自逃跑，连护送太后的将领、建武军节度使杨维忠都不见了踪影，上万兵马不见了九成。而太后身边的宫人也大多跑散，财物一路丢失。

搭乘的船家见状，对隆祐太后和后宫家眷所带的金帛财宝起了贪念，趁夜偷走大部分财物悄悄溜走。

幸好太后身边还有百余亲卫，保护着太后和元懿太子的母亲潘贤妃，一路退到虔州（今江西省赣州市）。在虔州，他们遇到了赶来救护的杨维忠以及部众，而后，杨维忠护送着太后辗转逃亡，于第二年八月到达浙江越州（今浙江省绍兴市）。

完颜拔离速、耶律马五这一路兵马攻打洪州，江西制置使王子献闻讯直接弃城跑了，知州李积中投降。金军入洪州之后，继续追击太后，一路将江西各城逐个攻下，但都没能追捕到隆祐太后等人。第二年二月，这路金军转而进入湖南，四月攻下潭州（今湖南省长沙市），并在这里，金军进行了惨绝人寰的屠城，而后带着搜罗的财物北归。

而完颜宗弼率领的金军主力军则在建炎三年（1129）十一月初一，拿下庐州（今安徽省合肥市）。初四，又攻下和州（今安徽省马鞍山市和县）。

庐州和和州的南宋守臣都未做抵抗，献城投降。

初五，金军进攻南宋的淮南道无为军，一样未遇到抵抗，南宋守臣和百姓弃城出逃。

一直到初六，金军攻打采石渡（今安徽省马鞍山市西南），才遇到顽强抵抗。太平州（今安徽省马鞍山市当涂县）知州郭伟不光击退了金军，还追着金军，在芜湖又一次打败金军。

对于金军来说，要渡过长江，只能走两个渡口：采石渡和马家渡。既然在采石渡遇到阻碍，金军便转向马家渡，并连续攻破六合、真州，于十一月十八日，开始从马家渡渡江。

马家渡对面即是杜充负责镇守的建康。

一开始，防守的宋军占据南岸高地，向金军投石射箭，致使金军难以靠近渡江。然后，宋军乘坐轻便小舟主动发动攻击，击沉金军船只数艘。金军于是假装后撤回北岸，排出列阵，令宋军以为金军一时不敢渡江，要发展成对峙之势。

等到入夜，宋军防御松懈时，金军又派出先锋乘坐小船渡江，最终这一千人成功登上南岸。

听闻已有金军登岸，都统制陈淬向杜充提议道："金军来人虽多，但是只有战船二十艘，每艘船上士兵不超过五十人，因此每次只能一千人渡江，渡江进度缓慢。我们可以埋伏在江边芦苇密丛中，等他们上岸一批就抓一批，出其不意又不会被后面的金兵知晓。如此，金兵渡过长江，也就全部被我们俘虏。"

但杜充不肯采纳这个建议，命大将戚方领前军，陈淬领中军，共计两万人前往马家渡迎战，阻击金军，又命王燮为后军，带一万三千人前去增援。当时，岳飞也在陈淬的队伍中。

十一月二十日，金宋双方在马家渡相遇，展开激战。

结果，率领后军的王燮看到前面战争陷入胶着，心生胆怯，率军逃跑，导致陈淬带领的主力军陷入孤立无援之境。

但，陈淬坚决不退，他与金人可有杀子之仇。

建炎元年（1127），陈淬在名将宗泽麾下，兼大名府都总管兵马钤辖、恩州知州。金军攻打恩州，陈淬与长子陈仲刚出兵迎战。两军交战，金人向陈淬掷出飞刀，陈仲刚急忙去救父亲，用自己的身体挡在陈淬身前，不幸中刀，为国捐躯。

马家渡之战，陈淬死守到最后，身边三千多将士尽数殉国，陈淬与另一子陈仲敏力尽被金军俘虏。

金兵主帅亲自劝降陈淬，陈淬破口大骂，即便是敌军把大刀交架在他胸前，也神色自若，毫无怯色。最后，金军见劝降无用，将陈淬与其子陈仲敏都杀害了。

这一仗，宋军大败。岳飞带着残部退到蒋山（今南京市紫金山），准备继续抵抗金军。

当时的南宋军队一共有六万人，真正在前面的战役中殉国的人数不足一万，余下部众如果重新组织到一起，完全还有机会抵御金军。但是大将陈淬的牺牲和王燮的临阵脱逃对宋军气势产生了致命的打击，最终宋军溃散，没能形成有效的抵抗，导致金军最后全部登陆南岸。

眼见金军上岸，而宋朝正规军都溃逃不见踪迹，宋朝的百姓没有都坐以待毙。上元县丞、宣教郎赵垒之率领乡兵，迎战金军，可惜力量悬殊，赵垒之与其子双双战死殉国。

南宋诗人、书法家张孝伯闻讯，写下了那首著名的《哭宣教郎赵垒之》："长江天险失，铁骑逼金陵。拒敌无留守，捐躯有县丞。戈挥天日皎，血洒阵云腾。蒋尉英灵在，千秋配食能。"

十一月二十三日，杜充眼见完全抵挡不住金军，竟然带着三千亲兵逃出建康，躲了起来。

完颜宗弼看清了杜充也就这点能耐，于是派人给杜充去信劝降。

当时，杜充身边的人劝他可以南下与高宗会合，杜充想着自己到高宗那边肯定要受罚贬官，还不如接受金人的招降，干脆踩着完颜宗弼那边递来的梯子，主动跑去金军大营投降了。

这对高宗绝对是个打击，他那么相信杜充，对杜充不薄，姓杜的这小子就这样回报自己？

高宗一直到第二年四月才知道杜充投降的事，气得几日吃不下饭，反复哀叹："朕待杜充可谓厚恩，令他从庶人到官拜宰相，杜充到底为什么要反叛朝廷？"

此时杜充已经不在南宋，高宗就是要杀杜充也没办法下刀子，最后只能下诏削去杜充爵位，流放其子杜嵩、杜岩、杜崐和女婿韩汝等人。

留守建康的陈邦光、户部尚书李棁见杜充都降了，也主动投降迎金军人建康，这个历史悠久的城池、江南第一重镇便这样被金军收入囊中。

所有建康的官员之中，唯有通判杨邦乂拒不投降，不向金人叩拜，并咬破手指写下"宁作赵氏鬼，不为他邦臣"的血书，但求速死。

完颜宗弼派几个降臣劝降杨邦乂，说："你家境清贫，兄长早逝，寡嫂无依，家有五个幼子嗷嗷待哺，若你有什么不测，让这些亲人怎么办？再说，国家都已如此，一个人也改变不了什么，不如顺应天命。"

杨邦乂拒绝道："国难当头，家国不能两全，我已经决心报国了，不必多言。"

后来，这些投降的宋臣和金人把酒言欢。

完颜宗弼故意让杨邦乂前来，杨邦乂见状，怒斥厅堂中的人："陛下让你们守城，敌人来了你们不但不抵抗，还与他们摆宴作乐，你们有什么颜面见人啊？"

据说，当时有一人对杨邦乂说："你要是想死，就写个死字。"

杨邦乂当即从旁边一个官员那拿过笔墨，写了一个"死"字。之后，杨邦乂又大骂完颜宗弼道："你们女真对中原有所企图，上天可不会长久相帮，将来定然把你们碎尸万段！"

完颜宗弼闻言大怒，竟命刽子手割掉杨邦乂的舌头，乱棒打死，之后又令人剜出他的心脏泄愤。

杨邦乂就义时，年仅四十四岁。

待南宋收复建康，宋高宗方知晓杨邦乂殉难之事，下旨为他立碑，谥号忠襄。

南宋灭亡之后，人们在杨邦乂就义的雨花台，建造二忠祠，祠中纪念的另一位人物是南宋末年的抗元英雄文天祥。

从高宗知道杜充投降和杨邦乂就义的时间如此之晚，可以看出当时前线军报已经不能清晰地抵达宋廷，高宗和身边大臣基本上和没头苍蝇一样。

建炎三年（1129）十月，高宗把建康交给杜充，自己南下渡过了钱塘江，随后抵达越州（今浙江省绍兴市）。

十一月，建康失守，没有一支宋军返回，高宗只听闻金军已经渡过长江，以为好几万的建康守军全军覆没了，怎能不心惊肉跳？与此同时，韩世忠也从镇江退守到江阴，宋军的整个长江防线基本上算是断了的珍珠链，意义不大。

高宗明白宋朝这边的军力已经防不住南下的金军，思考下一步该往哪里走，他和宰相吕颐浩说："二圣之所以被金人掳走，就是因为避祸不及时。"

吕颐浩明了圣意，随后提议："陛下不若先到海上避难。一来金军擅长骑兵，但是他们的水军、海军薄弱，难以实施追击；二来金人难以忍耐江南以及更南方的酷热，因此不会长期滞留。等待金军退却，陛下再来浙江。这是兵法上的'敌进我退，敌退我进'之法。"

高宗采纳了这个意见，决定到海上避难，并命大将张俊为浙东制置使负责浙江防御，殿帅郭仲荀为两浙宣抚副使留守越州。

十二月初四，高宗抵达明州（浙江省宁波市），准备在这里乘船入海。

许多人读到高宗逃跑这段，往往把原因归咎在高宗个人的"怕金病"上。实际上，"怕金病"的发生，除了高宗个人的内因，金军强悍的外因，还离不开另一个因素——宋廷环境的恶劣。当时，南宋刚刚建立四年，中央号召力很弱，各地残余的军力和臣子很多处于观望态度，或者自顾自坚守、不能配合朝廷命令，或者看宋朝强则依附宋朝，等金军来了又投降金国。高宗身边真正可用之人没有几个，而且还分了一部分保护隆祐太后等家眷，否则，最终陪他入海逃跑的大臣不会仅有六人。

出于民族情怀，大家都推崇那些不惜为国牺牲的英雄人物。然而，换一个角度思考，在当时那种境遇下，如若高宗为护国与金人战死，那么宋朝也便彻底灭亡了，就算还有一些赵姓人组织起小政权与金人继续抗争，接过宋朝的旗帜，也不可能有一个人如赵构这般对宋朝子民有号召力，最终的结果大概率还是失败，那么南宋就从我们的历史课本里消失了，宋朝的历史会缩短一百五十多年，甚至对后世产生不可估量的影响。

因高宗决定到海上避难，朝廷从南方各地调遣了二百艘大型战船到明州，另外还有很多正在赶往明州。

当时的宋朝海船威力并不弱，船上设有弩炮和投石机，船体有加固木板的防护，动力装置是船体内部的水车，运行起来速度极快、机动灵活，无论是攻击还是防御，都是当世最为强大的。

看着这些高大强悍的海船，高宗心里略略一定，嘉奖了先前到福建招募船只的监察御史林之平。

十二月十一日，金军进入浙江境内，攻打临安。

守臣康允之弃城，临安府首县钱塘县的县令朱跸率领部下金胜、祝威带着弓箭手、两千名骑兵以及民兵到城外迎敌。

金军首领完颜宗弼根本不把这些游散力量当一回事。

朱跸鼓励士兵们："我们守住这里，钱塘百姓们才有活路！"

众人无不应是："誓死保卫钱塘！誓死保卫钱塘！"

完颜宗弼听到对面传来的宣誓声，下令放箭。

金军飞箭如雨，人数不多的宋军无人畏惧，始终坚守阵地。激战一天一夜后，朱跸身中流箭重伤，下令余下的人后撤到天竺山。

金军出兵追击。

在天竺山，朱跸因伤势过重离世。部下金胜、祝威匆匆将他埋葬，拿起武器继续与金人作战。他们利用金人不熟悉江南地形，与之周旋，多次引金军入陷阱，导致金军损失不小，难以前进。

完颜宗弼遂决定兵分两路，一路在前面牵制金胜、祝威等人，一路绕到后面，准备实施背袭。

金胜、祝威这支宋军最后因腹背受敌，寡不敌众，全部牺牲。

十二月十五日，临安城破。

完颜宗弼入临安之后，方知晓高宗已经南逃明州，立刻派大将斜卯阿里、乌延蒲率领四千先锋军追击。

十二月十六日，高宗在明州仓皇登船。

那一刻，高宗内心凄凉，早已没了前几日看到两百艘海船的欣喜。这凄凉的原因，不仅来自身后凶狠的金军，更因为他的身边刚刚发生了卫队哗变。

原来，在十二月初八，明州就已开始准备登船事宜。当时公布每一艘船可以容纳的人员有限，限载卫士六十人，而每个卫士可以携带两位家眷上船。

但是，每个人都有父母妻儿，只有两个名额怎么够呢？等于是让卫士们选择带什么亲人生，留下什么亲人死。

大家向主管禁卫的内侍省都知陈宥提问，陈宥回答不了部下。

于是，卫士张宝等人拦住宰相吕颐浩，代表部下们向吕颐浩发出疑问。

当年，朱胜非提出辞任，在和高宗举荐宰相人选时，朱胜非评价吕颐浩办事干练而残暴。

从后来的情况来看，朱胜非一语中的。

听闻张宝提问，吕颐浩粗暴地回答："你们射箭都射不准，抵抗不了金人，时到今日，国难当头，是不是都不肯为国家战死啊？"

气得张宝等人要杀吕颐浩，幸好参知政事范宗尹见势不妙，拉着吕颐浩走了。

后来，这件事被高宗知晓，高宗亲自下诏告诉卫士们他的安排，并命人处死了带头的张宝等人，放逐内侍省都知陈宥。

经历了这番波折，再加上前路茫茫，不论是登船的士兵还是官员，面色都很凝重。而留下来守卫明州的将士官员，考虑到即将抵达的金军也同样心情沉重。双方都知道自此一别，生死难料。

四日后，金军攻打明州，大将张俊在明州城外十五里桥迎战。

这场战役被称为"明州之战"，列为"中兴十三处战功"的头功。除了张俊本人对战况有夸大邀功的因素外，"明州之战"真正的功绩是为高宗争取了逃跑的时间，所以，夸大这场战役能够体现高宗是"天选之子"，有"天运守护"，与"高宗泥马渡江"的传说有异曲同工之用。

金军攻打明州的时机，正是汉人的除夕和春节，可想而知，当时明州城内外的军民根本没有过年的心情。

张俊迎战金军，据说，机智的士兵们通过观察，发现了金军骑兵的弱点，而后将草席铺设在金军必过之处。来自草原的铁骑踏上滑不唧溜的草席，当下控制不住地摔倒了，而后宋军冲上去将摔下马的金兵斩杀。

这次小胜，在张俊后来的军报中是如此写的：杀敌近千人，其中包括两个带环首领。

估计张俊是根据女真人的发饰打扮推测，杀掉了两名金军小首领。

之后，张俊退回明州城内，利用坚固城墙抵御住金军的两次进攻。这时，张俊估算高宗已经安全逃离，于是他率领部下离开明州，往台州方向撤退。

城外的金军先锋军因前两次的不顺利，也没有再贸然发动进攻。金军主力随后抵达，重新整合后，对明州城发起第三次进攻。

这一次，明州城破。

城内的百姓遭到了金军报复性的烧杀抢掠。史书记载，连邻近的城池台州都听到了城内百姓的哀号，台州百姓吓得纷纷逃去山林里。

自古以来，战争之中，最受伤害的都是百姓。

金人伤害百姓，姑且可以理解为利益对立。而张俊的部队，竟也没有放过普通的百姓。他们从越州退守明州的时候，就对沿路百姓进行了搜刮，等从明州退出后，又一路抢夺物资，百姓们苦不堪言，都不得不放弃家园踏上逃难之路。

一个月后，金军的"搜山检海"行动结束，撤离明州时，又一把火将明州城烧毁。

但是，明州的百姓抱着对家园的无限热爱，展开了重建明州的工作。

根据宁波市的考古工作资料显示，重建后的明州城有十道城门，城基巨大，城门下有宽阔的砌石大道。作为南宋都城临安府的南部守卫之城，重建后的明州强化了其防御功能，对于防御力最弱的城门部分，都安排了三道防御，第一道是瓮城的城墙，第二道是瓮城本身，如若敌人突破城墙进入瓮城，战士们便在内城的城墙上对瓮城中的敌人进行"瓮中捉鳖"一般的阻击。而后，才是最后一道内城防御。除此以外，朝廷也加强了明州的驻军，并在这里建立了明州水军。

明州城在南宋经济上也处于举足轻重的地位，拥有南宋十四个盐场，经营盐业的利润全部纳入国库，此外还有酒、醋等，是南宋王朝税收的主要来源地。

张俊撤出明州后，越州知州李邺向金军献上越州，两浙宣抚副使郭仲荀弃军退去温州。

建炎四年（1130）正月初二，金军夺取明州，金军在明州搜罗当地船只，入海追捕高宗。

宋朝水军将领张公裕率船赶到舟山附近拦截金军。

金军方面的主将是斜卯阿里，他自南下以后，率领金军打的几次水战从无败绩，因此产生了轻敌的念头，随后金军便领教了宋朝海船的威力。

张公裕虽然是一位在历史上没留下什么名气的将领，但没有他在这次海战的英勇迎击，高宗能不能逃脱金军的追击还真不好说。

宋金两边海船相遇，宋军就发挥了利用船上弩炮和抛石机进行远程打击的威力。

张公裕一声令下："开炮！"

炮火与石块如雨一样密集，如流星一般快，纷纷打向金军的船只。

金军意识到自己搜罗来的船只并无还击能力，向来骁勇的金人没有畏惧，硬顶着炮火逼向宋军，想要以此缩短彼此距离，使得宋军的远程攻击失去威力。

令斜卯阿里没有想到的是，宋军船只竟然同样开足马力迎了上来，并利用船体的坚硬庞大对金军船只进行撞击，这种体积和力量上的差距是碾压式的，金军方面的船只或被撞毁或被颠没，金国士兵又不善游泳，没有被撞死的金军落水之后，淹死无数。这次惨败，最终导致金军望洋兴叹，放弃对高宗的海上追捕。

高宗一共在海上漂泊了四个月，海上风浪很大，有时因为船抛锚而不得不停泊在海上，有时又因为担忧金人追击不敢靠岸，面临物资匮乏的问题。有一次，高宗饿得没办法，令船只靠岸，上岸以后找到一处寺庙求食。僧人给了他们一些饼，高宗一口气吃了好几个才停下来。他这辈子狼狈的岁月很多，做康王时和汪伯彦风餐露宿是一次，建炎南渡匆忙逃出扬州也是一次，而这一次海上漂泊与前两次不一样的地方是在高宗身边有一位勇敢且有学识的女性，即后来被封为皇后的吴氏。

相传，吴氏的母亲在羊年诞下女儿，她的父亲吴近地跟妻子表示，他曾做过一个奇怪的梦，梦里一片芍药花绚丽夺目，花下有一只白羊，而在这花和羊的旁边有一个亭子，匾额上写着"侍康"二字。后来，吴氏在十四岁时被选入扬州的皇宫，侍奉高宗，父亲的梦境成真。

两年后，隆祐太后和后宫家眷被高宗安排前往江西。高宗身边只有吴氏和张氏，吴氏极有胆色，身穿戎装，护卫在高宗身边。

卫队哗变时，曾有士兵冲入皇宫，差一点找到高宗的住处，也是吴氏勇敢地引走卫士，确保了高宗的安全。

金兵南征，高宗乘船入海，吴氏陪在帝王左右，她博习书史，通晓书法翰墨。高宗对身后的追兵忧心忡忡，多亏有吴氏这朵解语花，时常不着痕迹地宽慰高宗。

有一次，有鱼出水跃入船内。吴氏跟高宗说："陛下，这是周人白鱼之祥。"

《史记》记载，商纣王残暴无道，周武王决定推翻商朝建立新的政权，并在黄河渡口检阅部队。在渡黄河时，周武王的船行到河中间，突然有一条白色的鱼跳到船上。武王于是俯身捡起鱼并祭天。后来，武王伐纣成功，建立新的王朝。因此，白鱼成了祥瑞的征兆。

高宗闻言欢喜，封吴氏为和义郡夫人，后来结束海上漂泊，回到越州以后，又晋封她为才人，不久晋为贵妃，最后成为高宗的第二位皇后。

高宗的原配皇后邢氏，比高宗大一岁。在靖康之变时，怀有身孕的邢皇后被金人掳走。一路北上颠簸，传出很多皇室女子坠马流产之事，邢皇后的孩子应该也没能保住，后来她还遭受了金人的侮辱。

大臣曹勋受宋徽宗之托逃回南方时，邢皇后摘下一枚耳环请曹勋带给高宗。

结发夫妻，少年情深。

高宗从扬州逃跑的时候，祖宗牌位都没来得及去取，却一直将妻子的这只耳环带在身边，可见他对邢氏之情深。

高宗登基之后，金人为了侮辱他，将他的生母、妻妾和两个女儿都送去洗衣院，邢皇后自然也在其中。她在北方苦苦挨了十二年，黯然离世。

三年后，高宗才从由金国还朝的韦太后口中知道结发妻子已经过世。高宗悲伤不已，为邢氏辍朝数日，谥为懿节皇后。同年八月，邢皇后的梓宫回到南宋，被安置在隆祐太后梓宫的西北处。

之后，高宗的后位又空悬了一年，大臣们纷纷请立皇后，高宗才正式册立已为贵妃的吴氏为皇后。

温柔体贴的吴皇后非常明白邢皇后在高宗心中的分量，也知道高宗一直对邢皇后存有愧疚之心。她请求让娘家两个侄儿分别迎娶邢家之女为妻，让高宗可以借这两桩婚事稍微弥补一下发妻，略感宽心。

吴皇后不光陪伴了高宗的余生，还为南宋守护了孝宗、光宗、宁宗，成为中国历史上在位时间最长的皇后和皇太后，此为后话。

建炎四年（1130）二月初三，金军烧毁明州撤回临安，随后在临安周围一带，一边放火一边抢掠，然后继续北撤。

二月十八日，秀州沦陷。

二月二十五日，金军攻打平江府。负责守平江的两浙宣抚使周望、平江府知州汤东野都提前跑了，只剩下曾班、郭仲威。

得知金军到城下的时候，郭仲威正在喝茶，他和来报的下属说："看我怎么弄死他们！"

这话一出，下属和百姓都觉得大为安心。读到此处的我们也定会认为郭仲威即便不是一位有力挽狂澜之能的大将，也是一位护平江城和百姓到最后一刻的爱国人士。

现实根本没有想象的这么美好。

傍晚时分，平江府城头突然燃起大火。城内的百姓以为是金军冲入了城，城外的金军也莫名其妙。

郭仲威借着大火引起的混乱，逃出了城。

当日，平江沦陷。

前面那位守平江的两浙宣抚使周望跑去了哪儿呢？

答案是太湖。

金军和平江百姓一样对这些守臣的逃跑表示愤怒，完颜宗弼愤怒道："你们宋国的皇帝跑到海里，抓不到他也就算了。这几个狗屁大臣也跑，行！非抓住你们不可！"随后遣军前往吴江县，组织军队下太湖搜捕周望。

周望以为自己这回必死无疑，没想到驻扎在青乌镇的水军统制官陈思恭听闻金军要入太湖，带着部将疾行舟船到金军必经的长桥附近埋伏，待金军到来，突然出击。

金军完全没想到会有一支宋朝水军忽然从波光粼粼又芦苇丛丛的视野尽头出现，整个船队顿时被冲散，乱作一团。完颜宗弼考虑到江南水道复杂，他们初来乍到，地理不熟，很容易被宋军打闪电战和埋伏战，他没有恋战，下令即刻撤回。

陈思恭一击即中之后也未追击，以免陷入金军的埋伏，反而损失巨大，转而号召部将迅速退回太湖。

史官给了这场"太湖之役"很高的赞誉，主将陈思恭还曾在平定"苗、刘兵变"时追随韩世忠立有功绩，以及参与平定反将李成的叛乱。他出身名门，是北宋父子名相陈恕、陈执中之后，其排名虽然在"中兴四将"之后，但陈思恭是高宗身边比较亲近信任的将领，曾统率负责皇帝和中央朝廷安危的神武后军。但很可惜，这位重要的将领并没有太多信息流传下来。

而成功捡了一条命的周望，无疑是这场战役中获益最高的一方。

建炎四年（1130）四月，金军从平江府往北撤离。

驻守镇江的韩世忠一直认为金军孤军深入宋境，必然不会长留，因此他勤加练兵，准备到时阻击金军。此时听闻金军果然后撤，韩世忠带领八千水军疾行到金山、焦山附近。韩世忠观察地形，认为金军首领会以运河入江口的银山龙王庙为指挥中心，因此也提前在寺庙内外做了埋伏，准备生擒金军主将完颜宗弼。

三月十五日，宋金两军相遇，激战一触即发，局面发展果然如韩世忠所料，只可惜最终只生擒到完颜宗弼的贴身随从两人，让完颜宗弼纵马逃出了埋伏圈。随后，两军在长江江面上交战，韩世忠的夫人梁氏亲自为宋军擂鼓助威，可谓女中豪杰，宋军受此鼓舞，气势大振。金将斜卯阿里、韩常所率船队很快被击败。宋军歼灭敌人两百余人。

完颜宗弼明白，长居北方的金人在水面上不是宋人的对手，主动向韩世忠示弱，表示愿意尽数归还在宋境抢掠的人畜、财物，并向韩世忠献上名马，以求借道渡江，被韩世忠拒绝，随后金军寻找其他道路渡江。这又在韩世忠的预料之中，他亲自带人堵截，金军不得不仓促驶入建康东北的黄天荡。

韩世忠随后命船队封锁荡内唯一入江水道。等金军发现黄天荡是一处死水港，掉转船头回来的时候，韩世忠的船队正等着他们，拴着铁索的铁钩飞掷向金军，在金军尚不明白发生了什么的时候，铁钩已经勾住金船。宋军心头一震，开足马力拉动铁索，金船倾翻，金兵都落入水中。金人不善水，淹死之人无数。

与此同时，金军大将完颜昌（女真名挞懒）遣人接应主将完颜宗弼，其部队也在真州（今江苏省仪征市）被宋军水师阻截。

完颜宗弼出不了黄天荡，又盼不来援军，于是第二次向韩世忠提出交涉。

韩世忠严词拒绝："还我两宫，复我疆土，则可以相全。"

四月十二日，已经被困一个月有余的完颜宗弼发动突围，并于次日冲出黄天荡，驶至建康附近江面，被韩世忠追上，并守住建康江面，阻止金军渡江。

完颜宗弼这时得到福建人王某的献计，一面增强了船只机动性，秘密准备火箭，一面另开水路绕到宋军上游。

四月二十五日，金军趁宋军不防备，用轻便无声的小舟靠近宋船，忽然对宋军的船帆射出火箭，船帆起火烧毁，宋船因此失去动力，宋军大将孙世询、严允战死。本来只有八千人的韩世忠面对号称十万的金军，终究力寡，不得不撤退。金军为报之前围困之仇，全力追杀韩世忠。幸有长芦崇福禅院僧人普伦等率乡民千余，驾轻舟接应韩世忠，掩护宋军退至建康北岸的六合西南方登岸，韩世忠随后返回镇江。

这便是"中兴十三处战功"之一的"黄天荡一仗"。

这一仗打出了宋军的士气和自信，也给金人一顿不小的教训。甚至有记载说完颜宗弼回到金国后经常拉着人的手，说起这次被围，声泪俱下。不过，完颜宗弼毕竟是金国大将，自幼追随父亲金太祖征战各处，战绩斐然，他在回国后，与人分享南下作战经历，提到战况的凶险属于很正常的情况，但行为举止上那般畏惧的可能性就真的很小了，应该是一种恶意杜撰。

"黄天荡一仗"虽未获得全面胜利，但它结束了宋朝一边倒被金军碾压的状态，是整个局面扭转的关键之战。

因为这一仗，时人都赞颂韩世忠的"忠勇"无双，但因宋军最终错失重创金军主力的机会，韩世忠的夫人梁氏并不徇私，上疏弹劾丈夫，请求治其"失机纵敌"之罪。

举朝为之震动，朝廷再次加封梁氏为"杨国夫人"。

五年后，韩世忠的原配夫人白氏过世，梁氏成为韩世忠的正妻。

这位梁夫人，在戏说故事中，有一个好听的名字叫作梁红玉。她是一位名副其实的抗金女英雄。梁氏成为韩世忠正妻一年之后，绍兴六年（1136），韩世忠被任命为武宁安化军节度使，驻扎楚州。梁氏随夫同行，与士卒百姓同甘共苦，一面加强城池防御建设，在旧城之外建造新城，一面加速恢复经济生产。夫妻二人驻守楚州十余年，史书盛赞"兵仅三万，而金人不敢犯"。

"黄天荡一仗"之后，金军北撤也并不顺利。

先前建康失守，岳飞带着残部退到蒋山附近，此时他在建康南面的牛头山内，时常骚扰金军。

五月，完颜宗弼渡江，成功北撤。

岳飞知道金军人数众多，并不能很快完成全军渡江。听得消息，他第一时间带领骑兵冲下牛头山，金军被他伏击，受到重创。岳飞随后又追至靖安，消灭了未及渡江的金军，而后收复建康。这时候，岳家军已经初步形成。靖安大捷，收复建康，是其首捷。

完颜宗弼被困在黄天荡的时候，高宗也结束了海上漂泊的日子，返回越州。

五月下旬，岳飞亲自押解战俘前往越州，拜见高宗。高宗赐予金带、马鞍等物。

到这时，第一次南宋与金战争结束了吗？

答案是没有。

这年七月，金国按照原计划，正式扶植起伪政权管理从宋朝抢过来的土地。伪政权的皇帝是建康守臣杜充吗？

杜充倒是想，当初完颜宗弼忽悠他投降的时候，就夸了这个海口。

可金国另有看重的人选，这个人叫刘豫。

刘豫字彦游，景州阜城人，祖上世代耕读。北宋元符年间，刘豫中进士，终于实现了从种地汉到仕宦阶层的转变。

徽宗朝时期，刘豫任殿中侍御史，这个位子张浚也坐过，属于言官，但凡看到什么不对的地方，都可以启奏弹劾，向皇帝进谏。此时的刘豫尚且尽忠职守，再者，他面对的还是一个经常乱搞事的皇帝——宋徽宗。因此，刘豫时不时就得给徽宗提点意见。

那三天两头送上去的奏折搞得徽宗很是没趣，徽宗道："他刘豫一个河北种田叟，也懂礼制不成？"随后罢黜刘豫为察访使，让他离开京城去两浙。

徽宗宣和六年（1124），刘豫改任河北提刑。恰逢金军南下，各处难民贼盗不断，刘豫一点儿没有衣锦还乡的快乐，他磨磨蹭蹭地不想赴任。结果，北宋灭亡了，刘豫还没走到河北。

建炎二年（1128）正月，刘豫跑到南宋朝廷，请求给他委派任务。

当时正是主和派当政，黄潜善、汪伯彦眼看河北基本都已被金军攻陷，刘豫这个河北提刑确实没法上任，于是将刘豫派去当济南知府。

刘豫到济南没多久，完颜宗翰的大军开到济南。

刘豫派儿子刘麟出战，当时金军重重包围济南，危在旦夕，幸好济南郡倅张柬带兵增援才迫使金军撤退。但金军已经打听明白了刘豫是个贪生怕死之人，随后给刘豫写去劝降信，许予高官厚禄。

刘豫正愁没有机会换个更强的主子，免得如今这般日日担惊受怕，这下收到金国的劝降书，那真是打瞌睡就有人递枕头。金人在信中还提了条件，要求刘豫杀了大将关胜以投诚。

这位关胜，名将关羽之后，因《水浒传》而被无数中国人称颂认识。在《水浒传》中，他绰号大刀，位居马军五虎将第一位，精通兵法，骁勇善战。在南宋现实之中，他也是一位忠心爱国、擅长调兵遣将之人。

可就是这样的关胜，却被刘豫为了向金朝新主子求荣而毫不犹豫地设计杀害了。

关胜死后，刘豫以为就此没有了后顾之忧，要求济南百姓们一起投金。谁知百姓们不屈不挠，坚决不肯。刘豫竟然把自己绑在绳子上吊下城楼，主动跑去金军的营中投降。

在刘豫以及他在城中安排的内应合作之下，济南城门大开，金军入城，那些反对投降的百姓都被金人杀害。刘豫也如愿以偿，被金军安排为东平府知府，兼京东西、淮南等路安抚使，刘豫之子刘麟任济南知府，金人把黄河以南交由刘豫统领，命他节制大名府、开德府、濮、滨、博、棣、德、沧等地。

建炎四年（1130）七月，刘豫在大名府登基，国号大齐，史称伪齐，与南宋划黄河而治。

紧接着，建炎四年（1130）十一月，一个对中国历史产生重大影响，被后世唾骂千年的奸臣秦桧回到了南宋！

此时，距离靖康之变，秦桧随二帝被掳去金国，已经过去了三年。

后人在了解了历史的发展之后，都纷纷猜测秦桧是不是一个已经被金国策反的奸细。怀疑的理由之一便是当年被带走的臣子那么多，连帮高宗递交求和信的使臣都有去无回，为何你秦桧平安回来了呢？

但在当时，宰相范宗尹给秦桧做了担保，时人并没有对秦桧产生怀疑。

秦桧回来的时候，范宗尹也刚当上宰相不久，正是深受高宗信任的时候。前面一位宰相吕颐浩在高宗逃亡的那段时间表现着实不怎么样，因为他和卫士们发生口角，导致高宗登船入海之前，遭遇了卫士哗变。而且吕颐浩为相期间，专横跋扈，引起诸多臣下不满。因此，高宗回到越州没几天，就罢去了吕颐浩，提拔范宗尹为相，这时候范宗尹才三十岁，可谓年轻有为。

古时候，要做大官，得有两样特别拿得出手。第一，是书法，要能写得一手好字。第二，是长得端正，模样出众。这位范宰相据说是一位帅哥，长得俊秀白嫩，而且非常注重仪表，起床之后要照好几回镜子，有"三照相公"的外号。

有了当朝宰相的担保，秦桧被任命为礼部侍郎。

新的一年即将到来，年轻的高宗认为应该有所作为，于是下诏在新的一年启用新的年号"绍兴"，期许"绍奕世之宏休，兴百年之丕绪"。

绍兴元年（1131）二月，写得一手好文章的秦桧就升职为参知政事，进入了最高权力层。

同月，高宗把临时都城搬到临安，并在七年之后，正式定其为国都。所用的宫殿是杭州城南凤凰山、馒头山一带的原吴越国王宫。原先，金军在离开临安之时，在此处宫殿放了一把火。高宗是一个勤俭之人，只命人简单收拾修缮，便搬了进来。之后一直到南宋灭亡，南宋皇宫都在这里，且一直都遵循着简单质朴的风格，虽有修缮之举，但从未扩建。

两个月后，被高宗视若祖母，半世颠沛的隆祐太后过世，享年五十九岁。弥留之际，太后拉着高宗的手说："一切后事从简，将来战争结束，归葬于巩县陵园。"

巩县陵园是北宋历代帝王的陵寝，所在之地已落入金人之手，要想落葬其中，唯有光复故土，这显然不是一个短时间内能解决的事情。因此，隆祐太后被简单地安葬在越州郊外富盛镇宝山南麓。后来，南宋前面六位皇帝的皇陵——宋高宗的永思陵、宋孝宗的永阜陵、宋光宗的永崇陵、宋宁宗的永茂陵、宋理宗的永穆陵、宋度宗的永绍陵都在这片区域，被称为"南宋六陵"。虽然称之为陵，但考虑到将来要回到故土落葬，南宋帝王都没有建陵，只是修建了"攒宫"，暂时存放灵柩。

这年七月，范宗尹因为政治主张触动了权贵的利益，朝内反范之声四起。之前范宗尹极力担保的秦桧，见风使舵，也站到了反对范宗尹的行列里。最后，范宗尹迫于压力提出辞职。

高宗不得不把前任宰相吕颐浩又叫回来。

但吕颐浩从外地赶来上任还需要一个月，秦桧抓住了机会，向高宗表示他有治国良策。

八月，高宗任命秦桧为右相兼枢密院事。之后，吕颐浩出任左相。两人意见相左。吕颐浩主战，提出继续北上把都城建到建康，兴师北伐，抢回失去的土地。秦桧主张议和，认为眼下根本没有实力和金人一较高下。两人的争论，很快演变为朝野派系之间的权力斗争。

高宗虽然内心偏向秦桧这条议和的道路，但他对秦桧之前提出的治国良策更感兴趣，等待了数月，仍然不见秦桧拿出具体方案，而忙着和吕颐浩争权。高宗忍不住询问秦桧："爱卿的治国之计可准备好了？"

秦桧答曰："良策即——河北人还金，中原人还刘豫。"

高宗震怒。

秦桧的意思就是已经失去的就不要想了，一切照旧，他甚至用了"还"这个字，仿佛这些地区和百姓原本就属于金人和刘豫。

高宗怒斥他："朕就是北人，你让朕还哪里去？！"

高宗愤怒并不意味着他放弃了与金人议和，转为支持吕颐浩的北伐建议，而是他不能接受秦桧"河北人还金"这句话，这等于直接否定了宋朝和赵氏的根源。

历史把秦桧定为奸相，但秦桧此人毕竟在回宋后把持朝政多年，可见他是一个相当会揣摩圣意之人，再加上这人写文章写得好，往往能把同样的意思说得格外好听顺耳。因此，实在令后人费解，秦桧为何会对高宗答出这种政治错误的回答。当时，高宗甚至气到了决意不再起用秦桧的程度。

绍兴二年（1132）八月，秦桧拜相正好一周年，被高宗罢免。

高宗虽然对金软弱，处处退让，但对当时南宋各地爆发的起义却毫不手软。南宋建立之后的很长一段时间，"中兴四将"的主要任务都不是抗金，而是平息各地起义。

比如，绍兴元年（1131）七月，陈颙带领乡丁千余人起义，后来渐渐坐大，朝廷派出岳飞前去讨伐。绍兴三年（1133）四月，岳飞将之成功镇压，起义宣告失败。

可见高宗是个奉行"攘外必先安内"政策的人，"中兴四将"所带部队的作战能力也在这一次次平乱的战役中加强，一直到后来可以与金军平分秋色。

另一方面，伪齐政权从金国接过了所夺取南宋土地的管理权以及接应金军伐宋的任务。

绍兴二年（1132）四月，刘豫把伪齐的都城迁往宋朝原本的都城汴京。这件事对高宗来说，杀伤力不大，侮辱性极强。而且，刘豫此人为了敛财，安排官方的盗墓官员"淘沙官"盗掘各地墓穴，甚至连北宋的皇陵都未放过。换到任何一个人身上，都不会愿意祖坟被扒。

迁都之后，刘豫派儿子刘麟、侄子刘猊攻下南宋战略重镇襄阳。

襄阳守将、镇抚使原本是流寇出身的桑仲，在刘豫进行动作之前，他便与唐州镇抚使翟兴一起讨伐刘豫，结果两人遭遇部将叛变被杀，以致讨伐之事未能成行。

六月，发生了一件令刘豫头疼的事情，官员凌唐佐秘密把金军情报送往南宋的事曝光了。

凌唐佐是宋哲宗元符三年的进士，原本任南京应天府知府。

金兵大举伐宋之时，刘豫受命攻陷应天府。

身为留守知府的凌唐佐原本决心与应天府共存亡，在城池被攻陷后，凌唐佐不幸被俘，金人命刘豫劝凌唐佐在金国枢密院里当官，凌唐佐坚决不答应，金人随后便让他继续留守应天府，以图感化他。

凌唐佐之后改变想法，忍辱负重留任应天府，暗中整理了金兵的军事情报和伪齐动向，封成蜡书，派人送给南宋朝廷，并请求南宋派遣援军，到时里应外合，收复南京。

这件事败露之后，凌唐佐被押至汴京。

刘豫大概永远也不明白凌唐佐这些人心中的忠义二字，他问凌唐佐："金国待你不薄，你为何要如此？"

凌唐佐反问："那大宋又有什么地方对不起你，你要跟贼人同流合污？"

刘豫气急败坏，将凌唐佐和他的妻子田氏杀害。

高宗后来听闻此事，深受感动，诏赠凌唐佐徽猷阁待制。

凌唐佐这种"身在伪齐心在宋"的人不是个例，伪齐宰相张孝纯原本是河东宣抚使兼知太原府，太原被金军攻破后，张孝纯被俘拒降，被关狱中，后不得已降金。金人命刘豫建立伪齐时，命令张孝纯担任伪齐宰相。

绍兴六年（1136），刘麟准备派人刺杀高宗，想来一招"荆轲刺秦王"。张孝纯得知消息，立即把这条毒计秘密告知南宋，使得刺杀未能成功。第二年，张孝纯又将十条机密送往南宋。幸运的是张孝纯的结局要比凌唐佐好上很多，就在十条机密送往南宋的同一年，金人不满意刘豫并将其废除，而后命张孝纯任汴京行台左丞相。一年后，张孝纯向金人请归乡里，得到准予，七年后，他在家乡安然离世。

金人不满意刘豫的原因之一是伪齐对南宋的进攻基本上都落空了。

伪齐攻下襄阳之后，绍兴四年（1134），岳飞向高宗递交了《乞复襄阳札子》。

时任宰相朱胜非和参知政事赵鼎都支持岳飞这一提议，这才促使高宗不再犹豫，同意岳飞出兵收复襄阳。但为了不至于影响金宋和谈，高宗给岳飞加了三条限制，分别是：不得出六州军界、不得远追、不得说"提兵北伐或收复汴京"。

四月，岳飞奉旨出发，进攻襄汉六郡，他在出发时对部将许下誓言："不擒贼帅，收复旧地，我岳飞绝不再过此江！"

岳家军以及朝廷分拨给岳飞的总计三万五千精兵从鄂州渡江，五日后攻下郢州。岳飞在此将岳家军一分为二，命张宪和徐庆率军进攻随州，岳飞自己率主力进攻襄阳。伪齐守将李成不战而逃，五月十七日，岳飞占领襄阳。

刘豫急忙向金国求援，但是金国南下主将完颜宗弼刚被一个我们许久没有提到的人物大败，这个人物便是年轻有为的张浚。

建炎三年（1129），张浚前往西北，负责牵制完颜娄室率领的金军主力。

出发时，张浚与高宗约定到西北后三年才可以用兵，君臣二人都明白，张浚这个年轻的空降老大，一开始并不被西北地区手握重兵的大将们认可，那又谈何用兵作战？

建炎三年（1129）年末，完颜娄室攻打陕州。

陕州守将李彦仙已经弹尽粮绝，张浚令大将曲端出兵增援李彦仙。曲端拒不出兵，导致陕州被金人攻破，随后因为在攻城过程中遭遇了陕州军民的激烈反抗，金人下令屠城。守将李彦仙原本在城破后逃出了陕州，想要渡江寻求救兵，听闻屠城之事，他深感愧疚，于是自沉江中。追随李彦仙的部将以及李彦仙的家人全部殉国，无一降金。

这件事令张浚极为愤慨，不久之后，与曲端齐名的西北名将吴玠在彭原店战败，也是因为曲端不肯增援吴玠。张浚将曲端罢免。一年后，曲端以谋反罪入狱，张浚交由武将康随负责审案。康随和曲端有私人恩怨，对曲端用了残忍的刑罚，最后曲端被活活烤死。虽然下手的并非张浚本人，但导致曲端惨死这件事还是被一些后人评为张浚的污点，认为这个结局对大将曲端来说太不公平。但是，要为曲端寻找公正，那些因为曲端而失去的宋朝土地、战死的宋朝士兵又该找谁去寻公正呢？

建炎四年（1130），张浚决定对金军出兵，向金军大元帅完颜宗翰发出一封慷慨激昂的檄文，随后得到高宗允许出兵的诏令。

张浚率领西北五路大军共计四十万人，集结在关中平原富平地区。

同时，金太宗令刚刚渡江北归成功的完颜宗弼前往西北，配合西路军进攻，又令完颜宗辅接替身体抱恙的完颜娄室为西北主将。

金军几路会合有时间差，宋军却没有抓住敌军先后奔赴战场的时间不同，来一个敌人处理一个敌人，平白错失了优势。等金军会合，富平之战开始，金军抓住宋军环庆路军赵哲所领兵力最为薄弱的弱点，集中兵力进攻环庆路，原本人数几倍于金军的宋军就这样被撕开了口子，最后全军溃散而败，导致陕西土地大部分落入金人之手，之后再未被南宋收复。

但是，这场大战，面对如潮水一般的宋军，金军也付出了惨重的伤亡代价。战斗中，完颜宗弼所领的右路军被宋军包围，一度陷入困境，是抱病参战的完颜娄室带援兵及时赶到才反败为胜。富平之战，是女真人心目中的"一代战神"完颜娄室人生中参加的最后一次战役，他一生几乎没有败绩，追随金太祖完颜阿骨打立国，生擒辽帝，最后在伐宋成功北归的路上过世，享年五十三岁。金太宗伤悼不已，令自己的亲兵卫队即刻赶去为完颜娄室护丧，金国举国肃然。

富平之战之后，金军主力将进攻方向定在西北，无形之中，为在临安的高宗缓解了危机，张浚也一直留在了西北。

绍兴元年（1131），十万金军准备夺取和尚原，此地位于陕西宝鸡西南，是通往四川、陕西的交通要地。

一路被张浚提拔起来的大将吴玠先一步抵达和尚原，但是吴玠身边仅有士兵数千人，却要面对十倍于自己的金军。吴玠没畏惧，与将士们歃血为盟，死守险地，同时还得到了当地百姓的倾力帮助，战斗中，吴玠的军队一度缺少粮食，多亏当地百姓偷偷送来粮食。这一仗，最后吴玠以少胜多，令金军付出了惨痛的代价，也成为西北战场宋军从败转胜的转折点。

当金国得知惨败的结果，举国哗然，认为这是奇耻大辱。为了雪耻，西北统帅完颜宗弼做了半年充足准备，再次领兵十万从宝鸡渡过渭水，攻打吴玠。

第一次和尚原战争是五月，这一次完颜宗弼进攻发生在十月，可以说和尚原地区的紧张局势横跨了整整一年。

这一次，把守和尚原地区的宋将依然是吴玠，在正面战场上，宋军利用"硬弓强弩"等装备对付金军，金军被如狂风暴雨的箭阵逼退，随后很快休整再次冲锋，双方前后交锋三十多次，金军的每一步推进都付出了巨大的伤亡代价。而吴玠又断了金军的粮道。金军推进到一定距离后，发现自己陷入了断粮危险，不得不做出后撤决定。吴玠安排人埋伏在金军后撤的必经之路上，又狠狠地杀了金军一个措手不及，最终完颜宗弼狼狈地逃跑了，这是他一生中鲜有的败绩，金军折损一半，被俘上万人。

和尚原大捷之后，吴玠被提拔为四川宣抚使，统率宋军四路军，继续与金人对抗。因为他用兵得当，四川蜀地一直在南宋手中，挫败了金国"入陕取蜀"的战略计划。绍兴九年（1139），吴玠暴毙，时年四十七岁，谥号"武安"，后被追封为涪王，位列七王之一。吴玠在世时，对士兵如兄弟，提拔不论亲疏而论战功，体恤百姓，减轻税负，广开良田，兴修水利，四川百姓非常爱戴这位将领。后来，宋金议和，把一部分地界划给金国，其中就包括安葬吴玠的宁夏陇干县，百姓们一直祭奠着这位抗金英雄，而金人并不阻挠，吴玠之墓因此一直保存完好。

张浚也在和尚原大捷后，升为检校少保、定国军节度使。

有了张浚和吴玠对金军的有力牵制，绍兴四年（1134）七月，岳飞带军夺回襄阳六郡，南宋对金的防线重新连为一体。

九月，金军联合伪齐军，兵分两路南下，威胁临安。高宗吓得差点又跑去海上避难，参知政事赵鼎劝道："如若没有捷报，再去海上也不晚。"

高宗因此镇定下来，留在临安。

随后，南宋宰相朱胜非因为母亲过世返家丁忧，高宗提拔赵鼎接任右相。

赵鼎一上任，便把刚刚被吕颐浩排挤弹劾被贬黜去福州的张浚拉了回来。张浚重回重臣行列，任知枢密院事，结束了这次短暂的贬黜。

十月，韩世忠收到高宗亲手写的诏书，深感皇恩，带兵进驻扬州，一面亲自率领骑兵诱敌，一面在扬州西北设下二十处埋伏。等金军进入埋伏圈，伏兵听到作为信号的鼓声，奋起杀敌，大败金军。

捷报抵达临安，十月二十三日，高宗宣布"亲征"，自临安起驾前往平江。与此同时，在安徽的宋将仇愈、岳飞带领的宋军也分别传来捷报。也算天助南宋，这时候，领兵的金军大将完颜宗弼收到金太宗病危的消息，连夜撤兵北去。

第二年，绍兴五年（1135）初，高宗结束亲征，回到临安，他认为没有赵鼎当初劝说他留在临安，南宋不会有如今扬眉吐气的局面，遂提拔赵鼎为左相，同时提拔三十八岁的张浚为右相。

张浚拜相后的第一件事，便是与岳飞前往洞庭湖平定杨幺所带领的农民起义。

而金国方面，二月，金太宗驾崩，享年六十岁。金太祖完颜阿骨打的长孙完颜亶继位，史称金熙宗。金熙宗自幼跟随辽代进士韩昉学习汉文经史，对中原文化有浓厚的兴趣，没有强烈的南征宋朝的意愿。他一上台，就罢免了主战派的完颜宗翰，夺其兵权。完颜宗翰郁愤非常，于第二年去世。

面对这样的利好于南宋的局势，南宋内部却有了矛盾。两位宰相赵鼎和张浚当初亲密合作，如今却产生了巨大的政治分歧。张浚主张北上夺取建康，灭刘豫，赵鼎认为应当保守一些，刘豫的伪齐背后是金国，金人不绝，只灭刘豫，意义不大。之后，赵鼎两次提出辞职。最后，因为更加倚重军功卓越的张浚，高宗同意了赵鼎的辞职。

但是在这个节骨眼上，淮西军发生军变。

张浚回到中央朝廷以后，安排兵部尚书吕祉留下监督诸将。副都统制郦琼和都统制王德不和，郦琼便一直和吕祉说王德的坏话。吕祉明面安抚郦琼，暗地里向张浚报告此事，有意罢去郦琼，结果信件没能寄出，消息就走漏了。郦琼一不做二不休，杀了吕祉，率部将和十万百姓投靠伪齐。

刘豫大喜，认为这是大好时机，向金国请示伐宋，但因没得到金国的准许而作罢。

御史中丞周秘认为淮西军变是张浚失职导致，在绍兴七年（1137）上疏弹劾张浚。

张浚提出辞职。

高宗批准了张浚的辞呈，并征询张浚："谁可以接任宰相？"

张浚认为赵鼎可以。

赵鼎随后到任，高宗向其透露要严办张浚的意思，赵鼎坚决反对。最终，高宗没有要张浚的性命，只是贬张浚去了永州，并感慨道："赵鼎和张浚之前不和，但张浚离任时推荐赵鼎，赵鼎回来又护着张浚。"

淮西军变，张浚确实有失职之处，但如赵鼎所言，张浚罪不至死。而且没有张浚，高宗又如何能安然至此？但是高宗的心意已经改变，一方面张浚军功太盛，隐隐已有功高震主之象；另一方面，淮西军变令高宗意识到军队既可以保护他，也是一只难以控制的猛虎。他对能征善战的将领们产生了怀疑，两个因素结合在一起，是高宗对张浚起了杀心的根源。

张浚弹劾李纲，间接令曲端惨死，这两项后世对张浚多有抨击的事，前文都已概述，不能单一看成是张浚的错误，但张浚拜相期间提拔秦桧这件事，倒确实是他认人不清。

好在张浚离任时，高宗问他秦桧是否可以接任，张浚否定并回答说："秦桧这个人太过阴暗。"

赵鼎上任之初也道："此人若得势，我等没有安身之处。"

但是，秦桧太懂审时度势，在这样一个不喜欢自己的宰相手底下办事，他事事以赵鼎的意见为上，成功骗得赵鼎信任。

自金熙宗登基后，宋朝方面继续派议和使臣多次前往金国，而金国使臣也在绍兴五年（1135）十月前往临安。

绍兴五年（1135）四月，金太宗过世后两个月，被囚禁了九年的宋徽宗赵佶也因不堪精神折磨而死于五国城。但是这个消息一直被金国隐瞒，一直到绍兴七年（1137）正月，金国忽然释放之前扣留的宋朝来使何藓、范宁之，并由他俩带回完颜宗弼的亲笔信，信中告知宋方：宋徽宗和显肃皇后都已离世。

这是一个节点，高宗的态度一下坚决起来，他希望能将生母韦氏活着迎回宋朝。自绍兴七年（1137）起，两国议和的秘密沟通，一直在悄悄进行。

结果是高宗和宰相赵鼎的蜜月期也因此结束，高宗倾向于与金国施行议和，而赵鼎上任之初就提出了以守为主、以静制动的对金政策，他虽然不是主战派，却也不是主和派。而且金国提出的条件是宋对金称臣，这件高宗自己都接受的事，有气节的士大夫都表示不能接受。

不久，高宗和主和派的秦桧站到一起，统一了战线。赵鼎和秦桧也正式反目。后来，赵鼎下野离开，秦桧假惺惺带了大臣们去送别，赵鼎只匆匆一礼就走了，话无半句多。

绍兴八年（1138），赵鼎辞去相职，高宗提拔秦桧为相，秦桧十七年的独相专权局面自此开始。

四月，宋方派使臣王伦前往金国，请还徽宗和显肃皇后的梓宫以及高宗的母亲韦氏。结果，王伦被伪齐刘豫扣留，后来还是金国方面出面，伪齐才将王伦放行。伪齐这次自作主张，为金国废除它埋下了伏笔。

十一月，金熙宗令大将完颜昌和完颜宗弼前往伪齐。两人抵达汴京之后，把伪齐的军队调出开封，再用议事的名义把刘豫的儿子刘麟骗出来抓住。随后，完颜宗弼独自返回汴京，将刘豫关押，宣布废除伪齐。

史料记载，刘豫后来见到完颜昌，哀求道：“我们父子尽心竭力，无负上国，请将军哀怜啊！"

完颜昌冷笑道："前赵氏少帝离开京城，百姓焚香送别，号泣之声远近都能听到。现今你被废，没有一人可怜你，你还不知道自己有什么罪吗？"

刘豫哀求完颜昌主要是担心他对金国无用，遭到杀手，或者被送还宋朝，和张邦昌一样下场，依然是个死字。但金人对他倒还算可以，后封他为曹王，赐田宅以居。

绍兴八年（1138），宋金双方对议和内容达成一致。八月，金熙宗封尚书右司侍郎张通古为诏谕江南使，遣签书宣徽院事萧哲为"明威将军"，向南宋皇帝颁发诏书和进行册封。

正如高宗之前送往金国的信中所写，他愿意"削去旧号，尊金国为天地之间最大的国家"，他愿意自称康王而不是宋帝。金国这次要求当金国使臣进入宋境时，宋朝境内的迎接官员要面向北方，遥遥叩拜金主。等到传达诏命的时候，高宗脱下龙袍拜接。

这对南宋的每一个百姓来说，都是一种屈辱，朝野上下反对声一片，有说要复仇叫金人付出代价的，有说金人不可信没有议和必要的，也有出于民族自尊心不愿屈于金人的。为了反对议和，宰相赵鼎之外，礼部侍郎张九成、中书舍人吕本中等人相继辞官。

高宗压力极大，甚至愤怒地道："我本来就不愿做皇帝！"还说："如果是当年在明州被金军追杀的时候，让朕跪一百次都不会有人多说。"

最后，经过与金国协商，对于官员向北方叩拜这条，宋朝依然照办。但在最后接诏时，改由宰相秦桧替代高宗行跪拜礼。

宋金议和成功，双方约定主要有四点：

第一，宋对金称臣。

第二，金以黄河为界，金将陕西、河南故地归于宋。

第三，金归还宋徽宗和显肃皇后的梓宫，放还高宗的生母韦氏。

第四，宋每年向金贡银二十五万两，绢二十五万匹。

因为议和达成的时间是金国的天眷元年，因此历史上也将之称为"天眷和议"。

至此，第一次南宋与金的战争结束。

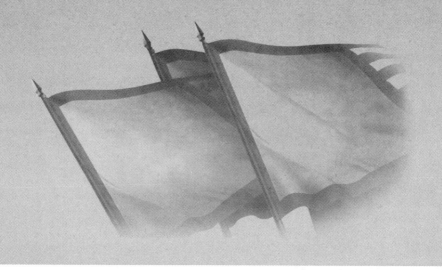

第六章

岳飞之死——第二次南宋与金战争

　　第一次南宋与金的战争前后共计十一年，时间比后面两次宋金之战加起来都长，而在这场漫长战争背景下完成的"天眷和议"却很快破裂，其背后既有金国的因素，也有宋朝的因素。

　　金国方面，金太宗驾崩，金熙宗登基，朝野内外不免进入新一轮洗牌和权力斗争，其中最为关键的人物是完颜昌。

　　完颜昌，金太祖完颜阿骨打的堂兄弟，史书记载他深受汉文化影响，一直主张对宋实施温和政策。金太宗时期，主战派的完颜宗翰是手握重兵的大元帅，完颜昌时常以辅助的角色出现在这段金国伐宋的历史中。但实际上，完颜昌对金国不少对宋政策的制定都起到了关键作用。

　　刘豫，这个被金国扶植起来的伪齐皇帝，在担任济南知府的时候，所面对的便是奉命攻打济南的完颜昌。为了避免过多杀戮，完颜昌采取了极富耐心的劝降工作，最后刘豫投降，金军以最小的代价拿下济南。等到金国准备在宋地安排伪政权与南宋抗衡时，也是完颜昌推举刘豫担任这个角色，并最终获得金太宗和完颜宗翰的认可。

　　完颜昌与后来促成"天眷和议"的宋朝宰相秦桧也颇有渊源。秦桧在金国期间，就在完颜昌手下做事。秦桧这个人很会做文章，在完颜昌伐宋的过程中，不少送出的劝降书都出自其手。这两人合作时，相处得非常融洽。建炎四年（1130），完颜昌攻破楚州，秦桧认为时机成熟，向完颜昌提出归宋的意愿，完颜昌遂采取了"睁一只眼闭一只眼"的态度，秦桧因此才能带上妻儿亲信乘船归宋。

　　至于这两人是否达成了协议，秦桧是不是完颜昌安排到宋朝的奸细，无从考证，难下定论。实际上，大国之间，真正的阴谋很少，更多的时候是顺势而为。因此我们可以想象，主张温和对宋的完颜昌与力推与金议和的秦桧，虽然站在不同的利益出发点，却寻求着相同的结果，殊途同归的两人不论是不是合作关系，都确实一起推动了"天眷和议"的达成。

金熙宗登基以后，很快清理了一批异己，其中就包括主张对宋强硬的完颜宗翰。金熙宗先是收了其兵权，封为晋国王，而后以贪赃罪处死了完颜宗翰的心腹高庆裔。完颜宗翰性格暴躁，见心腹被杀，又无能为力，气急攻心，没几天就气死了。完颜昌遂成为金国最高军事将领之一，另一人是经常出现在前文之中的四太子完颜宗弼。

除了秦桧，宋朝多次出使金国的使臣王伦，与完颜昌也有渊源。

绍兴五年（1135），完颜昌把被金国扣押了五年的王伦放回宋朝。因此，绍兴八年（1138），再次代表宋朝出使金国、意图促成和议的王伦，最先想到的是去找完颜昌。

根据金史的记载，完颜昌在没有和金熙宗进行沟通的情况下，许诺王伦金国将归还河南、陕西给宋朝的条件。七月，完颜昌带王伦到国都，向金熙宗提出归还宋朝土地的建议。

金熙宗命群臣商议，当时朝中反对声不少，其中还包括完颜昌的弟弟完颜勖。但在完颜昌以及金太宗长子完颜宗磐、丞相完颜宗隽的坚持之下，最终金国决定同意将河南、陕西归还宋朝。

结果"天眷和议"的第二年，完颜宗磐和翼王完颜鹘懒谋反失败被杀。曾与完颜宗磐一起促成归还宋地的完颜昌，被认为与南宋私下勾结。

金熙宗下诏诛杀完颜昌。

完颜昌逃到燕京，准备继续南下逃往南宋，但半路被完颜宗弼追上抓获，押送到祁州处死。

完颜宗弼随后一跃成为手握金国兵权的第一人，被金熙宗封为越国王。

"天眷和议"的条款之中，最先履行的就是归还土地这一条。

完颜宗弼认为河南中原之地是天赐金国，不存在归还宋朝的必要，如今根据"天眷和议"的条款交给宋朝，属于金国下赐给作为臣子的南宋，但是南宋根本不认为这是上国的恩赐，没有心怀感恩，这样的南宋是有罪的。

而且，南宋在重新拿回河南、陕西之后，得知金国在边境仍然部署大量军队，不像要停止南伐的样子，于是宋朝在河南、陕西开始做军事防御部署。结果这个情况令金国更加不满。虽然高宗在得知这事刺激到了金国之后，立刻下令停止修筑军事防御布置，但金国并没有作罢。

绍兴九年（1139）六月，王伦再次出使金国，准备与金国着手处理条款的后续部分——归还宋徽宗和显肃皇后的梓宫，放还高宗的生母韦太后。但这一路非常波折，等到十月，王伦终于见到金熙宗。金熙宗根本不理会他，随后王伦以及副使蓝公佐被金国扣下。

金国有意撕毁"天眷和议"，宋朝内部对和议的态度也并不统一。

对于议和这件事，宋朝内部的士大夫、百姓都极为忧虑，其中反对声最大的是手握兵权的将领们。

早在绍兴八年（1138）八月，高宗召韩世忠、岳飞、张俊三员大将入朝，准备给他们做思想工作，希望能压下军中对于宋金议和的反对声。

但是，韩世忠和岳飞态度坚决。岳飞道："金人不可信，和好不可恃，相臣谋国不臧，恐贻后世讥。"

张俊成名较早，当年岳飞还在他门下，如今岳飞在抗金战争中迅速崛起，已经成了与之齐名的将领，这令张俊非常嫉妒。后世对张俊、刘光世二人的评价也较差，认为他俩没有资格位列"中兴四将"。

张俊为讨好高宗，也怀着和岳飞作对的心思，积极支持议和。

而"中兴四将"剩余的一位刘光世没有入朝。之前张浚督理军务时，有意将兵权从各大将领手中收回到中央，这件事得到了高宗的支持。张浚先拿刘光世开刀。刘光世迫于压力，主动提出了辞去军中要职，因此，他现在正赋闲在家。

绍兴十年（1140）正月，出使金国的使臣王伦没能回来，只有副使蓝公佐带了金人新的条件回来，包括：南宋改用金国的年号，每年缴纳岁币三千两黄金，交还投靠南宋的北人等。

高宗顿感压力巨大，本来议和就被宋朝许多人所不接受，没想到岳飞提出的"金人不可信"还这么快成真。就算宋朝有能力做到这些，也难以获得支持，高宗唯有拒绝，随后派使臣前往金国转达回复并争取与金国的关系不要破裂。结果，使臣和王伦的下场一样，一到金国便被扣下。

五月，完颜宗弼请战伐宋，获得金熙宗准许。随后金军单方面撕破"天眷和议"，进军山东、陕西、河南，第二次南宋与金战争爆发。

这次，带兵的是金国军事方面的最高掌权之人完颜宗弼，大军兵分四路：完颜宗弼亲自带领十万大军进取南宋的东京汴京；金太祖完颜阿骨打的孙子完颜雍（女真名乌禄）进攻归德府，也就是大宋的南京应天府；右副元帅完颜杲出兵陕西，连败宋军于凤翔、泾州、渭州；降金宋将李成作战勇猛，负责攻打河南，直取西京洛阳。

汴京、归德府等河南、陕西各地原本刚转为宋朝管辖，守臣武将大都是金、伪齐时期的旧臣。金军一到，守臣开门相迎，气氛分外融洽，仅仅一个月的时间，归还宋朝的土地又重回金人之手。

此时，宋朝大将刘锜正在前往汴京上任的路上。刘锜出身武将世家，自少随父征战，骑射出色，后得张浚提拔。富平之战，宋朝虽败，但刘锜身为五路大军之一的泾原路统帅，表现勇猛出色。绍兴十年（1140）四月，高宗任命他为东京副留守，刘锜带着两万将士和其家眷，长路漫漫前往汴京，准备去治理刚刚从金国交还回来的宋朝故都。

刘锜和先锋军先行到顺昌城，才知道金军主力已经重新占领汴京，且往他的方向进发，隔日就会到前面的陈州，而朝廷令刘锜撤退的折子也在这时送到了刘锜手里。这时候要撤的话，将士们已经习惯了奔行，倒是不担心，可将士的妻儿父母却不可能跟上这样的速度，带着亲人，会成为累赘，丢下妻儿，谁都不愿意，更何况顺昌城里的军民又怎么办呢？

顺昌城知府事陈规问刘锜："将军可有决定？"

刘锜看顺昌城墙壁坚固，道："若城中有粮，能与君共守。"

陈规道："有米数万斛。"

刘锜道："那足够了！"

这时，刘锜所属部队的选锋、游奕两军及辎重和所带的百姓，距离顺昌城还有一定距离。刘锜派遣骑兵飞奔接应，顺昌城门大开，击鼓到天明，终于让所有人都进入顺昌城内，关闭城门。

凌晨信报传来，金国骑兵果然已经到达陈州。

刘锜随即命人将颍河等水道的所有船只破坏沉毁，他鼓励将士："破釜沉舟，拼死一战，没有退路。"而后，刘锜将自己的家人安置在寺庙中，四周堆放柴草，对卫兵们说："若顺昌失守，即焚吾家，不让他们落入敌手遭辱。"

众军士见刘锜如此，视死如归，男子备战守，妇人砺刀剑，气势高涨。这支军队，还有一个响亮的名字，叫作八字军。对，他们就是当年与汴京留守宗泽约定要一起北上抗金的王彦所属的八字军。王彦于绍兴九年（1139）过世后，八字军归刘锜统领。

完颜宗弼的先锋军先抵达顺昌城下，刘锜命集中强弓强弩在城楼上对金军射击，金国士兵纷纷中箭，不由后撤。宋军趁机出城，杀了敌军一个措手不及。

完颜宗弼听闻战败，于是带主力军前来，准备会一会这个刘锜。

面对十万金军，处于弱势的刘锜简直把《孙子兵法》用活了。

他安排一队侦察兵"偶遇"金国主力，在撤退逃跑过程中，两个小兵故意翻落马背，被金人抓住带去见完颜宗弼。完颜宗弼问两人刘锜是个什么样的人。

这两个小兵就把刘锜事先交代的话抖了出来，一个说刘锜就是个兵二代，有他老爹才爬这么高，一个说刘锜是纨绔子弟，只知道吃喝玩乐，现在城里的百姓担心极了，只想尽快还乡。

完颜宗弼中计，为了尽快拿下顺昌城，他下令大军放下大型攻城装备，轻装奔向顺昌城。

一到顺昌城下，完颜宗弼先把先锋军给骂了个狗血喷头。

先锋说："这里的宋军比以前的强啊！"

话音刚落，刘锜的战书送到金营。

信中，刘锜故意刺激完颜宗弼道："金军只要敢过颍河来一决生死，我就为金军在河上架设五座浮桥，方便金军渡河。"

完颜宗弼轻蔑道："看我一个靴子尖就踢倒它！"

第二日，刘锜果然架设了五座浮桥。史书记载，他还令人在上游的水里投毒。

完颜宗弼过桥应战，结果宋军没有出城。当时正值夏日，烈日炎炎，金军没有贸然撤退，但长期暴晒难免口渴，不少士兵和马匹饮用河水，随后出现晕厥症状，于是剩余的士兵不敢再喝水了。完颜宗弼也不敢有丝毫怠慢，让士兵们保持十二分警惕。一直到深夜，又下起大雨，士兵们疲倦不堪，又遭雨淋。

抓住这个时机，顺昌城门中的西门忽然打开，宋军自门内冲杀出来。金军见状纷纷涌向西门，与此同时，刘锜组织的精兵自南门而出，两面夹击，金军出现颓势。

完颜宗弼毕竟是经历过大战厮杀的著名将领，他马上安排金军的杀手锏"铁浮屠"摆出"拐子马"阵势迎战。这批"铁浮屠"士兵身穿重甲，从头到脚如有铁罩保护，一般刀剑难以冲破。

刘锜的士兵异常勇猛，他们不惧生死，冲上去直接用长枪挑开"铁浮屠"的铁帽对其实施斩首，或者用巨斧斩断对方的臂膀。这使得"铁浮屠"失去了以往的优势。

刘锜这支仅两万人的宋军，只有五千人出战，却大败十万人的金军主力，这是军事史上著名的以少胜多的一战，史称"顺昌大捷"。

另一方面，得知完颜宗弼领兵南下，高宗却令将领们不要反击。

当司农少卿李若虚带着圣旨抵达岳飞营中时，岳家军的先锋已经出发北伐，而岳飞本人也即将出发。

李若虚当即冒着抗旨的罪名，勇敢地表示："既然已经发兵，将军就不要回头了，任何罪名由我来承担。"

岳飞于是带领主力开始北伐，他一面命令麾下各大将领出击，一面联系原先在太行山抗金的义军首领梁心等人渡河召集河北的抗金义军，攻取河北、河东州县。

六月，岳家军将领张宪、傅选等人先后收复颍昌府、陈州、郑州。

七月，将领张应、韩清夺回西京洛阳，而后与翟兴带领的义军会合，一起攻克永安军。

宋军连连大捷，迫使完颜宗弼不得不召集在中原的金军迎战。

七月初，在堰城北，岳飞亲率的主力遭遇金军。

岳飞令儿子岳云迎战，道："此战只准胜，不准败，否则我亲手宰了你。"

岳云和岳家军不负所望，其中岳家军的将领杨再兴更是单骑深入敌中，试图擒贼先擒王，诛杀完颜宗弼，可惜没能找到完颜宗弼，遂杀死金军数百人后返回。宋军与金军大战半日，金军大败。

到七月中，杨再兴带着三百骑兵组成的先锋军又遇到金军，对方有十二万之众，原来是完颜宗弼重新组织了大军反攻颍昌。杨再兴奋勇杀敌，但因寡不敌众，中箭无数而死。金军后来找到他的尸体焚烧，竟得到箭镞两升之多。随后岳家军主力出战应敌，战士浴血，无人后退，将领王兰、高林先后阵亡。两军战得天昏地暗，一直打到次日，岳家军部将张宪率援军加入战场，局面一下倒向岳家军，金军主动撤退。这就是历史上著名的"颍昌大捷"。

金军在中原地区遭受着岳飞强势进攻的时候，驻屯楚州的韩世忠也令部将王胜攻打海州（今江苏省连云港市）。

王胜的部队在海州外与金军海州统兵官花太师所率部队不期而遇，金军毫无准备，被王胜大败。宋军一路追赶，于第二日抵达海州城下。王胜确认城北是防御弱点，遂从城北开始，光复海州。金国随后安排一支上万人的主力部队，意图夺回海州。宋军借着刚刚光复海州的士气，守住了海州，还乘胜追击，一举收复了海州的怀仁县。

而一直与岳家军有联络的义军也在敌后各地取得胜利，光复赵州、兴仁、怀州等城，截断金军的补给通道。

金军人心惶惶，想着偷偷回金或者对岳飞投降。其中一个金军将领韩常，因为在颍昌之战战败时，其属下死伤之人中有完颜宗弼的女婿，怕被完颜宗弼报复，畏罪不敢回金国，便秘密遣使寻到岳飞，表示愿以五万众投降。

完颜宗弼意识到金国已经失去对燕京以南地区的控制，准备放弃中原，撤回金国。

对于宋朝来说，收复全部故土，甚至北上攻金的希望从未如此近在眼前。岳飞激动地对岳家军众人道："等直捣黄龙府，吾与诸君痛饮耳！"

黄龙府是金国的首府，这位一代名将的目光已经飞过汴京，延伸向更远的地方。他给高宗上疏，建议召集各路兵马前来会师，发动总攻。

高宗的想法与将士们的气势高涨、满心希望完全不同，他回复岳飞，下令撤军。

岳飞仍然力争："陛下，敌人锐气沮丧，已经准备逃跑，我方豪杰云集，天时人和，强弱已见，机不可失，时不再来啊！"

高宗不明白岳飞胸怀中的忠义和天下，岳飞也不明白高宗在意的是再打下去金国人还有没有再议和的心情，以及帝王对手下这些握有重兵的大将的忌惮，尤其岳飞，这已经是这一年之中第二次抗旨了（第一次是金军单方面撕破协议南下时，高宗命诸将不得反击）。

高宗很了解岳飞的性格，说不定就能做出"将在外君令有所不受"的选择，为逼岳飞后撤，高宗急令韩世忠、张俊等人马上拔营回撤，使得岳飞陷入孤军入敌营的境况。

之后，我们熟悉的"十二道金牌"的剧情上演了。

岳飞看着这一道道撤军令，不禁英雄泪满襟，他悲愤至极地感叹道："十年之功，毁于一旦！"

据说，岳飞当时正在朱仙镇，镇上百姓们听闻岳将军要归去，拉着岳飞的马说："您走了，我们这些人怎么办呢？"

岳飞随后下令多停留五日，保护百姓南撤。

岳家军回到鄂州之后，岳飞带少量亲兵前往临安觐见高宗。而中原那些岳家军辛苦打回的城池郑州、颖昌等又一次落入金人之手。

岳飞悲愤非常，情绪低落，他向高宗递交辞呈，高宗没有回应。

心高气傲的完颜宗弼那边却不能接受之前的败绩，绍兴十一年（1141）一月，他亲率十万大军，再次渡过淮河，进攻淮西。

高宗命在淮西的三支军队迎战。

先前在顺昌城赢得大捷的刘锜此时任淮北宣抚判官，他受命渡江抵达庐州，庐州知州兼淮西安抚使便是当年共守顺昌的陈规，老搭档再次合作，没准能重写顺昌的奇迹。

但是，刘锜抵达庐州时，却听到了陈规过世的噩耗。

史书记录，在陈规离世之前，下属抱着公文进来请求批复。陈规从病榻上挣扎着起来，将事务一一批复处理，并叮嘱下去，城中的政事暂由机宜（一种官职，地方长官）负责处理，而通判接管郡城的修葺事宜，交代完这几句话，老人闭上眼睛，随后便与世长辞了，享年七十岁。

陈规离世后，庐州便乱了，逃跑之人不计其数，城墙也没来得及修缮。

刘锜看到老友的心血毁于一旦，他含着泪判断这样的庐州抵御不了金军的进攻，遂果断放弃防守，撤离庐州。

金军第二次占领庐州。

二月，金军攻打和州。

宋朝已经提前在和州屯兵防御，由将领杨沂中和张俊副将王德共同防守，金军没能拿下和州。

宋军气势大振，之后又收复庐州。

此时，岳飞的援军赶到舒州。

张俊想独揽功劳，让岳飞在舒州驻军，又令刘锜回撤。张俊错判局势，以为金军已经大多撤回，准备在淮河以南再打几拨散兵，记作大捷上报。

结果，金军忽然攻陷了亳州。

张俊急忙叫回撤的刘锜赶紧回来救援亳州，由于轻敌，杨沂中和王德的军队被金伏兵所袭而大败，张俊闻讯惊慌南逃渡江。

这就是第二次宋金战争的后半段战役淮西之战。

三月，金军回撤。

战斗的部分到此已基本结束，下面即将进入新一轮的议和。

有一些观点认为，高宗在岳飞掌握大好局势的时候连用"十二道金牌"将之召回，是担心岳飞继续北上最终迎回钦宗，影响到高宗皇位的稳定性。确实，在建炎期间，高宗确实曾把这个问题视为最大的心病。但此时，高宗已经登基近十五年，当初忠于北宋，坚持要北伐迎回二圣的老臣如宗泽、李纲都已过世，他对皇位合法性的担心其实已经没有那么强烈。

那高宗的目的是什么呢？

且往后看高宗的下一步动作。

绍兴十一年（1141）四月，高宗召韩世忠、张俊、岳飞三位大将到临安，撤销对金作战机构，同时论功行赏，升韩世忠、张俊为枢密使，升功劳最大的岳飞为枢密副使，本质上就是罢了三人的兵权，把他们困在眼皮子底下。史学家评价这是宋朝的第二次"杯酒释兵权"。可高宗的涵养显然不如宋太祖，他对武将已经动了杀心，只是还没急于马上动手。

南宋自创立之日起，北面有金军铁骑，内有各处起义，各地拥兵自重之事屡见不鲜。在一开始，南宋的军力虚弱而松散，而后数年，北抗金，内定乱，在军事凝聚力提升的同时，军权和庞大的军队也越来越集中到少数高级将领手中。

在张浚为相期间，这就引起了高宗和张浚的重视，两人尝试第一次削兵权，结果操作不当，导致淮西兵变。高宗心中对武将的猜忌不减反增，进一步的改革势在必行，只是改革因金军撕破协议南下而按下了暂停键，而且，高宗的改革之心随着宋金战斗的发展也变得越发急迫。

金军对淮河一带发动攻击时，高宗几下急令叫岳飞出兵援助，岳飞到最后都没有出现在淮西之战的正面战场上，又一次出现了疑似违反军令的情况。

而在第二次南宋与金战争中，岳家军在中原获得大胜，遍地所插的军旗上写的是"岳"字，而不是"赵"字，怎不叫高宗心惊？

再加上高宗亲身经历过"苗、刘兵变"，眼前的每一个大将可都是比苗傅、刘正彦更有头脑、更有群众基础和大批军队的人啊！

武将跋扈，有了威胁中央的嫌疑，再加上宋太祖开国就做出了榜样，立下重文而轻武的基调，站在高宗的角度，他对武将的防备都只是遵循祖制和未雨绸缪罢了。

淮西之战后，高宗和秦桧一面向金国表达议和的请求，一面加快了削兵权的动作。

韩世忠、张俊、岳飞三人之中，张俊最会趋炎附势，也懂得迎合上意。

高宗对张俊说："郭子仪功勋卓越，手握重兵，但心中只有朝廷，皇帝一纸诏书，他便即刻去觐见，这才是武将应有的样子。"

张俊忙道："臣愿做郭子仪这样的人。"

秦桧则暗中授意张俊带头表态交出兵权，等韩世忠、岳飞也交出兵权之后，三支军队都交给张俊，之后张俊爽快地交出了兵权。

因此，张俊并不是高宗的眼中钉。高宗的注意力主要是在韩世忠和岳飞两人身上。

这两人是寒门出身，为人耿直。

比如，看到高宗白白放弃了对付金国的大好时机，只卑躬屈膝与金再提和谈之事，韩世忠就提出异议，道："朝廷大挫士气，难以重振。"他多次弹劾秦桧奸相误国，还嘲讽文人，叫他们"子曰"。秦桧那边自也不闲着，依附秦桧之人多次上疏指出韩世忠的各种问题。

有评论说，韩世忠、岳飞不肯依附权臣秦桧，因而遭到秦桧排挤。但与其说是秦桧对韩世忠、岳飞怀恨在心才有了后来一系列的动作，倒不如说是秦桧成了高宗手里的刀，在执行高宗的心意。

金国违反"天眷和议"再次伐宋，高宗当时手里有三个为相的人选，分别是秦桧、赵鼎、张浚。后两人的能力并不在秦桧之下，张浚"以文驱武"的实力更为出众，可后两人个人意愿那么强烈，干过多少与高宗意见不一的事，哪儿有秦桧好用呀！至于不论是史书还是民间传说都把害死岳飞的罪过放在秦桧身上的原因，还得在下一任皇帝宋孝宗身上去寻，以后再表。

回到绍兴十一年（1141），韩世忠反对议和，嘲讽秦桧的情况远远比岳飞多，为什么秦桧没有杀韩世忠而只坚决杀岳飞呢？

肯定不会仅仅因为岳飞说："金人不可信，和好不可恃，相臣谋国不臧，恐贻后世讥。"其中"相臣谋国不臧"便指秦桧，因此秦桧怀恨在心。

我们可以从高宗的举动中看到一些端倪。

绍兴十一年五月，高宗把韩世忠留在身边，却令张俊、岳飞去楚州检阅韩世忠的韩家军。最后就是"深得高宗心意"，在秦桧"迫害"岳飞时得到颇多"暗示"的张俊都没有在韩家军身上发现什么不妥。

可想而知，如果当时发现了什么问题，韩世忠就不能全身而退了。

到了七月，秦桧一党的右谏议大夫万俟卨弹劾岳飞："爵高禄厚，志满得意，不思进取。"又道岳飞"救援淮西不利还弃守楚州，导致国事败坏"，请求罢免岳飞的职位。

接着，秦桧的左膀右臂御史台官何铸、罗汝楫也交章弹劾，请求对岳飞"速赐处分"。

随后，岳飞请辞。

紧接着，刘锜也被收回兵权，出任荆南府知州。

后来被重新起用的刘光世见状，马上主动提出不再担任军中职务，高宗准许。

可见，除了惯会站队的张俊、杨沂中，之前对金战役中表现出色的大将都在这次"杯酒释兵权"中被波及。

事情发展到这里，基本可以告一段落，但接下去的九月又发生了岳家军部将王俊告发另一位岳家军将领张宪预谋发动兵变之事，随着调查的深入，又牵扯出岳飞之子岳云，说岳云给张宪写信，让张宪向朝廷假报金人入寇，以助岳飞夺回兵权。

张宪最先入狱，遭受严刑拷打，但始终没说出任何对岳飞、岳云不利的证词，也找不到任何所谓的实质性的证据。

万俟卨、罗汝楫遂诬陷岳云写给张宪等人的谋反信，已被张宪等焚毁灭证。

十月，岳飞入狱。

当时还在朝内的韩世忠质问秦桧："凭什么认定岳飞谋反？"

秦桧根本拿不出证据，厚颜无耻地答道："飞子云与张宪书虽不明，其事体莫须有。"

韩世忠愤慨反问："仅'莫须有'三字何以服天下！"同时，也感受到了笼罩全身的寒意。他向高宗提出辞呈。

高宗准奏，封韩世忠为福国公。

与此同时，被关在临安大理寺中的岳飞遭受了非人的折磨。这位抗金名将久经沙场，见过多少血肉横飞的场景，可连他都发出"今日才知狱吏之尊"的感叹。

询审之人，严词逼问。

可明明就没有做过的事，又怎么能承认呢？

一开始担任主审官的是当初弹劾岳飞的何铸，连他都发现确实找不到岳飞有罪的证据，开始认为岳飞之事另有冤情。

秦桧随后将主审官改为万俟卨。

万俟卨的动作很快，马上给岳飞定下"淮西之战坐观胜负，指责高宗，与张宪有谋反动作"三个罪状。

岳飞看到自己的定罪书，仰天长叹，写下"天日昭昭，天日昭昭"八个字！

十二月，岳飞被毒酒赐死，年仅三十九岁。

张宪被斩首。

岳飞之子岳云原本被秦桧等人定为流放。高宗亲笔改为死刑，与张宪一同被斩首，并令杨沂中监斩，且刑场周围安排密集防护以防岳云被人救走。

天日昭昭啊！

"怒发冲冠，凭栏处，潇潇雨歇。

抬望眼，仰天长啸，壮怀激烈。

三十功名尘与土，

八千里路云和月。

莫等闲，白了少年头，空悲切。

靖康耻，犹未雪；

臣子恨，何时灭！

驾长车，踏破贺兰山缺。

壮志饥餐胡虏肉，

笑谈渴饮匈奴血。

待从头，收拾旧山河，朝天阙。"

一首《满江红》，道不尽英雄对北方国土沦陷的悲愤和对断送大好收复中原契机的痛惜！

当初，万俟卨弹劾岳飞"爵高禄厚"，在岳飞被处死之后，朝廷对其抄家，只搜出御赐之物、军装以及千卷书记而已，家中财产微薄。

那万俟卨所言"爵高禄厚"又在何处？

须知那清河王张俊，仅仅在摆宴之初的七道开胃菜就用了七十二牒果品、果干、蜜饯。

可是，天日昭昭，无处诉说！

有人道，这是因为岳飞一味想要收复故土，与高宗的意愿相违背，遭到高宗和秦桧的毒害；也有人道，岳飞之死是金人提出的和谈的"前提条件"。这第二种推论，主要源自宋金第二次议和跨越了岳飞冤案的整个时间线。

先前金国提出新的条件，高宗不能同意，因此金人撕破"天眷和议"再次伐宋。九月，作为对高宗回复"不能同意"书信的回复，完颜宗弼也写了一封信让宋使莫将、韩恕带回临安，信的大致内容是指责南宋不同意金国新的条款。书信抵达的差不多同时，金国又夺取泗州、楚州，以威胁南宋。

高宗赶紧回复，对之前宋军迎战金军表现出的英勇、取得的胜利，均表示抱歉。

绍兴十一年（1141）十一月，金国派使来南宋。

高宗对金使道："朕虽然有天下，可想赡养父母都做不到，徽宗已过世了。今天向你们立誓，只要归还母后，朕不耻于议和。"

宋金双方往来信件数封，数次派使互访，最后在岳飞被处死之前，达成了新的和议条件，大致如下：

第一，宋向金称臣，金册封宋主为皇帝。宋主每到金主生日、元旦，需遣使称贺。宋不得随意更换宰相。

第二，两国边境重新划分，以淮河中流、大散关一线为界，宋又割让唐州、邓州以及商州和秦州一半以上的土地给金。

第三，宋每年向金纳贡银二十五万两、绢二十五万匹。

这便是宋金之间的第二次和谈"绍兴和议"，高宗依照约定在对金的誓书中称"臣构"，还发誓以后"世世子孙，谨守臣节"。"绍兴和议"的签订，也明确了南宋的国土范围，不再将北方失去的土地视为国土的一部分。高宗和秦桧给未来南宋的定调即为沿长江展开防御，不再怀念失去的故土。

这一切，自然都令大宋子民尤其是将领们充满屈辱。但紧随着"绍兴和议"发生的就是岳飞被杀，以及诸多名士名将被贬，这无疑对军中将领们起到了很大的震慑作用。

"中兴四将"之首的韩世忠此后一直大隐隐于市，闭门谢客，连过去的部下都一个不见。

另一个被高宗忌惮，有"以文驱武"之力的张浚被贬到岭南连州，四年后，又徙永州，之后很多年都被困在永州，被严密监视着。

至于在第二次南宋与金战争之前，出使金国被扣的宋使王伦，则一生都未能回到南宋。金人欣赏他，威逼利诱，希望他能为金所用。

王伦拒绝道："我奉吾主之命而来，并非为投降而来。"

六年后，金熙宗命他出任金国的平滦三路都转运使。

王伦依然不肯，终于惹怒金人。

金熙宗下令勒死王伦。

王伦得知这个结果，整理衣冠，向南叩拜，随后就义，享年六十一岁。

第七章

采石大战——第三次南宋与金战争

宋金达成"绍兴和议"之后，宋朝就积极地与金国协调下一步事宜，接韦太后归宋，以及迎回徽宗和显肃皇后的梓宫。

绍兴十二年（1142），"绍兴和议"达成的第二年，韦太后终于踏上归途。

靖康之变，金人掳走宋朝皇室等三千多人，在北上的途中一直传出女性受辱、惨死的消息。这些人抵达金国之后，金国又举行了献俘仪式，要求徽宗、钦宗及他们的皇后都穿上金人百姓穿的服装，后妃和宗室等人袒露上体，到金太祖庙去行"牵羊礼"。之后，钦宗妻子朱皇后不堪污辱，投水身亡，而那些活下来的女性被当作战利品分给金国的贵族、士兵，或者送去军队妓院。

高宗称帝后，金国又将高宗的生母韦太后以及高宗的妻子邢皇后、侧室以及两个活下来的女儿都送去了洗衣院，作为对高宗的折辱。可想而知，这几位女性在其中遭遇了何等的屈辱。一直到绍兴五年（1135），她们才被安置到位于如今黑龙江省依兰县的五国城。

韦太后的好姐妹乔贵妃也在这里，当年若没有乔贵妃的提携，韦太后不可能获得徽宗的临幸，怀上后来的高宗。如今，韦太后即将归宋，乔贵妃又摘下身边最后的金银首饰，给韦太后拿去换成金子，用来打点护送她南下的金人。

乔贵妃心知自己归宋的可能性几乎为零，她没有恳求好姐妹回去以后想办法来救自己，只是请韦太后："将来到了快活处，莫要忘记这里的不快活。"

韦太后失声痛哭。

钦宗也在五国城，到了金国，他被金人封为"重昏侯"。一直到前一年宋金关系缓和，签订"绍兴和议"条款，金人才封钦宗为天水郡公，给予他的生活待遇也有所改善。

韦太后登车准备离开时，钦宗哭着挽住她的车轮，请她告诉高宗："若能让我归宋，我只求当一个太乙宫主就行了。"

韦太后哭着发誓道："若不能将您迎回去，便瞎了我的眼睛。"

但是最终，钦宗终其一生都没能回到祖国，他在金人手下过了将近三十年奴隶般的生活，于绍兴二十六年（1156）去世，享年五十七岁。

据《大宋宣和遗事》记载，钦宗的死因是：金海陵王完颜亮命钦宗和辽天祚帝（这位已经八十一岁，倒是长寿）比赛打马球。钦宗身体羸弱，患有严重的风疾，又不善马术，在比赛中从马上摔下，活活被乱马铁蹄践踏死。

而他的父亲徽宗在病死之后，尸体还被金人用作点灯。徽宗的梓宫后来被迎回宋朝，但是根据元史的记录，元人后来打开徽宗的棺椁，里面只是一段木头，与徽宗一起迎回的显肃皇后的棺中也是一段木头。

徽宗、钦宗两人从高高在上、不可一世的国君沦为向敌人俯首称臣的阶下囚，到最后惨死，其遭遇令人唏嘘，但宋朝的悲剧正是这对虽有着文学造诣，却对政治优柔寡断，用人不善，轻信谗言，整日耽于享乐，放任朝中奸臣胡作非为的庸君父子一手造成的。他们遭受的苦难，又怎么能比得上千千万万被金人蹂躏的宋朝百姓呢？

绍兴十二年（1142），韦太后终于踏上了归宋之路，她一路用兑换的金子打点金人，但至半路，钱已用完，此时天气炎热，而金人厌恶南方的夏日，因此越走越慢。韦太后不得不跟金人借了高利贷。护送的人又拿到了钱，才一路顺畅送太后到淮河北岸。可走到这里，金人又不肯动了，非要韦太后把所借金子连本带息都还上才行。

宋朝这边的官员不敢擅自做主偿还这笔钱，导致韦太后不得不看着家国就在前方却不能渡江，硬生生又等了三日。直到秦桧的妻舅王唤闻讯，向金人缴纳了银钱，才使得韦太后回归。

八月二十一日，韦太后抵达临安郊外。

高宗亲自迎接母亲，两人见面，不禁对哭。

按道理，韦太后以宫女身份入宫，很快被临幸生育高宗，在高宗不到二十岁时，她被掠去金国，当时韦太后的年龄应该是三十五岁到四十岁之间，加上多年在宫中养尊处优的生活，因此不太可能显得苍老，在金国遭受侮辱的可能性很高，甚至有一些记载说她被分给了金国将领，生育了两个孩子。在回到南宋后，车队里有三四岁样子的孩子喊其"阿母"。

但不论真实情况到底如何，高宗都必须弱化母亲受辱的情况，因此在之后的时间里，每次高宗为韦太后做寿，韦太后的年龄都被悄悄加上了几岁，以此来造成韦太后到金国时已是年老之人的假象。

韦太后回到临安后，八月二十八日，徽宗和显肃皇后的梓宫也抵达了，高宗再次前往迎接，之后安葬于永佑陵。

绍兴十三年（1143），高宗为徽宗加谥，同年十月，高宗对徽宗和显肃皇后进行祭祀，十一月，又举行只有天子才能举行的天地、宗庙合祀活动，并大赦天下。徽宗梓宫归返，以及之后恢复的宗庙祭祀，令高宗继位的合法性得到进一步的巩固，再加上金国在"绍兴和议"中承认了南宋，这意味着在靖康之变后诞生的南宋政权从此成为真正具备国家主权、对所辖区域拥有权力的统治体制，南宋政权正式确立了。

"绍兴和议"之后，作为宰相、一力促成与金缔结盟约的秦桧，其声望也达到了空前状态。第二年，秦桧加封太师、魏国公。自秦桧拜相起，至绍兴二十五年（1155）过世，都是其专政时期。

绍兴十四年（1144），秦桧开始打压异己，主要针对他以前的政敌赵鼎、张浚、李光、吕颐浩、胡舜等人，甚至牵连他们的下一代、旁支、幕僚等。

当初与秦桧政见不和而愤然辞去相职的赵鼎，与李纲、李光、胡铨并称"南宋四名臣"。

在秦桧的暗示下，朝野不断有人弹劾赵鼎，导致原本已经被贬谪至兴化军的赵鼎又被贬到潮州。秦桧仍然不死心，秦党成员再次弹劾赵鼎，赵鼎在绍兴十四年（1144）又被贬谪至吉阳军（今海南省三亚市）。

皇帝的恩赐，不论是赏是罚，都要谢恩。北宋时期，苏轼就是在被贬之后上疏谢恩时，被人拿到了把柄，差点死于乌台诗案。

有前车之鉴，赵鼎也不畏惧。

他上疏谢恩道："白首何归，怅余生之无几；丹心未泯，誓九死以不移。"

绍兴十七年（1147），赵鼎到吉阳军已经三年，秦桧的眼线依然盯着他，将赵鼎每月的生活上报。赵鼎自知秦桧不会放过他，告诉儿子赵汾道："唯有我死，才不祸及全家。"他给自己写了墓志铭，然后绝食而死，享年六十三岁。

李光，唐朝汝阳王李琎之后，在吕颐浩、朱胜非担任宰相的时候，李光被认定为秦桧一党，遭到打压。秦桧复起后，请高宗重新起用李光。

但后来，李光反对与金议和，他在高宗面前与秦桧激辩，道："秦桧盗弄国权，怀奸误国。"因此被秦桧憎恨。

认为与秦桧已经不能同朝共事的李光九次上折请辞。

虽然高宗再三挽留，李光依然心意不变，之后外任绍兴知府。

绍兴十一年（1141），秦桧一党的万俟卨弹劾李光，把百姓反对议和的游行说成是李光鼓动的。李光被贬至建宁军，被安置在藤州。四年后，在秦桧的授意之下，李光又被移置到更加偏远的琼州。

绍兴十七年（1147），吕颐浩已经过世，秦桧仍然没有放过他的后人，又暗示部下告密，令吕颐浩之子吕摭被流放到梧州。

甚至到秦桧重病时，他仍然在密谋陷害张浚、李光等人，把赵鼎的儿子赵汾抓捕入狱，要赵汾指控张浚、李光等人谋反。

秦桧一面打击异己，一面任人唯亲。

在秦桧专政期间，台谏官都是秦桧的同党，他们利用舆论，不断操纵朝政。

绍兴十九年（1149），秦桧提拔与自己有姻亲关系的曹泳担任户部侍郎，这是掌管国家财政的最高职位。

与此同时，秦桧与妻子王氏没生育后嗣，妻兄王唤将庶子过继给秦桧，这便是秦桧之子秦熺。绍兴十二年（1142）的殿试，秦熺喜中第二，高宗亲自下旨，任命他为临安通判。之后，秦熺平步青云。

秦桧的子侄们也被重用，在不同职位上任职。

有一年，中书舍人程子山被邀请去宰相府，被安排在一处环境宁谧的房间中，桌上有一本书，写着"秦暄呈"。程子山左等右等不见人来，便大着胆子拿起书翻阅。一直到最后，秦桧都没有出现。几日后，程子山被任命为负责科举的官员，他赫然在考生名单中看到了秦暄的名字，顿然明白了前因后果。最后，秦桧的侄子秦暄便成了那一年的状元。

绍兴二十三年（1153），朝廷安排了专门给官员宗室子弟们参加的考试"锁厅试"。秦桧暗示主考官陈之茂，他的孙子秦埙会参加考试。陈之茂翻阅试卷时，看到陆游的答卷最为出众，顶住压力将第一名给了陆游。秦桧大发雷霆，还迁怒于陆游。第二年，陆游参加复试，直接被定为不录取，而群臣推荐的榜首就是秦埙。

秦桧所娶的妻子王氏是北宋神宗朝时期宰相王珪的孙女，这门姻亲令他身边围绕着一批权贵。比如前文提到的担任户部侍郎的曹泳便是宋朝开国名将曹彬的后人，曹家在宋朝是大家族，还出过一位皇后，即宋仁宗的曹皇后。秦桧爬到权力的巅峰之后，他的利益得失都不再代表个人，而是与这些权贵息息相关。在当时，甚至连皇帝身边的宦官、侍医都主动巴结到秦桧身边，形成一个利益共同体，把持朝政。比如御医王继先就主动与秦桧之妻拜为异姓兄妹。

绍兴二十二年（1152），秦桧的孙女、秦熺之女嫁入吴家，夫君是高宗的第二位皇后吴皇后的弟弟吴益。也就是说，秦桧与外戚也结为了姻亲，可见秦桧之势盘根错节，深入权力各处。

有人依附、谄媚秦桧，自然也有人憎恶、远离秦桧。

绍兴二十年（1150）初春，秦桧在入宫早朝的路上被人伏击。

此人大呼着"秦相趋朝，闲人躲闪"，冲开秦桧的随从，直刺秦桧所坐的轿子。

因为轿夫受到惊吓，有人躲闪，而有人依然扛着轿子，导致轿身偏移，刺客这一刀没能命中秦桧，随后被秦桧的随从制服。

事后调查，刺客名叫施全，曾经是岳飞麾下的士兵，他为岳飞不平，而来行刺秦桧。

秦桧认为一个小兵不可能有如此胆量，令人严刑逼供，要施全供出幕后主使。

施全始终不屈，最后被处凌迟之刑。百姓感慨于他对岳飞的忠心，自发给他建造了施公庙。

为了迎合高宗，秦桧组织上报各种"祥瑞"，一会儿说天降瑞雪，一会儿为高宗立丰碑，营造出"绍兴中兴"的局面。

十多年安定的环境给南宋文化、经济的繁荣提供了沃土。

北方地区常年战乱，导致百姓为了避战而迁徙到南方，而江南地区在北宋时期就已经经济繁荣、物质丰富，因此成为人口涌入的重点区域。之后，高宗在临安定都，更是把大批士族贵族带到这里，刺激了文化的迅速发展。

绍兴初年，高宗亲自给太学书写课本，采用楷书抄写，每日不断，在他感到疲惫时，便由吴皇后帮忙"续写"。这套书后来被铭刻在巨石之上，被称为《南宋太学石经》，内容包括《周易》《尚书》《春秋》《论语》《孟子》《毛诗》《中庸》等，现存于杭州文庙。

宋朝著名的女词人李清照也生活在北宋、南宋交替时期。

李清照出身名门，父亲李格非是苏轼的学生，官至礼部员外郎，学富五车，享誉齐鲁，母亲是北宋仁宗时期的状元郎王拱辰之女，极具修养。在这种家庭环境的熏陶下，李清照自幼饱读诗书，待字闺中之时便是小有名气的女诗人，她成长于繁华的北宋都城汴京，这里的一切都成了她创作的灵感来源，也成为她日后流落南宋后，日日梦思之处。

徽宗建中靖国元年（1101），李清照嫁给了大她三岁的赵明诚，夫家同样门楣出众，公公赵挺之是当朝宰相，两家门当户对，夫妻情投意合，小日子过得甜甜蜜蜜。即便后来，赵挺之过世，赵家遭受到政敌蔡京一党的迫害，赵明诚的仕途不太平顺，被贬出汴京，在青州定居，后又到莱州、淄州为官，夫妻俩的感情也没有受到影响。在这段岁月中，李清照陪伴酷爱金石的丈夫到各处寻访搜集碑文资料，帮助赵明诚编写了金石学专著《金石录》。这段时光，夫妻两人过得并不富裕，遇到什么珍贵藏品，他们往往需要变卖物产才能买下，但是他们觉得很满足。

很快，随着靖康之变的发生，美好的小家庭生活在这国破家亡的大背景下也变得难以坚守。赵明诚的母亲过世，他奔母丧前往金陵，而李清照独自到青州整理两人这些年来收藏的金石、书画等物，装载了十五车精品上路。没多久青州兵变，留下的大量真迹毁于一旦。李清照艰难护着十五车珍贵藏品与丈夫团聚，但是很快，两人因为赵明诚罢守江南，临阵逃跑产生了嫌隙。李清照没有想到自己的丈夫会在国难时做出这般胆小、没有骨气的事情。赵明诚也因为妻子的埋怨，郁郁寡欢。建炎三年（1129），赵明诚病逝，年仅四十九岁。

李清照从此孤身一人在这乱世之中颠沛流离，这个带有珍贵藏品和丈夫尚未完成的《金石录》的孤身女子，遇到诸多不顺，也被无数人暗中窥视。李清照很清楚自己并不安全，绍兴二年（1132），局势已经相对平稳，她把十五车藏品中的大部分托付给逃难到洪州的弟弟李远。不料，这一年洪州被金军攻陷，这些藏品也没能幸免于难。

李清照怀着巨大的悲痛，立志完成丈夫的《金石录》，可是厄运并没有放过她。

　　一个叫张汝舟的男子走进李清照的生活，对李清照嘘寒问暖，给予了这个深陷困境之中的女子一丝温暖，再加上张汝舟是弟弟李迒的同窗，李迒极力撮合两人，李清照做出了再嫁张汝舟的决定。结果好景不长，婚后的张汝舟马上暴露本性，原来他是觊觎李清照身边的藏品。李清照严词拒绝，却遭到张汝舟的殴打，他甚至想把新婚妻子折磨死，这样便可以继承她的财产。

　　李清照做出了一个惊人之举，她举报张汝舟曾有"在科举考试中作弊"的罪行。根据当时的法律，妇人状告丈夫，即便最后情况属实，也要坐牢两年。一代著名女词人与丈夫的离婚官司，也成了当时的热门新闻。幸好在友人的帮助下，李清照基本上没有遭受牢狱之苦，张汝舟也被罢去了官职。

　　李清照的晚年，生活清贫，居无定所，但她努力完成了《金石录》，也没有停止写诗词。

　　"生当作人杰，死亦为鬼雄。至今思项羽，不肯过江东。"这首《夏日绝句》让我们看到了李清照这位女性借项羽讽刺当时南宋上自高宗下到官员南逃的行为，她多么希望，这些人有项羽不肯逃跑，决战江东的勇气啊！

　　绍兴二十五年（1155），有"千古第一才女"之称的李清照黯然离世。同一年，秦桧病重，请求高宗批准他和儿子秦熺辞官。

　　高宗舍不得秦桧，没有批准，还亲自到秦府探望这位处处体贴他心意的老臣。

　　秦桧挣扎着穿上朝服，对高宗行礼，但他已病重得说不出话来，唯有泪满衣襟。

　　高宗甚为感慨，掏出手帕交予秦桧拭泪。当晚，高宗令人起草允许秦桧父子辞职的文书，并加封秦桧为建康郡王。

　　两日后，秦桧过世，给他和高宗这对君臣的合作画上了句号。

　　秦桧晚年的权势如日中天，也有意让儿子秦熺接班，将富贵留在秦家。但高宗并不糊涂，他赐给秦熺许多金银，让他给老父亲秦桧守孝。此时，秦桧余党在朝野中还有很大的势力，高宗巧妙地让张浚复出，潜移默化地淡化秦党的权力。

三年后，宋朝依照"绍兴和议"，派太常少卿孙道夫前往金国贺元旦。孙道夫回宋后，带来一个令人意外的消息："金国可能有意南侵。"

高宗根本不相信，自"绍兴和议"之后，金国与宋朝相安无事已经快二十年了，金国没事干怎么要南侵呢？

结果，孙道夫被贬为绵州知州。

高宗没有看清的是，此时的金国已经不是当年的金国。

签订"绍兴和议"时，金国的皇帝是喜欢汉文化的金熙宗。通过推行汉制，金熙宗推进了金国的封建化，完善了君臣之间的等级制度，强化了皇权。同时，有了宋朝的岁供，皇宫的生活也奢华起来，金熙宗开始沉迷享乐。

绍兴十二年（1142），皇太子完颜济安病重。金熙宗非常珍惜这个儿子，到寺庙为皇太子祈福，并宣布大赦。但这一切，没能留住皇太子的性命。十二月，皇太子过世。

绍兴十八年（1148），一直辅佐金熙宗的左膀右臂完颜宗弼去世，金熙宗的皇后裴满氏不断干政，再加上皇储问题一直没有解决，金熙宗得了皇帝的通病"多疑"，甚至像是出现了精神问题，经常因为一些小事滥杀无辜。

第二年，金熙宗杀掉了裴满氏及其党羽，而在此之前，他已经杀了多人，包括自己的两个亲弟弟，还杖责了平章事完颜秉德、尚书左丞唐括辨等人，令大臣们心生不满。

金熙宗把自己逼入了孤立的状态。

朝野内外人心惶惶，暗流涌动。

不久，金熙宗对右丞相兼都元帅完颜亮也产生了不满，将其贬职，使完颜亮产生了反意。

完颜亮与金熙宗实际上是同母异父的兄弟，金熙宗的母亲在守寡后改嫁给了丈夫的哥哥，之后生下完颜亮。

绍兴十九年（1149）十二月，完颜亮带人悄悄潜入宫内，杀死金熙宗，之后众人拜完颜亮为新帝，史称金海陵王。对，这就是那个找钦宗打马球，导致钦宗跌下来被马踏死的金海陵王。

完颜亮登基后，迫不及待地修改年号，改元天德，随后下令推平上京会宁府（今黑龙江省哈尔滨市）的宫殿楼阁、佛寺道观、市井街巷，改为耕种、放牧之地，把金熙宗留下的痕迹完全磨灭。上京同时也是女真族的发源地，如此一来，也为将来迁都，推行进一步汉化打下了基础。不久，完颜亮下令改燕京为中都大兴府，汴京为南京，取消会宁府的上京称号。

上位后的完颜亮比金熙宗还要喜欢杀人，最先被拿来开刀的便是当初支持完颜亮登基的颜秉德和唐括辨，这两人因为被金熙宗杖责而对金熙宗心怀恨意，参与了完颜亮的弑君篡位行动，却没想到自己没享受几天富贵就走到了生命的尽头。而金太宗的后人，以及金太宗时期的重臣完颜宗翰的后人更被完颜亮赶尽杀绝，导致这两支绝嗣。

在对宋观念上，完颜亮与前任金熙宗不同，读到汉人书里有"夷蛮"这类词语的时候，完颜亮都非常气愤，认为不应该如此区分贵贱，因而有了吞并宋朝的想法。为给下一步伐宋做准备，绍兴二十八年（1158），完颜亮决定南迁都城，欲把金国都城迁往燕京（今北京市），这遭到金国上下的一致反对。

左丞相张浩认为此举劳民伤财。

完颜亮的嫡母徒单氏，此时正在生病，她借着完颜亮来探望她的机会劝谏："我的病是因为担心皇上要远征宋朝才起的啊。"

完颜亮气到下令赐死徒单氏。

绍兴二十九年（1159），金国在燕京大兴土木修建宫殿的消息传到宋朝，高宗才对之前孙道夫所讲的"金人有意南侵"之言产生警觉。

第二年，韦太后去世，宋朝的使臣到金国去报丧，带来明确的金国有南下打算的信息。宋朝开始做战争准备。

实际上，早在绍兴二十六年（1156）十二月，秦桧刚刚去世之后两个月，张浚复起为观文殿大学士、洪州知州，他便有先见之明地提出要防御金人。

时任丞相汤思退是秦桧余党，在对金政策上并没有建树，沿用秦桧的思路，主张卑躬屈膝地求和，保住现有太平日子。他们一面嘲笑张浚杞人忧天，一面让台谏官弹劾张浚动摇人心，而且有与旧时部下抱团的趋势。

军人抱团向来是高宗的心病。

张浚因此被贬回永州。

绍兴三十年（1160），金军南下的意图已经非常明显，主战派弹劾汤思退。

殿中侍御史陈俊卿向高宗进言："冬日没有云而传来雷声，这种征兆代表着宰相不得上天满意，下遭百姓厌恶。"

在巨大的舆论声讨之下，高宗罢免汤思退。

三月，陈俊卿上请复用张浚，但高宗没有回应。陈俊卿并不放弃，干脆入宫面见高宗，力陈利弊。

高宗仍旧没有同意，不想第二年，有一统天下心愿的完颜亮就举兵南下，张浚一语成谶。

绍兴三十一年（1161）四月，完颜亮下令百官迁往汴京办公（金国称之为南京），他本人也从燕京搬到汴京。

一路上，完颜亮走得很慢，他说："要看洛阳的花。"他不光想看洛阳的牡丹，还想看临安的芙蓉。

"江南形胜，三吴都会，钱塘自古繁华。烟柳画桥，风帘翠幕，参差十万人家。云树绕堤沙，怒涛卷霜雪，天堑无涯。市列珠玑，户盈罗绮，竞豪奢。

重湖叠巘清嘉，有三秋桂子，十里荷花。羌管弄晴，菱歌泛夜，嬉嬉钓叟莲娃。千骑拥高牙，乘醉听箫鼓，吟赏烟霞。异日图将好景，归去凤池夸。"

北宋时期的词人柳永因作这首《望海潮·东南形胜》，名噪一时。此词后来传到金国，被完颜亮听到，不禁对临安产生无限向往。他命画匠混在前往南宋的使团之中，把临安以及周围美景记录成画，阅览之后，更加坚定了南征宋朝的决心：如此美丽繁华城市，应当为金国所有！

绍兴三十一年（1161）四月，完颜亮往宋朝派去使臣。金使在南宋态度傲慢，还带去了钦宗已在五年前过世的消息。

高宗惊愕非常，悲伤不已，一时不能控制情绪，马上起身离去。

钦宗离世的消息传到张浚耳中，作为一位曾在北宋任职的官员，他"号恸不食"，既是为故主，也是为一个时代的离去而悲痛不已。

七月，在明知自己不被高宗待见的情况下，张浚挥笔，毅然上疏，请高宗早为应对金国南下制定备战之策。

九月，完颜亮领金军南下，第三次南宋与金战争爆发。

金军百万之师，兵分四路南下：

一路主力为东路军，由完颜亮亲自率领，自汴京出发，经过寿春（今安徽省淮南市凤台县）渡淮河，攻打临安。

一路水师自海路绕到长江入海口，配合主力攻打临安，由工部尚书、浙东道水军都统制苏保衡率领，包括上百战船和七万余名士兵。

一路西路军由陕西统军使兼河中尹、西蜀道兵马都统徒单合喜率领，由凤翔进攻大散关（今陕西省宝鸡市西南），从而进攻川陕。

一路中路军由辽国降金之后的南道行营兵马都统制、大将刘萼率领，自蔡州（今河南汝南）出发，直扑荆襄。

宋朝也对应做出了四路安排，起用老将刘锜迎战完颜亮，防备两淮；恢复张浚为观文殿大学士、潭州（今湖南省长沙市）通判，坐镇荆楚，同时令兼京西、河北招讨使的成闵守武昌，令原四川宣抚使吴玠之子、利州西路御前中军都统制吴拱为襄阳知府，防守襄阳；原四川宣抚使吴玠之弟吴璘为四川宣抚使，镇守川陕；由南宋水军名将李宝防守海路。

九月初，金军西路军率先出击，攻取大散关，进而进攻黄牛堡。

九月初五，金军抵达黄牛堡城下，宋朝守将李彦坚一面利用强弓应对金军进攻，一面请求支援。

吴璘此时病重。

时任四川制置使王刚中策马两百里，奔进吴璘帐中，责备他说："身为大将与国家义同休戚，临敌怎么能高枕而卧？！"

吴璘闻讯，急乘肩舆出发，由兴州北上，驻于青野原，指挥各路战斗。将领高松被派往黄牛堡救援。

九月十八日，吴璘麾下将领彭青到宝鸡渭河，趁着夜色袭破金军所立的桥头营寨，随后收复陇州。

九月二十五日，将领刘海收复泰州，捉到金将数人。

九月二十七日，将领曹泳收复洮州及管下冷丁堡、通岷堡等地。

不久，吴璘奉诏遣使向契丹、西夏及被金国占领的山东、河北等地义军送去檄文，邀他们一起举兵讨金。

十月二十五日，吴璘的第五子吴挺在德顺军的治平寨与金军交战，打败金军。

十一月，吴璘病情加重，希望朝廷能让去防守襄阳的吴拱回来坐镇四川，但未获得朝廷应允，吴璘只能抱着病躯继续指挥作战。此后，川陕战区一直陷于胶着状态。

荆楚方面，九月十八日，对抗金军中路军的成闵渡过长江，屯驻应城县。

九月二十一日，成闵派麾下统制官赵撙率兵五千人屯驻德安（今湖北省安陆市）。到次月二十日，赵撙趁着金国在蔡州（今河南省驻马店市）的兵力不足，主动渡淮北上，进逼蔡州。

十月二十七日，见金国驻蔡州守军摆开架势准备迎战宋军，赵撙率领队伍驻扎在城外二十里处，下令士兵乘风焚草，做出烟雾腾腾，大军奔袭的尘雾，壮大声势，随后他亲自率军冲向金军阵营，直接斩杀对方将领，剩余金兵见状都作溃散状，宋军乘势收复蔡州。

但到次月初五，金军又趁着赵撙率主力驰援淮西，只有少量宋军驻守蔡州之际，发动攻击，并夺下蔡州。

三日后，已经行军到麻城（今湖北省麻城市）的赵撙奉命回头，再取蔡州，并在十二月初一再次夺回蔡州。

随后宋金两军在蔡州展开长久拉锯战，你来我往，城池多次易主，战斗进入白热化的时候，赵撙本人几次与金军陷入巷战，但一直到次年二月，他都牢牢将蔡州握在手中，史称"蔡州之战"，被列为"中兴十三处战功"之一。

除了蔡州这一处战场，金军中路军主将刘萼的重点主要在攻打樊城。

十月，刘萼亲自率主力进攻樊城，有吴拱坐镇的樊城，没让金军得逞，但也付出了牺牲诸多将士的代价。金兵退走后，吴拱遣军收复唐州（今河南省南阳市唐河县）。

十二月，金军进攻茨湖。

茨湖在十堰和襄阳之间，若让金军水军从这里驶入长江，便会与下游的东路军主力形成合围之势，因此宋军必须守住此处。

金军的水军刚到，就遇到了宋军的奋勇阻击。其中，吴拱的部下史俊奋不顾身，涉水登上金军船只杀敌，造成金军恐慌，宋军乘势加强进攻，最终令金军败走。这一场战役也被列入"中兴十三处战功"，称为"茨湖之战"。

"中兴十三处战功"所说的十三场战役之中，吴拱一人就得三处，而且全部发生在第三次南宋与金战争的中路战区。

吴拱虽然是当年四川宣抚使吴玠的长子，早年随父从军，但吴玠过世的时候，吴拱还只是军中的中下级将领。失去了父亲的庇荫，吴拱是靠着自己一步步走到如今的位置，与淮东制置使成闵、淮西制置使李显忠，并称为三大帅。由他领导的被计入"中兴十三处战功"的第三场战役是发生在绍兴三十一年（1161）的"确山之战"。

此时，金军大部队开始回撤。吴拱考虑到金人不会任由宋朝拿回蔡州，而赵撙的少量兵力也不足以与金军对抗，决定放弃蔡州。随后，他派出大将王宣率步骑一万三千人增援赵撙，掩护赵撙的部队和百姓撤出蔡州。

王宣的部队在确山遇到金军过来迎战的军队，敌军有骑兵上万人，而王宣的一万三千人里只有三千骑兵。这种局面要放在北宋末年，绝对是必败的局面，根本不用打，宋军就主动投降了。但如今，宋军已经成长起来，王宣果断将三千骑兵全部调出，分为三队，轮番对金军骑兵发起冲击。金军没能抵抗住这么猛烈而持久的冲击，被迫撤退。当然，在这种冲击对金军产生巨大威力的同时，宋军也不可能没有折损。史书虽然没有详细记载，但可以猜测，宋军付出了惨烈的代价，才换来这次胜利。

与此同时，在东部战区，十月，金军准备包围海州。海州守将魏胜闻讯，选三千精骑前往石闼堰（今江苏东海东南）依险阻击金军。

十月十二日，金军又增兵十万来袭。

魏胜率部迎战，斩杀金人数千，金军败溃，随后围城数日。魏胜一面加强防御，一面派兵夜袭金营，焚其攻城器械。

十月十五日，镇江都统制张子盖率兵驰援石闼堰，见到敌军有上万骑兵。

张子盖对将士们说："敌众我寡，利在速战，不能让金人看出我军虚实。"随后他一马当先，驰入金阵，士兵见状亦奋勇争先与金军激战。

很快，魏胜率兵赶到，投入战斗，宋军水师李宝也登岸增援，金军大乱，不少士兵淹死水中，余下金兵见状，越发慌乱。最终，金军败退，海州之围解除。

李宝随后率水师继续北上，迎击金军水师，行到密州胶西县附近海域时，李宝发现敌军因遇海上风浪而停泊在陈家岛，遂令宋朝水师停到相距只有三十里的石白岛。

李宝曾经是岳飞的部将，联系到山东当地义军，在义军的帮助下，李宝了解到金军不熟悉此处海道，决定趁其不备发动进攻，令金军陷入慌乱而失去信心。

十月二十六日深夜，趁着黎明之前的黑暗和南风大作，宋军向北疾进。第二天早晨，将领曹洋所带先锋军向金舰主动发起攻击，利用火箭，引燃敌舰的风帆。金军仓促迎战，急急忙忙打开风帆，南风悄然相助，点燃的风帆顿时整个燃烧起来，之后火势蔓延到船上，火焰冲天。金军士兵不少被火烧死，被烟雾呛死，或者跌入海中溺亡。

随后，李宝指挥将士们奋勇爬上没有着火的敌舰，双方短兵相接，展开近身战，最后在黄昏时分获得全胜。

金国水师主帅苏保衡逃走，多名金军将官被宋军斩杀，向宋军投降三千多人，宋军俘虏金舰六百多艘，而金军南下的船只总共就七百多艘，等于基本上被全部歼灭。这次大胜史称"胶西海战"，也被列入"中兴十三处战功"。

至此，金军伐宋的四路大军，三路都遭遇宋军的顽强抗争，难有进展。但是作为金军主力的东路大军在完颜亮的亲自带领之下，却所向披靡，令宋朝付出了惨重的代价。

十月初二，完颜亮亲率大军渡过淮河，然后一分为二，一路攻打庐州（今安徽省合肥市），一路攻打扬州。

宋军老将刘锜原本令建康府都统制王权迎战淮西方向的金军，但是王权胆小如鼠，走到庐州就不肯再前进，每日寻欢作乐，等攻打庐州的金军开到眼前，这家伙派将领姚兴御敌，自己竟然逃去了和州。

姚兴只带了四百人，与十万金军在尉子桥相遇，金军以铁骑兵进击宋军，姚兴指挥部下奋勇战斗，他被金人团团围住，亲自杀死金军几百人，自己和敌人的鲜血浸满盔甲。其间，姚兴向王权求援，王权毫无反应。姚兴这四百人一路孤军奋战，与金军战斗到最后一刻，姚兴的儿子也一直在父亲身边，最后父子俩双双为国捐躯。

金人尊敬英雄，获胜后，他们互相发出了这样的感叹："要是前面有像姚兴这样的十人，我们敢前进吗？"

十月二十二日，金军逼近和州，王权又一次放弃和州，仓皇逃跑，就这样和州也白白送了人。完颜亮屯驻于和州，准备渡河。

而东路军另一支金军，在十月十二日顺利攻下滁州，于十月十九日攻打真州，宋军在真州的守将邵宏渊只是做做样子，和金军过了几招，就撤退了。金军进而直冲扬州而去。

已经病重的刘锜预感到败势，他下令收容从真州、扬州两地逃出来的百姓，并护送他们到长江南岸避难，自己则从扬州后撤，亲自镇守瓜洲渡。刘锜判断瓜洲渡必然是这支金军看中的渡江之处，他令部将吴超、员琦、王佐等人率军埋伏于皂角林，金军一到皂角林，埋伏的宋军万箭齐发，瞬间把金国骑兵扎成刺猬，金军乱成一团，很快溃散。刘锜随后亲自带兵追击，追敌二十多里，杀死了金国将领高景山。此为"中兴十三处战功"之一的"皂角林之战"。

但是，王权已经溃逃，高宗深感不安，命令刘锜退守镇江，确保长江防线，刘锜留下麾下大将李横和侄子刘汜在江北继续镇守瓜洲。

不久，金军大军攻打瓜洲，李横刚引兵八千出城迎战，刘汜就带着帐下五百名士兵逃跑了。李横孤军不能抵挡，只得也跟着后退，瓜洲镇失守。

刘锜此时已经病重，闻讯愤恨不已，病情更加严重。

数日后，都督府参赞军事虞允文取得采石渡胜利，这才化解国家的危机。事后，虞允文特意拜谒刘锜，并询问这位老前辈的病情。

刘锜悲伤地说："病情不必问。朝廷养兵三十年，一事无成，远远不如你一个文人，我惭愧死了！"

这位大将一生为宋朝浴血奋战，一直到生命的最后也没有放下国家。可悲的是，在最后的岁月却被一些小人"折辱"。

朝廷知道刘锜病情严重，将之召回，让他好好养病。第二年，宋金准备再次议和，刘锜暂住之处要用来迎接金国议和使者。建康留守、主和派的代表汤思退，请刘锜移居别处。

刘锜认为移居之处至少已经打扫干净，结果到那地方才发现是"粪壤堆积"，一气之下吐血数升。

那是绍兴三十二年（1162）的二月，寒意正浓，春天还未到来，六十五岁的老将刘锜仿佛听到了前辈宗泽那三声"渡河啊"，听到了韩世忠悲凉的自嘲："布衣出身，身经百战而封公王，得天佑护不死，躺在家里善终，有什么可以悲凉的？"

有什么可以悲凉的？

一代老将刘锜闭上眼睛，享年六十五岁，他期许来世与前辈们死在战场上。

长江后浪推前浪，每个时代都如此，老者逝去，新人登场。南宋这边的刘锜和虞允文是，金国那边的完颜亮和完颜雍也是。

先看宋朝，瓜洲镇失守之后，南宋朝廷哗然。

海上漂泊的岁月仿佛回到了眼前，但是高宗还是义无反顾地做好了再次入海的决定，他悄悄把这事写了条子交给右相陈康伯。

陈康伯不动声色烧掉了字条，他劝说高宗："这样的话，朝廷威望会受损。"然后力请高宗御驾亲征。

高宗是热锅上的蚂蚁了，但是他在用人这块还不错，就像当年他知道李纲是用来平乱最合适的人选一样。此刻他也知道，张浚很适合在危难时候保护国家。高宗随后下令让张浚来勤王护主，知枢密院事叶义问到建康督视江淮军马，中书舍人虞允文参谋军事同往。

叶义问此人对军事一问三不知，可是被派去采石渡犒军的虞允文却有真本事，他知道瓜洲已经失守，金军的另一个渡江口是采石渡，此战关乎国家命运。

采石渡的宋军有一万八千多人，但要面对的是四十万金军主力，不怪他们人心惶惶，不敢与金人对战。虞允文勉励他们为国奋战，他们跟虞允文诉苦："就算我们愿意打，也没有主将啊！"这时候王权逃跑，新派来的督军李显忠还没赶到。

虞允文举起了圣旨，大喝一声，声音如雷："金帛在此，只要为国奋战，都属有功！"又道："社稷危矣，吾等将士难道要逃避吗？"

将士随后信心一振，道："既然有主，那我们愿意一战！"

虞允文与统制时俊马上将士兵们分开列阵，刚刚操作完毕，金军的先锋就开始渡江了。

虞允文在前线督战，将士们看他没有逃跑，信心大增。时俊带领将士们与金军展开殊死搏斗。江面上，宋船冲向金军船只，金船不稳，不少士兵落水。虞允文灵活指挥宋船，遇风时使用灵活的战船，无风时使用身大稳健的船舰，金军难以应对。

此时，有另外一支宋军逃跑到采石渡，虞允文简直有化腐朽为神奇的能力，拦住这些逃军，说服他们重新组织起来，加入斗争。

金军以为宋军援军抵达，部将请求完颜亮撤退，完颜亮自然不肯，但是此时金军已经生出惧意，大战不得不暂停。

对于宋军来说，这便是胜利。虞允文给将士们鼓劲，同时令大家做好准备，金军还会再来。果然次日金军又至，但是做好充足准备的宋军没有让他们得逞。

虞允文成为张浚之后第二位"以文趋武"的能臣，宋朝战场前沿的重担也悄然在大将刘锜病退之后，交接到了年轻的文人虞允文肩上，这便是南宋这边刘锜和虞允文之间的新旧轮换。

再看金国那边的轮换。

金军在"采石之战"失利，完颜亮完全可以回去休整军队，来年再战，可此刻为何坚持非要南下不可？

因为完颜亮的大本营金国在不久之前发生了变故，十月十七日，金太祖完颜阿骨打之孙葛王完颜雍在金国东京（今辽宁省沈阳市）称帝，这就是后来在金国历史上有"小尧舜"之称的贤明之主金世宗。

父亲完颜宗辅过世时，完颜雍还是一个十来岁的少年，他的成长过程中，受到出身渤海大族的母亲李氏影响很深。根据金人的传统，守寡后的李氏应当再嫁给夫家的其他男性，但是李氏选择了出家。在母亲的思想和佛学的影响下，完颜雍温厚聪慧，文武双全。他与妻子乌林答氏青梅竹马一起长大，乌林答氏也是一位有智慧的女性，有这位贤内助相助，完颜雍的仕途总体顺畅。

金熙宗时期，完颜雍有一件传家宝，是他父亲伐宋时，得到的宋朝皇帝用过的白玉带。乌林答氏劝完颜雍说："这条玉带不是一般王府可以保存的，应当献给天子。"

完颜雍认为有理，将白玉带奉献给金熙宗，因此得到了金熙宗的信任。

等到了完颜亮登基后，完颜亮起初很忌讳才能出众的完颜雍，不时变换他的职位。乌林答氏又一次劝说完颜雍，完颜雍随后向完颜亮进献了许多珍异，比如辽骨睹犀佩马、吐鹘良玉茶器等，打消了完颜亮的猜忌。

但是完颜亮这个人，除了残暴嗜杀，还喜好女色，他看上了完颜雍的妻子乌林答氏，任命完颜雍为东京留守，而召乌林答氏入宫为人质，这也是逼迫完颜雍最后称帝的关键因素——杀妻之仇。

在当时，完颜雍没有抵抗完颜亮的能力，温柔的乌林答氏请丈夫忍耐，不要抗旨引致杀身之祸，随后乌林答氏跟随下旨的使者踏上进京之路。在即将抵达京城时，乌林答氏趁使者不备，跳湖自尽，没给完颜亮留下怪罪丈夫的借口。

完颜雍为了不让妻子白白牺牲，忍辱负重，只命人草草收殓妻子，面上不做出丝毫伤痛或者对完颜亮怨恨之意。

完颜亮准备伐宋，但没有放松对完颜雍的警惕，命令心腹高存福为东京副留守，监视完颜雍。

十月，完颜亮出兵征讨南宋。

完颜雍杀死完颜亮的心腹高存福等人，在东京被众人拥护称帝。消息传到淮河边，完颜亮不得不回头北上，而且金军对于渡江的意愿非常低，完颜亮怒道："必须在三日内渡江。"但是，他无法兼顾北方的完颜雍和南方的宋军，实际上"采石之战"中宋军面临的金军的兵力只是金军中的一部分。

此时，李宝在海上烧光了金国的战船，消息传到完颜亮这边，金国军队越发不安，出现士兵逃跑的情况。

完颜亮怒斥属下完颜元宜，道："若被我发现少一个士兵，就砍了你的头！"

完颜元宜于是生出反意，在第二天，带了士兵冲入完颜亮的军帐，将之弑杀，并派人杀死完颜亮之子、十二岁的太子完颜光英，随后率军北还。

完颜亮已死，金世宗完颜雍没有给他帝号，封他为海陵郡王，这就是史书上记载完颜亮为金海陵郡王的缘故。

同时，金世宗给南下各路金军发出返回诏令，斥责完颜亮的伐宋行为，向宋朝发出求和信。

第八章

隆兴北伐——南宋最后的雄心

金世宗对伐宋没有兴趣，他致力于金国内部的调整、发展、优化，因此有意与南宋议和。绍兴三十二年（1162）二月，金世宗以自己登基为由，向南宋派出使臣。

金国递来了橄榄枝，但不代表宋朝乐意接，而且两方的观念差异仍然巨大。

宋朝认为完颜亮被宋军大败，如今金世宗传递来和平信息，是有求于南宋，宋朝在有巨大武力优势的前提下走到谈判桌前，地位肯定应与之前不一样才是。

南宋主战派的臣子认为，是时候要求两边平等相处，而不是宋为金之臣子了。

高宗倒不是很在意这些，他常说的四个字就是"不以为耻"，这一次也这样，高宗道："关键是两国和平，这点小事，朕不为耻。"

虽然宋朝的"孝"字头号招牌是下一任皇帝宋孝宗，但高宗其实也是大孝子，在这个可以跟金国要价的关键时刻，高宗只有一个心愿，那就是——如果可以提一下条件的话，最好请金国把宋朝皇家陵寝所在之地还给宋朝。

在那里，有北宋的列祖列宗，是隆祐太后想要归葬之处，此时，隆祐太后已经过世整整三十一年了。

高宗没有勇气收回北方故土，也就没机会再去看一眼列祖列宗埋葬之地的现况。出使金国的宋使倒有一位悄悄地去看了，但他们不敢告诉高宗，各位北宋皇帝后妃的陵寝被挖掘得千疮百孔，隆祐太后的丈夫哲宗皇帝的尸骨甚至暴露在外，无人在意。这位使臣不禁失声痛哭，脱下身上的衣袍将哲宗的遗骨包裹起来，重新放入陵寝。

金世宗对议和倒是表现出了极大的诚意，他下令金军撤退时不得骚扰百姓，不得主动挑起与宋军的战斗。

金军撤退得很快，宋军紧跟其后收复了两淮地区的失地。

但是金军这种表现，并不代表他们认为宋朝以后就能和金国平起平坐了。金国的使臣到宋朝来谈恢复"绍兴和议"的条款，要求宋朝接待的官员使用臣礼。

右相陈康伯当即拒绝，虽然当时金国的使臣们没有表现强硬，接受了两方使用平等的礼节，但等到宋朝的使臣洪迈去出使金国时，一下陷于劣势。

金人让洪迈行臣礼，洪迈不肯，于是，直接被金人关了三天三夜，饭也不给吃，水也不给喝。

高宗这边，在金人撤退后，打着"御驾亲征"的名义北上转了转，当然也不敢走得太北，只是去了一下建康。

此时，坐镇建康的是张浚。

但张浚得到诏令再匆忙奔到建康的时候，宋金大战的胜负已经分出，他的才干没能有机会发挥出来，但他个人在军中的声望依然极高，将士们看到张浚都会驻足行礼。

高宗亲切地慰问了张浚，张浚感激道："若没有陛下，浚早就没命了。"

高宗勉励张浚："有爱卿在此，朕无北忧矣。"

高宗只在建康小住十日，就急匆匆回临安去了，不过在这十天里，著名抗金英雄辛弃疾投奔南宋，也赶到了建康，高宗非常高兴，立刻接见了这位才二十三岁的年轻人。

辛弃疾在绍兴十年（1140）出生于济南府历城。此时的济南已经不属于南宋，而被纳入了金国版图。辛家是世代仕宦之家，辛弃疾的父亲早逝，他由祖父辛赞抚养长大。

辛赞考虑到家族安稳，迫于无奈在金人手下做事，还很得金人赏识，一路做到了开封知府，但是他"身在曹营心在汉"，一直和孙子讲述靖康之耻和北宋的事情，并且表示如果能有机会一定要"投衅而起"，与金人"不共戴天"。

辛赞有段时间在亳州任职，这里是兵家必争之地，处于黄淮平原南端，辛弃疾随祖父在此，耳濡目染了金人对汉人的欺压，这令年幼的辛弃疾立志要成为霍去病一样的大将，将这些金人赶走，为祖国收复大好河山。

十四岁时，辛弃疾北上燕京参加科考，准备通过科考进入金国内部，获得更多的情报，伺机而动。结果，辛弃疾没考上。他还年轻，三年后又再赴考，又落榜。但是没关系，通过两次北上，辛弃疾把沿途地理山川情况研究了一遍，后来都写入他著名的《美芹十论》等军事奏论之中。

绍兴三十一年（1161），完颜亮带兵伐宋，辛弃疾的人生迎来了一个转折点。

辛弃疾自然不会袖手旁观，他散尽家财，组织了一支两千人的队伍，在金国境内起义。

当时金国还有一支起义军，人数较多，势力较大，领头人叫耿京。

辛弃疾带着队伍去投奔耿京，在路上又遇到另一个起义的小队，首领是个和尚，名叫义端。

两人一起加入耿京的队伍后，义端却心生歹念，偷走了耿京的军印。辛弃疾受到牵连，被耿京下令抓住，要问斩。

辛弃疾道："杀我不是问题，但请给我三天时间，让我把义端抓回来，然后再死！"

耿京也很爽快，当即同意了辛弃疾的要求。

辛弃疾立刻上马，快马加鞭追赶义端。而此时义端已经到了金营投降。辛弃疾竟然带了身边的义士们，冲入金营内，把义端抓了出来，而后手起刀落，砍了义端的脑袋回来交给耿京。

经过此事，耿京没有杀辛弃疾，反而更加欣赏他，后来辛弃疾成为耿京这支义军的核心人物。

"采石之战"之后，金世宗向宋朝提出遵循"绍兴和议"的条款，恢复和平，同时抽出兵力处理境内的各处义军。

耿京派辛弃疾南下，联络南宋，商讨南北夹击，讨伐金人之计。

辛弃疾因此南下，冲破一道道金军的封锁，抵达建康，随后被高宗召见。辛弃疾向高宗汇报了起义军在南宋境内的战果，高宗非常高兴，当即任命耿京为天平军节度使。

然而，此时的耿京因部下背叛，被杀害了，已经达到二十万人规模的起义军群龙无首，溃散大半。

辛弃疾在北上的途中听闻此事，没有马上掉转马头回到南宋，反而带领身边的人继续北上，直接冲入虎穴，将正在寻欢作乐的叛徒抓住，随后号召剩余的起义军与他一起南归。最后，有数千人同辛弃疾一起押着叛徒回到南宋。

如此壮举，令辛弃疾名声大振。高宗立刻任命他为江阴签判，也自此开启辛弃疾在南宋的仕途。

这是发生在绍兴三十二年（1162）二月的一件大事，才二十三岁的辛弃疾意气风发，对未来充满了展望。但当时的每一个人，包括辛弃疾自己，都没有想到，展望才刚开始，其实已经落幕，他从此再没有带过一兵一卒……

五月，高宗令张浚负责两淮事务兼沿江军马，好好负责沿江安全。

话说得好听，高官也给了，但是高宗依然忌惮张浚，没有准备重用张浚，高宗的算盘是等宋金和议差不多完成，时局稳定以后，再把张浚压下去。当然，高宗没有想到自己会有个想法完全不一样的继承人，此为后话。

绍兴三十二年（1162）五月，高宗实在厌倦了当皇帝天天提心吊胆的生活，他本来不是一个应该获得皇位的人，机缘巧合走到这个位置，面临繁杂的国事，频繁的战事，每天思考这么大的家怎么当，他对金国那般卑躬屈膝除了个人和环境的主观因素外，还因为只有身在最高位的他，才知道打仗有多费钱，他是多么迫切需要给南宋安稳的大环境，让这个虚弱的国家休养生息一番。

在位三十六年，高宗认为自己呕心沥血，没有一日睡过安稳觉，刚刚在五月才安排张浚做防御工作，战局似乎真的平稳下来以后，高宗在六月就提出了禅让，而此时，距离皇太子册立才刚刚十天，可见高宗禅让的心情之迫切。

高宗唯一的子嗣赵旉过世后，高宗再无所出。不过，随着岁数渐长，他对后嗣的事情倒也没看得如其他的皇帝那般急迫和在意，宋朝历史上曾经出现过多次因为皇帝没有后嗣而传位旁支的事，连高宗的父亲徽宗都是捡了哲宗没有儿子的漏才当上的皇帝。

宋朝开国皇帝宋太祖赵匡胤驾崩后，继位的也并非太祖的子嗣，而是太祖的弟弟宋太宗赵光义。因为当时太祖明明就有已成年的儿子，所以太宗的登基留下了许多谜团和传说，比如太祖突然驾崩那晚奇怪的"烛影斧声"，以及太宗继位是因为他和太祖的母亲杜太后留下了要求"兄终弟及"的"金匮之盟"。可是，显然宋太宗没有堵住天下悠悠之口，这两桩悬案一直流传到千年后的今天，依然在大家的心头盘旋，更何况是在宋朝当时。

据说，安葬太祖之后，掌管天象的官员就看出，太祖这一支的龙气还没有断绝，之后便有了"太祖之后，当再有天下"的传言。

百年后，仿佛就是要印证这传言似的，太宗一脉的后嗣除了高宗，都在靖康之变时被金人抓完了，以至于在之后的抗金战场上，继续与金人斗争的赵家人，几乎都是太祖一脉之后。

建炎四年（1130），宰相范宗尹向高宗提议寻找太祖之后，许多臣子也认为从追思宋祖的角度考虑，宽慰百姓之心，应该从太祖后代"伯"字辈中寻到合适的人，先放在高宗膝下，若将来高宗有了子嗣，可以再调整，进退都不是问题。

高宗令知西外宗正事赵令懬，负责寻找太祖"伯"字辈子孙。赵令懬是太祖次子赵德昭之玄孙，后来于绍兴十三年（1143）过世，年七十五，高宗追封他为惠王。

赵令懬不负众望，找到了上千个符合要求的孩子，再从其中精挑细选出两个人选，请高宗亲自选择。

这两个孩子一个叫赵伯浩，一个叫赵伯琮。

古时候的人都喜欢孩子胖一些，认为这样有福气，因此高宗本来属意胖乎乎的赵伯浩。结果忽然不知道从哪里跑出来一只猫，赵伯浩忍不住就伸脚想踢一下猫，而瘦瘦小小才六岁的赵伯琮目不斜视，身形不动，显示出了超越年龄的稳重。

高宗因此选择了赵伯琮，并在后宫之中寻找抚养赵伯琮的妃子。

当时，高宗的正宫邢皇后在遥远的金国，后宫地位比较高的妃子有三人，分别是生育过高宗唯一的儿子元懿太子的潘贵妃，与高宗一起经历过海上漂泊岁月的张婕妤，以及后来的吴皇后，但是此时她的身份最低，尚且只是一个才人。

高宗将赵伯琮带到三人面前，暗中观察赵伯琮与谁亲近，赵伯琮最先走向张婕妤，因此被安排由张婕妤抚养。

潘贵妃看到赵伯琮，联想到自己死去的儿子，差点哭了。

倒是吴才人后来找其他的机会，与高宗提议也想抚养孩子。高宗随后又挑选了赵伯玖放在吴才人膝下。

温柔贴心的吴才人一直深受高宗喜爱，后来又与南归的韦太后相处融洽，封位慢慢变高。张婕妤过世后，赵伯琮也被放到她的名下。南宋的皇后之位本质上空悬了十多年，不论是大臣还是韦太后都希望高宗尽快册封皇后，吴氏是众望所归，被册封为皇后。

吴皇后对两个孩子一视同仁，并没有因为赵伯琮是后来到身边的，而厚此薄彼。大家都知道，皇位继承人的竞争将在吴皇后名下的两个孩子之间展开，但是高宗并没有给予两个孩子皇子的身份，一开始，是因为高宗还抱着生养自己儿子的期待，到后来是因为难以抉择，吴皇后劝高宗立年长的赵伯琮，而韦太后更喜爱赵伯玖，当时权倾一时的秦桧可能也是认为吴皇后的心底更倾向于赵伯玖，她口中说的希望高宗立赵伯琮不过是一种故作出来的姿态，因此秦桧也坚定地支持立赵伯玖为皇位继承人。

秦桧固然会揣摩上意，可他要揣摩的人实在是太多了，皇帝、皇后、太后、利益集团，甚至连家族未来的富贵都考虑上了，只有吴皇后才是真的了解高宗。在这几十年来对两个孩子的考察之中，高宗其实一直更加欣赏生活简朴、勤勉专注、恪尽孝道的赵伯琮。但身为君王，有时候表现出喜欢一个人，反而可能是害了这个人。高宗很聪明地表现得对两个孩子一视同仁，没有偏好，这何尝不是对孩子们的保护，以及另一种考察方式呢？

绍兴三十年（1160），金军又有了南下意图，宋朝的神经再一次绷紧。此时，韦太后和秦桧都已过世，高宗终于下定决心，在这年二月封赵伯琮为皇子，更名赵玮，进封建王，而赵伯玖被定为皇侄，授判大宗正事，正式退出继承人之争。

次年，金军南下，两国再次开战，朝野内外求和或者再次南逃的声音不小，赵玮主动站了出来，要求与金军决战。后来高宗表示要亲征，赵玮又请命护驾，可以看出这位国家未来的继承人在对金态度上与高宗不太一样，有强烈的保家护国的意愿，而这个意愿在他登基为帝，有了主宰国家方向的权力之后，表现得更加明显。

绍兴三十二年（1162）初，金军已经明确要与宋议和，长江淮河一线的军事警报解除，高宗想要卸下重任，回归平淡生活的意愿越发强烈，他下定决心禅让，把这份肩负社稷和黎民百姓的重担交给继承人。

五月，高宗下诏立赵玮为皇太子，改名赵昚。

六月，高宗提前把赵昚叫到面前，道："朕决意让皇太子即皇帝位，朕称太上皇，吴皇后为太上皇后，退居德寿宫。"

赵昚顿时泪如雨下，坚辞不受。

几日后，高宗再次叫来赵昚，表示禅让，赵昚坚决不肯，差点转身跑出门去，要回东宫。高宗一再劝说，表示这是他的真实意愿，赵昚才留了下来。而后，百官下跪，高宗下达禅诏。礼毕，宰相陈康伯带着众臣请赵昚即位。赵昚多次推辞之后，才勉强在皇帝的位置上坐了一个边沿，等大臣们下拜行觐见新帝的礼节时，他又慌忙站起来。如此几番，即位仪式才结束，赵昚正式成为南宋的第二位皇帝，史称宋孝宗。

仪式完成之后，孝宗换上帝王的衣袍，高宗乘车前往德寿宫。孝宗冒着雨送高宗到宫门外，高宗再三让他止步，且叫左右也不用再送，他环顾众臣道："托付得人，我没有遗憾了。"

高宗后来的退休生活非常惬意，居住的德寿宫原本是秦桧的府邸。秦桧离世后，族人回到家乡，高宗将这座府邸收回，重新扩建。后来孝宗知道高宗爱游西湖，又命人引西湖水入德寿宫，在宫内模仿西湖景致，建成小西湖，如此高宗可以随时游玩，免去舟车劳顿。

孝宗也时常带皇后、太子等，前往德寿宫陪伴太上皇高宗夫妇，一家人泛舟摘莲，垂钓野炊，其乐融融。如此惬意的退休生活，高宗过了二十四年，于八十一岁时寿终正寝。在古代帝王之中，能如此高寿的，寥寥无几。

话又说回来，孝宗非常孝顺，但并不愚孝，在国家大事上，他有自己的主张，比如对金的强硬。坚持"和议"的高宗倒是想说儿子几句，但是，温婉明理的吴太后拉了拉丈夫，让他别去管不该管的事儿了，还是想想明天和孙儿吃什么吧。因此，孝宗在执行自己政治主张的时候，也没有遇到多少来自父亲的压力。

孝宗是南宋最有作为的皇帝，他有变革之志，上位之后积极整顿贪污、冗官问题，主张联合北方抗金义军，开始有计划地着手北伐，意图收回故土，一直被打压的主战派如张浚等人被大力提拔。

孝宗上位只一个月，就为岳飞平反昭雪，并削去了秦桧的王爵，岳飞是秦桧陷害致死的这件事便在这个时期定调。其他被秦桧打压的忠臣也都被平反、复用，已经过世的赵鼎被追封为丰国公，赐谥号"忠简"，吕颐浩、韩世忠、张浚等也都有加封，而张浚本人更是盼来了他人生之中的最后一个高峰。

隆兴元年（1163），张浚重回两府大臣之列，任枢密使，都督江淮东、西军马，并被封为魏国公。

孝宗诚挚地和这位已经六十六岁的老臣说："现在朝廷就依赖您了！"

张浚请求孝宗能前往建康，鼓舞宋军士气，并向孝宗提出了战略部署："应当用兵淮壖，并请在四川的吴璘声援。"

孝宗非常认同，并道："朕依仗爱卿犹如长城，不论外界谣言如何，都不会动摇！"

三月，金国要求宋交出海州、泗州、唐州、邓州和商州，以及宋朝当年应该上交的岁币。

孝宗已经在考虑北伐，怎么可能应允。金国也预感到宋朝的变化，很快以十万雄兵屯兵河南，声称要南下夺取两淮。

宋朝朝野为之哗然。

张浚上请孝宗，道："我朝也应做好准备，屯兵在盱眙、泗州、濠州、庐州。"

而金国也送信过来，执笔者完颜宗弼的女婿、名将纥石烈志宁表示如果不依照之前和议条款执行，金国必然南下，兵戈相见。

见金国如此强硬，主和派不断弹劾张浚的意见，请求尽快履行和议条款。同时，高宗也找孝宗长谈，孝宗道："大宋兵强马壮，不惧一战。"随后召见张浚等人，大将李显忠、邵宏渊也献计献策，甚至刚刚南归的辛弃疾也找到张浚献策，主战派激情高昂。

五月，宋军渡过淮河，对金国主动出击，史称"隆兴北伐"。

张浚调用八万宋军，一路由李显忠带领，出濠州，取灵璧，一路由邵宏渊带领出泗州，攻虹县。

很快，李显忠顺利拿下灵璧，但邵宏渊方面却没有进展，久久没能攻下虹县。李显忠随后令灵璧降兵前往虹县，帮助劝降，虹县因此才被拿下，可是这个举动却令邵宏渊心生怨恨，给隆兴北伐的失败埋下伏笔。随后，李显忠提议一起攻打宿州，但邵宏渊故意按兵不动，过了一段时间才姗姗来迟。李显忠让士兵休息整顿，为攻宿州做准备。邵宏渊却不从。之后攻打宿州时，李显忠令麾下将领杨椿出战，很快攻破城池，邵宏渊才随后入城。

宿州捷报传到临安，孝宗大喜，跟张浚说："近日边关捷报，中外鼓舞，十年来都没有这么欢喜的事了！"

孝宗不知道前线两名将领之间有了心结，下令升李显忠为淮南、京东、河北招讨使，而邵宏渊为副使，邵宏渊越发不满，甚至向张浚提出他不接受李显忠的指挥，而张浚竟然同意了，至此，北伐失败的结果已经难以避免。

很快，金国将领纥石烈志宁率兵来夺回宿州，先锋军被李显忠打败，可是随后十万主力抵达宿州城下，李显忠苦战金军，邵宏渊却在一边看戏不去援助，主将如此，宋军军心涣散，气势低迷。入夜，金军又一次突袭攻城，宋军溃败，李显忠难以挽回溃势，只得带军后撤，史称"符离之溃"。

这场败仗给了孝宗沉重一击，孝宗不由自主陷入了当年高宗的困局，想要坚持雄心，但是现实并不允许。时任宰相陈康伯因病辞去相职，孝宗一面起用主和派的汤思退为左相，一面并没有马上放弃张浚，反而升张浚为右相，似乎想要找出一条平衡路线，又似乎是想先稳住金人，而后再动。

张浚就如当年的宗泽，太过刚烈，他没有给孝宗缓一口气的时间，坚决反对议和，同时加强江淮的防御部署，一面为再次北伐做准备，一面也考虑到金军可能会南下，准备随时应战。

此时，金人的议和条件也被送到孝宗手中：金宋关系可以改为叔侄关系（比以前的君臣好一些），宋必须归还占领的海州、泗州、唐州、邓州，归还之前降宋的金人，另外要补交一直没交的岁币。

朝野上，主和派和主战派发生了激烈的争执，孝宗左右为难。再加上主和派有太上皇高宗的支持，隐隐有压倒之势。

隆兴二年（1164）三月，孝宗令张浚巡视两淮，张浚全力备战，还组织一万多人为"万弩营"，在上次"符离之溃"后，金军还有一些零星出击，实际上都在张浚的防御下没占到便宜。

这时候的宋朝还没有完全失去机会，但是汤思退等人却趁张浚不在临安，向孝宗弹劾张浚"说是准备防守，可防守也没准备好，说是要治兵，但是兵也没练成精兵"。

四月，张浚奉旨还京，随后江淮都督府被撤。他意识到孝宗已经选择了主和，顿感失望，向孝宗提出辞呈。孝宗准奏。

张浚离开临安，他知道自己要去哪里，却又觉得忠魂和雄心失去了方向，于是，一下病来如山倒。之前也不是没有病，但是靠着北伐意志强撑着的张浚，当年三十岁意气风发"以文趋武"的俊朗书生，原来已经是六十八岁的老者，他最终在离京的路上病逝。

消息传到临安，孝宗震惊而悲痛，朝内主和之声也再难压制，一场隆兴北伐，最后演变为隆兴和议。

隆兴二年（1164）十二月，宋金达成和议，主要内容为：

第一，两国以叔侄相称，金为叔，宋为侄。

第二，宋每年向金缴纳岁币银、绢各减少五万，为二十万两、匹。

第三，宋割唐州、邓州、海州、泗州之外，还要再将秦州、商州给金。

因双方约定，此次和议内容于次年乾道元年（1165）生效，故而也称"乾道之盟"。

和议后，受命前往金国的宋使是陆游的好友、"中兴四大诗人"之一的范成大。他勇敢地在金国向金世宗提出，要拿回宋朝先祖陵寝所在之地，并久跪不起，逼金世宗给出回复。金国没有同意归还土地，但同意南宋可以将陵寝迁走，并打算归还钦宗的梓宫。

孝宗为张浚举行了国葬，这位刚刚登基不久的帝王，不光是在安葬一位

"忠贯日月"的臣子，也像在埋葬彼此合作时那份挥师北上的意气风发。

但如果主和派和太上皇高宗认为孝宗就此彻底死心，那便是大错特错了，孝宗的雄心还没有死，他只是更加明白宋朝要能奋起，还有很长的路要走，当务之急是隐忍积蓄力量，励精图治。之后宋朝在他的带领下，经济文化飞速发展，形成了真正的中兴之景，史称"乾淳之治"。

乾道三年（1167），孝宗重用有同样理念的虞允文。

孝宗跟虞允文道："吴璘去世，其他人都不如爱卿你。军事上，还要爱卿——亲临。"随后虞允文仍为知枢密院事，同时接替吴璘，担任四川宣抚使。

虞允文赶赴四川，临走时，孝宗将自己穿过的铠甲赐给他，可见对虞允文有多倚重。

虞允文到达四川后，立刻检阅川陕各路兵马，根据兵马能力的强弱，将之分为三等，上等作战，中下等做后勤，淘汰老弱，清算物资，为国家节约了百万军费。他重视义士，启动招募，为国家又招募两万多人。

乾道五年（1169），虞允文回到临安，拜为右相，他与左相陈俊卿和睦融洽，志同道合。在中国历史上，左右相能共同进退，是鲜少出现的情况。当时，"冗官""冗兵""冗费"的三冗问题从北宋延续到南宋，陈俊卿和虞允文联手从负责三军统率的殿前司、侍卫亲军马军司、侍卫亲军步军司入手，精简机构和人员，提高运作效率。只可惜两人的合作到第二年便结束了，左相陈俊卿被罢，判福州，虞允文在之后的两年是唯一的宰相。

军国大事都由一人定夺，责任巨大，也深深地体会到高处不胜寒的艰难，虞允文屡次向孝宗举荐梁克家为下一任宰相。

梁克家是绍兴三十年（1160）的状元，年轻有为。虞允文非常欣赏他，在仕途上也竭尽全力提拔。

乾道八年（1172），宋孝宗将左右宰相的"左仆射""右仆射"职务更名为"左丞相""右丞相"，职责不变。虞允文改任左丞相。孝宗又提拔梁克家为右丞相。第二年，孝宗再令虞允文为四川宣抚使。此时的孝宗认为国家已经做好了准备，可以再次对金出战，希望虞允文从西线打响对金的第一枪，而后由他亲率主力从东线出发，两路并驾齐驱，攻打金国。

但是，虞允文抵达四川之后，认为西线军备还不够完善，要与金对战，还需要继续准备，他对孝宗直言自己的担忧。

焦急的孝宗下旨催促，但虞允文一直回复还未准备完善。虞允文人生的最后两年，一直在四川积极准备，但他的速度令孝宗不满意，就在孝宗要震怒的时候，四川传来了虞允文的死讯，这位六十四岁的老臣死在四川任上。

四年后，孝宗亲临白石检阅三军，虞允文为他打造的军队全员精壮，气势如虹，但是帝王急迫的出征之心已经被现实磨灭，能与帝王一起出征的良臣也都不在，张浚、虞允文……孝宗呢喃着这两人的名字，眼含热泪，时间让他明白了现实，他的心态也归于平静，出师北伐之事再未被提上日程。

毫无疑问，孝宗的转变在无形之中也使得两个人的雄心无处施展，一个是辛弃疾，一个是陆游。

绍兴三十二年（1162），辛弃疾被高宗任命为江阴签判，初到江南，他意气风发，还没有体会到自己"南归人"的身份实际上很难得到重用，更不可能有领兵打仗的机会，不论是朝廷还是普通百姓的内心深处都有着一种担忧，那就是万一这个人南归是假，实际上是奸细怎么办呢？

隆兴元年（1163），张浚主持北伐，辛弃疾向朝廷上了著名的《美芹十论》，对于其中的见解，孝宗考量之后，采纳了部分。辛弃疾虽然没有得到大力提拔，但也算稳中有升，先迁广德军通判，后任建康通判。建康是军事要地，扼守江南，说明了朝廷对辛弃疾的看重。

乾道六年（1170），辛弃疾建康通判的工作任满到期，有了一次面圣的机会。见到孝宗，辛弃疾赶紧向皇帝阐述自己的抗金建议，并递交了《阻江为险须藉两淮》和《议练民兵守淮》两道奏折。孝宗显然还算欣赏辛弃疾，随后任命辛弃疾为司农主簿，这是一个掌管农事的职位，虽然距离辛弃疾期待的军事职位相去甚远，但是辛弃疾上任后依然兢兢业业。他也因此被虞允文欣赏，随后被虞允文提拔举荐到滁州做知事，这个职位就是父母官了，一个地方的事务他都要管，接下去的岁月里，他被频繁调用，一会儿在临安任大理寺少卿，一会儿下湖南担任转运使，一会儿又去江西任提点刑狱公事……他没有忘记北上收复故土的壮志，不断地奔波途中又给朝廷提出了许多抗金建议，但都没得到朝廷重视……

提到"小李白"陆游，后人经常想到的是两件事，一是他和妻子唐琬的爱情悲剧，二是他在《示儿》中叮嘱儿孙的名句"王师北定中原日，家祭无忘告乃翁"。

徽宗宣和七年（1125）陆游出生在越州，陆家是簪缨之家，高祖陆轸在仁宗朝位列太傅，祖父陆佃官至尚书右丞，父亲陆宰担任京西转运使，职位也不低。靖康之耻，金人南下，陆宰力主抗金，反而被朝廷罢免，只能带着家人辗转南下，最后定居越州。

绍兴十四年（1144），陆游迎娶表妹唐琬，这门婚事在古代属于亲上加亲，两人又从小青梅竹马，感情深厚，应该是非常欢喜才是。可是据说，虽然小夫妻两人感情融洽，可是陆游的母亲却不喜欢唐琬。成婚一年后，唐琬无所出。身为孝子的陆游在母亲巨大的压力之下，只能将妻子休掉。

爱情失意，仕途也失意。

绍兴二十三年（1153），陆游参加"锁厅试"，因为文采出众，荣获第一，却因为触动了秦桧给孙子秦埙内定的第一名之位，而遭到秦桧打压。

心情低落的陆游出游沈园，在这里遇到前妻唐琬，然而此刻唐琬已经二嫁，身边站着丈夫赵士程。

仔细说来，唐琬并没有辜负陆游。两人分开之后，是陆游先娶妻王氏，很快得了一子。唐家和陆家是姻亲，本来也门当户对，是个体面人家。如此一来，唐家顿感被陆家打了脸，很快也给唐琬找了一门亲事。

唐琬二嫁的丈夫赵士程是皇族后裔、宗室子弟，虽然千年之后的名声没有陆游大，可在当时是不输陆游的名士，他温文尔雅，饱读诗书，更重要的是，他待唐琬处处体贴，治愈了唐琬的伤痛，两人的婚姻生活非常甜蜜。

唐琬温柔，也懂陆游，在沈园见到陆游，感知他的失意，后来差人送来一壶花雕和陪酒的小菜，她知道陆游此刻最需要什么。

陆游看到前妻送来的酒菜，心头更加惆怅，在沈园的墙壁上写下了千古绝唱《钗头凤》："红酥手，黄縢酒，满城春色宫墙柳。东风恶，欢情薄。一怀愁绪，几年离索。错、错、错。春如旧，人空瘦，泪痕红浥鲛绡透。桃花落，闲池阁。山盟虽在，锦书难托。莫、莫、莫！"

也许，他期许唐琬可以看到，可惜阴差阳错，唐婉看到《钗头凤》的时候，已经是第二年春天，千言万语，无从说起，也唯有寄于诗词，她在陆游的笔迹旁也和了一首《钗头凤》："世情薄，人情恶，雨送黄昏花易落。晓风干，泪痕残。欲笺心事，独语斜阑。难、难、难！人成各，今非昨，病魂常似千秋索。角声寒，夜阑珊。怕人寻问，咽泪装欢。瞒、瞒、瞒！"这年秋日，唐琬便离世了，这是她唯一留世的作品，也是她唯一一次公开出现在这场爱情悲曲之中。

秦桧死后，陆游在仕途上才有所起色，被任命为福州宁德县主簿。这个职位，与他的祖上比起来，确实微不足道，但陆游欣然赴任。陆游一生的职位都不高，但是他反对与金议和，积极发声，上疏道："江东自吴国以来都以建康为中心，临安靠近大海，运粮不便，以临安为都城本来就是权宜之策。陛下应当驻扎建康、临安两地。"他还找到张浚，提出自己的抗金建议，没有得到张浚的重用，反而在张浚北伐失败之后，遭受牵连，被人弹劾说"结交台谏，鼓唱是非，力说张浚用兵"，因此被罢去官职。

辛弃疾和陆游是南宋孝宗朝时期主战派的一个缩影，他们有激昂的爱国之心，却报国无门，屡遭打压，一个个爱国志士不得不在洪流之下，被时光蹉跎了雄心。

第九章

淳熙内禅——多年太子熬成皇

淳熙十六年（1189）二月，孝宗决意禅位于第三子恭王赵惇。

孝宗对朝政早生倦怠，禅位之事在他心头徘徊了许多年，自从从高宗手里接过这份家业，孝宗便明白了当家的苦处。只是孝宗不论是做人还是做皇帝，都比较负责任，之前考虑到高宗在世，如果孝宗自己也退位，国家得负担两个太上皇，开支太大，这等于无故给本就不富裕的国库增加了负担，因此孝宗选择了忍耐。如今高宗已过世，守孝也已结束，孝宗方才提出禅位。

接班的赵惇是孝宗第三子，绍兴十七年（1147）出生于孝宗藩邸，十五岁时被封为恭王，二十四岁时被立为皇太子。

原本赵惇上面有两位兄长，孝宗的长子邓王赵愭和次子庆王赵恺，三人是孝宗的皇后郭氏所生，也都长大成人，按照古代帝王家长幼嫡庶的继承顺序，这个太子之位正常轮不到排行老三的赵惇。

乾道元年（1165）孝宗登基，立刻册封嫡长子邓王赵愭为皇太子。

赵愭谦让贤能，深得高宗与孝宗的喜爱。赵愭成为皇太子后，孝宗诏令增加赵愭身边的侍卫人员，赵愭谦让推辞。后来，赵愭又上奏表示要捐献每月应领杂物，以身作则减少国家的花费，孝宗很是欣赏。

乾道三年（1167）秋，刚当了两年太子的赵愭忽然身患重病，再加上太医误诊，用错了药，赵愭病情加重。高宗与孝宗十分焦急，先后亲自探望他的病情，并为此大赦天下，可惜还是没能挽回赵愭的性命。三日后，赵愭去世，终年二十四岁，谥号庄文。

东宫之位空悬，对皇室和国家来说都不是好事。

好在孝宗比他父亲高宗强，不光有儿子，而且儿子也有儿子。

庄文太子故去了，但庄文太子的儿子赵挺长得不错，作为正儿八经的嫡长孙，孝宗可以直接立他为皇太孙。

就算撇开嫡长孙不看，孝宗也还有两个嫡出的儿子。

次子庆王赵恺，为人宽宏仁慈，性子不骄矜，哪怕是身边的宫人，他都以礼相待。三子恭王赵惇也颇得孝宗之心，孝宗认为这个儿子"英武类己"，有自己的风范。

于是，孝宗多了一个他父亲高宗没有的烦恼：选择太多，到底选哪一个好？

皇孙赵挺年龄尚幼，孝宗先撇开了这个选项。剩下两个选择，次子赵恺过于厚道，不像适合做皇帝的人，立三子赵惇又不符合长幼次序。

一时帝意难决，孝宗决定再观察一下两个儿子。孝宗没有想到，自己英明一世，却在选继承人的时候，接连看走眼两次。

一是次子赵恺虽然敦厚，但他始终如一，后来虽然错失皇位，到地方为官，也把爱民如子作为人生信条，反而是个做帝王的上佳人选。

二是三子赵惇根本就不像孝宗，而且是个彻彻底底的"逆子"，当下他还没继承皇位，所表现出来的一切都不过是塑造"人设"罢了。

实际上，赵惇觊觎太子之位已久，为给自己造势，他可搞了不少玄学的东西。

比如赵惇的妻子李氏，出身将门，出生时因其父见一只黑凤落在军营前的大石上，于是为女儿起名为凤娘。

传闻，当时京城中有名的道士皇甫坦见到凤娘，李父让女儿行礼，皇甫坦惊呼："此天下人母，我奈何受其拜邪？"后来，皇甫坦把李凤娘引荐给高宗，高宗为孙子赵惇聘凤娘为妻。

这下，李家可开心了，女儿成了恭王妃。娶了凤娘的赵惇也很开心，觉得自己离皇位又近了一步。

但是仔细想一想，这逻辑不通，相比赵惇，高宗更喜欢的当然是长孙庄文太子，如果真的遇到一位凤仪天下之女，不为皇太子说媒，反而说给三皇子，这不是给皇室和国家留下隐患吗？不论是高宗还是孝宗，都不可能在明知李凤娘有皇后命的前提下，将她婚配给一个不是太子人选的人。更何况这位李凤娘成为一国之母后的表现，可以说简直让孝宗作呕。因此唯一说得通的解释是，这是赵惇在庄文太子死后，为了自己能够成为储君，而制造出来的"天命"说。

除了妻子，赵惇在孩子身上也动了脑筋。

乾道四年（1168）十月，恭王妃李凤娘生下赵惇第二子赵扩，赵惇对外宣称李凤娘说自己梦到太阳坠入庭中，她用手托住，不久怀孕，所谓"以手承之，已而有娠"。

无独有偶，宋太宗、宋真宗身上都有过这样的传闻，都是母亲梦到太阳后怀孕生下太子。那么赵惇的意思就很明显了，他妻子生的是真命天子，妻子又是"天下人母"，那孩子的父亲也是真命天子。

这个传闻并没有让孝宗反感，反而将此事载入国史中，可能是因为这个太阳落在的恭王府庭院，曾经是孝宗未被立为太子时的居处，也或许这个时候孝宗心中已经对储位继承人有了想法。

不过，赵惇很清楚，光有"天下人母"的妻子和"以手承之"的儿子，皇位也不会平白无故落到他头上，更重要的还是他的表现能不能得到孝宗的认可。

为了凸显个人的学识，赵惇经常提前准备好一些妙句，等到与讲官讨论前代历史时抛出来，令讲官自叹不如，转头跟孝宗称赞："恭王真是不错。"

同时，赵惇很懂得揣摩上意，对于父亲孝宗高兴的、在乎的事，他都摸得明明白白。父亲高兴，他也高兴，父亲生气，他更生气，令孝宗生出"英武类己"之感。

就这样，时间在孝宗的考察和纠结中来到了乾道六年（1170）。

储位迟迟未定，充满彷徨的朝臣们想尽办法请孝宗早日立储。

七月，太史上奏道："木、火合宿，主册太子，当大赦天下才会避免。"

时任右相虞允文趁机进谏，请求趁早确立皇太子。

这已经不是虞允文第一次提立储之事，自前一年升任宰相之后，他屡次上疏恳请立储，这次又借天象提出立储，终于换来孝宗松口。

孝宗道："朕其实也早有立储之意，而且想过由谁来继位。但是担心宣布确定皇太子之后，反而造成他骄纵，不勤于学，有失德行，才没说出口来，想再考验一下他处理政务的能力，让他通知古今，以后不会做出让自己和国家后悔的事来。"随后孝宗私下又与虞允文数次商议，最终定下皇太子人选。

乾道七年（1171）二月初八，孝宗宣布立三子恭王赵惇为皇太子；次子庆王赵恺为雄武、保宁军节度使，判宁国府，晋封为魏王。

三月二十三日，赵惇接受皇太子封册。

孝宗对皇太子赵惇怀有殷切的期待，他不但精心挑选东宫官员，又增加讲读官李彦颖、刘焞两人，并明确指示两人"不兼他职"，只专心辅导皇太子，更是在赵惇入主东宫次月让他领临安府尹，可以说从学业和从政两方面培养他，用心良苦。

赵惇领临安府尹事后，醉心民政，事情的真假都弄得清清楚楚。话虽如此，但实际上他身在东宫，也不过是听取汇报，陈述一下中心思想，做得最多的事就是在临安府的奏疏上"签字画押"。两年后，赵惇辞去府尹一职。

后来，赵惇的儿子宁宗歌颂赵惇以太子尹京"治以简约为本，教以宥靖为先"，但剔除后辈的这些歌功颂德，赵惇实际上到底历练得如何，为之后的君临天下学习到了什么，从他后来上位后平庸的表现便知一二了。

赵惇在太子位上表现得兢兢业业，谨慎小心。

孝宗也常带皇太子到御苑燕射，并作诗以表不忘恢复大业。赵惇也会回诗附和，歌颂孝宗，这种父唱子和的情景并不少。

淳熙四年（1175）一场秋雨后，孝宗看着萧瑟的景致，再次赋诗道："平生雄武心，览镜朱颜在。岂惜常忧勤，规恢须广大。"

赵惇立刻领会到孝宗的想法，也和了一首："中兴日月异，王气山河在。万物饰昭回，稽首王言大。"

同年，东宫讲官跟孝宗汇报："皇太子得了一本《唐鉴》，觉得十分受益，要求每日讲这本，十分好学。"

等讲官讲到《周礼·太府》一节时，说论国家用度应该看百姓的收益是丰收还是亏欠，赵惇听后感叹道："人君但当以节俭为本。"

转眼到了淳熙八年（1181），立春之前，临安下了一场大雪，东宫幕僚都夸赞是吉兆，赵惇听见，却道："大率芝草珍异之物皆不足为瑞兆，唯年谷丰，民间安业，才是国之吉兆。"

这些话陆陆续续传到孝宗耳中，孝宗深感欣慰，忍不住夸赞儿子"学问过人如此，诚社稷之福"，又说，"东宫亦自俭约，宫中受用凡百技间，无他嗜好，又谦和慈祥"，还叹，"德性自已温粹，须是广读书，济之以英气，则为尽善"。

皇太子赵惇将对孝宗恪尽孝道，勤奋好学，节俭自谦的人设塑造得完美无缺。不过，这些都抵不住时间的侵蚀。

自二十四岁被立为皇太子，十几年的皇太子生涯让赵惇觉得无比漫长。他小心翼翼了太久，慢慢也开始觉得难以忍受，这都到年已不惑的岁数了，怎么还不能当皇帝呢？

有一天，赵惇找到一个机会向孝宗暗示自己年纪已经太大了，应该早点登基做皇帝。

赵惇道："父皇，您看，我的胡须都开始花白了。"

孝宗听出了儿子的弦外之音，但他认为时机还不成熟，不适合传位，便道："有白胡须好，正好向天下显示你的老成。"

赵惇大概完全忘记了，自己的父亲孝宗做储君的时间比他更久，而且大部分时间是没有名分、随时会被踢出去的那种状态，相比之下，是谁做皇太子的时候更苦？但是，即便如此，孝宗也从未催促过高宗，只是身体力行，把"孝"与"忠"做到每一个细节里。

赵惇见试探孝宗起不到作用，又把主意打在太皇太后——高宗的吴皇后身上。此时，吴皇后是吴太皇太后了，她一生都很喜欢儿子们、孙子们，喜欢他们来看她，庭院里热热闹闹的，充满欢声笑语。

太子赵惇便频繁地宴请吴太皇太后，希望老人家能为自己说几句话，助他早日登上皇位。

姜还是老的辣，吴太皇太后向来不干预政事，更不会把话递给孝宗。

孝宗倒是零零散散收到了风声，他很无奈，皇太子处处表现得稳重，但是在最关键的地方到底还是太着急了。

此时太上皇高宗健在，若是再加上孝宗内禅，朝廷就需要再另拨一笔浩大的供养费，"重惜两宫之费"劳民伤财，于国家和百姓都不利，孝宗禅位只能等到太上皇百年之后。

但是，赵惇太心急了，他只想早日登上九五，尝尝当皇上的滋味，一来二往，赵惇反而对父亲孝宗生出了反感，不怪孝宗说这儿子"还未历练到家"。

淳熙十四年（1187）十月八日，当朝太上皇高宗赵构病逝于德寿宫，时年八十一岁。

孝宗悲痛欲绝，决定守孝三年。但他对政事已经心生倦怠，再加上想要给皇太子一些历练，便效仿唐朝贞观故事，让赵惇开始参决政事。

淳熙十五年（1188）正月二日，孝宗下令以内东门司更改充当议事堂，命皇太子每隔一日与宰执大臣在这里议事。如有官职任命，凡是在内馆职、在外部刺史以上的，皇太子皆可处理。

此事正合赵惇的想法，是他走向九五之尊的必经之路，自然没有推辞。

这一年，老臣周必大已经六十三岁，有了回家颐养天年、含饴弄孙的想法，他几次向孝宗提出离职。

孝宗跟周必大袒露了禅让之意，并道："皇太子经验还不够，朝廷这个重担还得托付给周爱卿啊！"

周必大哭着退下。

孝宗之后又秘密赐给周必大高宗禅位时的亲札，这一切都是希望在禅位之后，周必大可以尽心辅佐新帝。

淳熙十六年（1189）正月初三，孝宗正式下诏任命周必大为左相，留正为右相，萧燧兼权知枢密院事，礼部尚书王蔺参知政事，刑部尚书葛邲同知枢密院事。同时，孝宗又下诏，封魏王赵恺的儿子赵抦为嘉国公，安排吴太皇太后移御慈福宫。

一系列人事任免与变动，均是为皇太子赵惇继位做最后的准备。

在这些朝臣中，左相之位是百官之首。周必大经历了孝宗当政的这二十七年，深得孝宗信任。右相留正是赵惇潜邸旧臣，王蔺曾任四川宣抚使，与赵惇所在的恭州很近，也算与他颇为亲近。葛邲除了是谏官，还是东宫幕僚。如此说来，除去左丞相周必大是孝宗唯一点名的，其他都可以说是赵惇的"自己人"。

为了能给赵惇打好基础，而且没有心理上的不适，孝宗可谓用尽方法。

但是在皇太子赵惇眼里，就没那么充满"父爱"了，他认为这是孝宗不甘心放弃朝政，在控制自己，所以才在关键位置上安插孝宗的自己人，两人之后的感情破裂在此埋下伏笔。

哪怕在当下，身为皇太子的赵惇也没有忍住。在上元节皇太后移御慈福宫那天，赵惇让心腹姜特立向左丞相周必大打听："宫中人人知上元后举行典礼，是要办什么大事呀？"

周必大斥责姜特立，道："这不是你应该关心的。"

赵惇听到心腹添油加醋地把周必大的回复一说，对孝宗和周必大的不满又多了一分。等后面他当上皇帝，没过多久，就找个由头把周必大给罢免了。

孝宗这一边，经过一系列的努力，这位老父亲终于认为一切都为儿子安排好了，于是宣谕周必大等朝臣觐见。

看着眼前这些忠心耿耿的臣子，孝宗放心地同他们表示："朕年来稍觉倦勤，欲旬日间禅位于皇太子，退就休养，以毕高宗三年之制。有合施行事，卿等可一面理会进呈。"中心思想便是，我要退休了，准备在十来天内禅位于皇太子。

二月二日，赵惇盼望的内禅大典终于举行。

孝宗穿吉服到紫宸殿，举行内禅礼，应奉官按顺序称庆祝贺，内侍宣读禅位诏书："皇太子仁孝聪哲，久司匕鬯，军国之务，历试参决。宜付大宝，抚绥万邦，俾予一人，获遂事亲之心，永膺天下之养。皇太子可即皇帝位，朕称太上皇，移居重华宫。"

随后，内侍将赵惇引到龙椅前。眼见文武群臣皆在下方，整个天下都在眼前，赵惇收敛内心的激动，只拱手站立，内侍又请赵惇坐，赵惇力辞。内侍扶持七八次，赵惇才微微坐下又起身，摆出十分谦逊的态度。

左相周必大等新帝坐妥，率领百官称庆祝贺，三呼万岁。

战战兢兢十几年，已经四十二岁的赵惇终于如愿登上皇位，史称宋光宗。

礼毕，光宗恭敬地侍立于旁，不久与孝宗一起登上车驾，将孝宗送到重华宫。

重华宫是曾经高宗所住的德寿宫，孝宗认为自己的德行不如高宗，下诏更名为"重华宫"，定为自己禅位之后居住的宫殿。

光宗送完父亲，回到宫内下诏，尊父亲孝宗为至尊寿皇圣帝，尊母亲孝宗皇后为寿成皇后，下诏立自己的元妃李凤娘为皇后。

所有的仪式顺利完成，光宗猛然发现，今日就是当初清湖陈仙写下的日子。

原来在当初请吴太皇太后帮忙劝孝宗禅位没成功之后，光宗又找了个道士给自己祈福。此人号称"清湖陈仙"，又是祭天，又是拜地，一套动作摆足了架势，之后写下"太子惇熙十六年二月壬戌即大位"几字。

"清湖陈仙"的符咒、"天下人母"的妻子、"以手承之"的儿子，这些玄学给了赵惇极强的心理暗示，令他认为自己真的就是真命天子、天选之皇。登基那年的八月，光宗高兴地升自己当王时的藩地恭州为重庆府，他在这里先封王后称帝，得到了"双重喜庆"，重庆之名由此而来。

在光宗登基时，南宋子民安居乐业，经济繁荣，政治稳定，处"中外无事"、偏安一隅的升平景象。

登基之初，光宗很想有所作为，他上位的第一个月就下诏颁布了不少利国利民的政策，包括：免除公私拖欠钱物和各郡县淳熙十四年以前的税役；要求各地内外臣僚陈述时政缺失，不接受各地贡献和歌颂；诏令告诫整治将帅；诏令两省官员详细审定内外封事章奏，摘录重要的言论上报；下诏整治官吏；诏令官吏贪赃严重者，从重处罚，不予宽免；诏令中书舍人罗点开列可以担任台谏官的姓名。

这么多的诏令大体可分三个方面：一是关于经济，减轻百姓负担；二是求言用谏，陈朝政得失，特意强调不必歌功颂德；三是告诫整饬将帅官吏。

三条合并起来，被称为"绍熙初政"，但它们在颁布之后都遇到了阻力没能最终贯彻，或者贯彻之后也收效甚微。

首先，在经济方面。

光宗下令，免除民间向官府拖欠的钱物以及各郡县淳熙十四年（1187）以前的税役，同时又要求"赦民间所欠债务，不以久近多少，一切除放"，即免除民间私债，前者是国家减轻百姓压力，但后者就是干预民间债务，而民间有能力借钱给他人的往往都是地主和富商阶层。相比于借款的穷苦百姓，地主和富商阶层的话语权要更高，他们强烈抵制此事。

因此几个月后，闰五月初一，光宗不得不对此下诏令做出补充和让步，只是免除郡县淳熙十四年以前私人拖欠钱物，十五年以后的偿还本金免息。

如此一来，地主和富商是被安抚了，负债的穷苦百姓们又生了怨言，皇上言而无信，说话不算数啊！

七个葫芦八个瓢，按了这头起那头。

这一政令最终没有得到好的反响，也没有贯彻下去，地主富商与负债百姓都没有讨好到。

光宗减免百姓压力的政策很多，仅登基后一年就有十次相关诏书，比如淳熙十六年（1189）八月，减两浙"月桩"等税收二十五万五千缗。九月，下诏减绍兴"和买绢"税额四万四千匹。十月，下诏免楚州、高邮、盱眙军民担负的"常平米"一万四千余石。到绍熙元年（1190）正月，光宗又下令免除临安府百姓身丁钱三年。身丁钱即人口税，男子年满二十就属于一丁，人户每年都要按丁数量输纳钱米或绢，直到这个男子年满六十，属于老人，才能从丁中剔除。

这类赋税减免，属于小恩小惠，不能从根本上解决问题，只能勉强表明光宗确实重视百姓，在想办法减轻他们的生活压力。

"绍熙初政"的第二部分"求言用谏"，是光宗最为注重的一个方面，姿态也最为真诚。

光宗曾在三天内连下三道求谏诏书，又在十余天后连下相关诏令。内外百官也看出了光宗的重视，对每条诏令都有反馈。

比如官员黄裳就向光宗提出"定行都""设重镇""课吏治"三项振兴国家的主张。

黄裳，四川隆庆府普城人，乾道五年（1169）的进士。在巴州的通江县做县尉时，因地制宜，政绩出色，受到百姓和朝廷好评，很快升迁为兴元府录事参军。在讨论蜀中兵民大计时，他给朝廷提了出色的建议，受到孝宗表彰，钦定为国子博士。后来，黄母病故，黄裳回家丁忧，如今再回朝廷，已是光宗朝了。

黄裳向光宗建议，国家如今需要选择"进可攻、退可守"之地建立行都。而建康临近长江，北接平原，南领江南，地理位置卓越，是适合的行都所在，此为"定行都"。

另外，基于南宋长期面临来自北方的军事压力，黄裳建议在汉中、襄阳、江陵、鄂渚（今武昌市）、京口（今镇江市）设立五个重镇，分派大将固守，建立起一条牢固的沿江防线，保障南方不受侵犯，此为"设重镇"。

最后，富国强兵，精简行政机关，减少不必要的国家花销，争取收复失地，统一国家，此为"课吏治"。

光宗听后十分认可黄裳，升他为嘉王府翊善，给光宗唯一的儿子嘉王讲学。

但是，光宗在性格上并不是一个包容的人，他广求谏言，却并不接受对他个人的批评。

比如，光宗要提拔心腹吴端，这事被不少大臣反对，其中言辞最为激烈的殿中侍御史刘光祖就遭到了外放的处罚。

吴端是光宗自恭王时期就带在身边的旧人，巫医出身，非常对喜欢"玄学"的光宗的胃口。在光宗还未被立为太子时，有一回高宗生病，御医也没什么办法，吴端试了一下，结果倒把高宗治好了，这无疑给当时想爬上太子之位的光宗很大助力。

如今光宗已是新帝，犒赏身边心腹，便想晋升吴端为带御器械，大概是个御前侍卫这类职务。

殿中侍御史刘光祖上疏道："小人逾分干请，而使给谏不得行其职，轻名器，亏纲纪，亵主权，是一日而三失也。"差不多是指着光宗的鼻子，骂他用小人。

光宗很不高兴，寻了个理由，把这人从眼前贬走了。

类似的情况还有平民余古上疏一事。

光宗登基后，非常喜欢享乐，饮宴无度。

太学生余古看不下去，上疏道："近来听闻陛下宴游无度，宫女进献不时，伶人出入无节，宦官侵夺权政，随意宠爱赏赐他们甚至超出礼仪制度升迁。内中宫殿，已历三朝，哪里谈得上简陋？何必建楼台，不停地施工？臣深深为陛下不值，愿陛下以汉文帝为法，唐庄宗为戒。"这直接说到光宗的痛点，还把光宗比喻成沉湎酒色的唐庄宗。

光宗恼羞成怒，再也顾不上维护好言纳谏的人设，特意下诏将余古监管起来。后来，又有言官出来弹劾此举不妥，光宗才改为将余古押送到秀州听读，一边受监管一边就学。

至此，所谓的求言用谏那层皮已经被剥下来，一切也不过就是做戏，表面功夫罢了。

"绍熙初政"的第三部分"告诫整饬将帅官吏"，是光宗表明廉明的决心，要严惩贪赃严重者。

但是，绍熙元年（1190）五月，曾经的右相赵雄所举荐的官员有行贿之事，赵雄因此受到牵连，但按当时律法，赵雄应当被削三秩，降为银青光禄大夫。光宗面对这样的重臣，不敢下狠手，便想了个折中的办法，降赵雄封益川郡公，削夺食邑一千户。

想要"反贪"却把"惩贪"做成这样，可见光宗自己都没办法好好实行他的诏书。

"绍熙初政"是从淳熙十六年（1189）光宗登基后下发的主要诏令，到绍熙二年（1191）十一月之间，这些诏令没有一条贯彻到底，徒有其表。连《宋史》都评价光宗"宜若可取"，就是像有什么可取之处，却又没什么可取的。

第十章

过宫风波——父子不和

绍熙二年（1191），光宗才继位两年多，立储一事也被提上了日程。毕竟光宗已经五十岁，宋朝的皇帝除了高宗之外，大部分在五字头的时候驾崩，因此，五十岁对宋朝的皇帝来说绝对是个门槛。

父亲孝宗安排的宰相周必大，光宗不喜欢，罢了周必大之后，他提拔自己的第一心腹留正为左相。因此，立储之事，留正很有话语权，就像当初虞允文进谏孝宗立太子一样。

早在绍熙元年（1190），留正便提议立储。

光宗与李皇后生的儿子中，只有次子嘉王赵扩长大成人。

赵扩出生在乾道四年（1168），十二岁开始从师就学，淳熙十一年（1184），他年满十六岁，按理皇子到这个年纪应当出宫建府，但是两宫都很喜欢他，不想让他搬到宫外居住，于是在东宫侧面建造府第给他居住。

赵扩十八岁，两宫为他聘娶名门之后为妻，最后选中了北宋名臣韩琦的六世孙女韩氏。

淳熙十六年（1189），光宗受禅即皇帝位。赵扩被授为少保、武宁军节度使，晋封为嘉王。光宗刚一登基就将自己东宫的藏书全部赐给嘉王，又增加他的讲官，与孝宗当初看重他是一样的。

绍熙元年（1190），留正第一次提议立储，他道："陛下现在只有一个儿子，留在宫外不方便，应早日确定他的太子之位，入居东宫，陛下与太子还能朝夕相见。"

光宗刚登基一年多，他觉得时间还太短，而且当时嘉王还处于生病状态，便没有答复留正。

一个月后，嘉王病愈。

留正又建议立储，他劝光宗："太子是天下的根本啊！"

光宗又糊弄了一下，没答应。

一晃到了绍熙二年（1191）的夏天，留正再次提起立储之事，光宗没有办法再装聋作哑，就跟留正说："要与太上皇商议之后再定。"

光宗以为询问太上皇孝宗的意思就是走个过场，嘉王现在已经二十三岁，在光宗心里，他又没有第二个儿子，除了立嘉王赵扩，还能立谁呢？

没想到光宗觉得没有第二选择，太上皇孝宗觉得有！

孝宗看着已经成为皇帝的光宗，觉得他应该和自己一样，要承担起天下的重任。太子之位实在重要，因此更应该慎重选择。

孝宗在一系列孙儿之中观察，觉得魏王的次子赵抦更适合储位。

这就不得不牵出光宗称帝之后的一条暗线——父子不和。

光宗上位后的一系列作为，令孝宗不太满意，说白了，就是孝宗发现自己看走眼了，因此越发后悔起当初的选择。

而魏王便是孝宗的次子赵恺，他与皇位失之交臂之后，到地方担任官员，政绩相当出色，可惜天妒英才，于淳熙七年（1180）死在通判明州的任上。孝宗白发人送黑发人，非常悲伤，再对比光宗后来的表现，孝宗总觉得要是一开始选了魏王做皇帝那该多好。

如今魏王不在了，可是魏王的儿子赵抦也比光宗的儿子嘉王赵扩好。

在孝宗眼里，赵抦比起赵扩来说更加早慧，而且当初按照长幼顺序应该是立魏王为太子，现在魏王已经过世，他的儿子还在，太子之位传过去也说得过去。

孝宗认为，他自己能为了江山社稷越位传给光宗，光宗也可以越位传给赵抦。

这个结果是光宗万万没有想到的，他十分震惊自己的父亲会这样想，但是也没有理由可以反驳。光宗闷闷不乐了半天，只能和留正说："太上皇的意思是这事再缓缓。"

留正不知道察觉了什么，自此之后都没有再提过立太子之事。

而光宗心中自是又不满又郁闷，他兢兢业业这么多年才当了两年多的皇帝，没承想这皇位最后还不见得是自家的，完全给别人做嫁衣，即便最后还是传给嘉王，那太上皇孝宗对嘉王的评价也实在是让人难堪。太子储位一事也成了他的心病。这无疑令他和孝宗之间的隔阂又深了一层。

而另一边，孝宗对光宗的不满意，除了光宗政事上的不足，还有一点——光宗怕老婆。

光宗的老婆，此时的皇后李凤娘，据说美若天仙姿色艳丽，但性格凶悍而且善妒，手段阴狠毒辣。偏偏光宗怕老婆，甚至发展到让李凤娘插手一些政事的状态。

孝宗在位的时候，就对这个儿媳妇不太满意，批评儿媳妇说："应该学习吴太皇太后的德行，不要插手东宫之事，否则朕必然废了你。"

李凤娘当时不敢说什么，可是背后对孝宗也是恨得牙痒痒。

等李凤娘当上了皇后，也经常不去太上皇孝宗和太上皇后谢太后那边问候。

一次，谢太后实在忍不住，找机会提醒李凤娘道："身为皇后要注意言行，为天下表率。"

李凤娘也是狠角色，张口反讽谢太后："至少我是皇上的原配呀。"

原来谢太后并非孝宗的原配妻子，而是当年高宗的吴皇后身边的侍女，后来才被赏赐给孝宗，由嫔妃册封为皇后。

要不是为了江山社稷平稳，孝宗真想废了这个儿媳妇。

而李凤娘也在后来给了孝宗不少苦头，令孝宗、光宗父子正式反目。

绍熙二年（1191）十一月，光宗有一件大事要做，即祭祀。

这个月，光宗要先去郊区的景灵宫祭天，再到太庙拜祭历代祖先灵位，最后到南郊举行祭天仪式，因此光宗要离开皇宫几日，并且不能让妃嫔陪伴。

本来是很平常的一个仪式，一次出宫，却让皇后李凤娘钻了一个空子，她发挥善妒又狠辣的本性，处理了一个一直想处理的人。

十一月二十六日，光宗祭祀太庙，不在宫中。

李凤娘趁机召见皇贵妃黄氏。

黄氏是淳熙后期，当时的太上皇高宗赐给光宗的妃嫔，从藩邸一直跟到光宗成为帝王，性情温婉，深受光宗喜爱，他甚至还为皇贵妃作诗，表达自己给她的恩宠。

两人如此恩爱，李凤娘自然怀恨在心。她斥责黄氏迷惑光宗，让内侍持大杖将黄氏活活打死，反正光宗不在皇宫，没有人能阻止她，对外便说黄氏是因病暴毙。

光宗正在斋宫等待第二天祭天地，但他很快得知了皇贵妃黄氏暴毙的消息。

光宗并不相信黄氏是暴毙而死，就在不久之前，因为光宗夸赞了一个宫女的纤纤玉手，李凤娘就将宫女的手砍下来送给他。

所以光宗明白，这是李凤娘对黄氏下手了。而且按照李凤娘阴狠的手段，黄氏必然死得很惨。

然而可能因为"天下人母"的传言，又因为个人性格懦弱，听到消息的光宗居然连质问李凤娘的勇气都没有，他只是在斋宫里哭泣。

第二日，光宗忍着悲伤祭祀天地，当天夜里本来月明星稀，天气晴朗，却突然狂风骤起，大雨袭来，狂风将祭坛的灯烛全部吹灭，被吹倒的灯烛将帷幕燃起，一下子，又引起了大火。

狂风暴雨又有烈火，光宗被这场景惊吓到，祭祀因此没有办法举行。直到大火被雨水扑灭，大雨停息，光宗才被扶上车驾。

回到宫中后，光宗因这些接踵而来的突发情况，备受打击，得了重病。他除了身体上的病弱，精神也因为震惊和害怕出现了问题。

从现代医学的角度看，光宗精神出问题并不稀奇，他平日里酗酒无度，并不注重保养，加上李凤娘的彪悍和精神折磨，而且在宋朝历史上，除了光宗也有几位皇帝都得过精神病，这背后还可能有家族遗传的问题。

光宗病重，朝廷按例赦免囚犯祈福，但并没有什么作用。很快，光宗的病情就严重到了不能到延和殿听政。

十二月十三日，光宗拖着病体，开始在内殿召对辅臣。因为新年马上要到了，光宗随后又下令免了次年正月初一的大朝会。

这种大朝会，一年会举行三次，分别在正月初一、五月初一和冬至。

第二年，光宗病情稍微好一些，但五月初一的大朝会还是没有举行，并且在未来的几年，也只有绍熙五年（1194）的正月初一举行过一次大朝会，可见光宗的病情之严重。

光宗生病，不光成了他个人帝王生涯的转折点，也成了南宋的一个转折点。

从绍熙三年（1191）开始，大权旁落李凤娘之手，政事裁定多出自她之手。

李凤娘眼中只有利益，当初光宗一即位就给李凤娘修皇后墓，还是因为天灾，侍从进谏，光宗才不得不停止修缮。现在李凤娘手中有了权力，无所顾忌，在回娘家祭拜家庙时，她用光宗的名义下诏令提拔娘家多人。

这是宋朝从未发生过的情况，朝臣纷纷进谏，然而"怕老婆"又"重病"的光宗根本不接茬。

从这之后的几年内，大宋就在悍后与一个精神病人的治理下存在。

当然，偶尔光宗清醒的时候，他也想办一些事。

绍熙四年（1193）三月，光宗发布了一些人事决策，其中一条是任命赵汝愚为同知枢密院事，结果这又在朝野引发了一次动荡。

赵汝愚是太宗赵光义的八世孙，属于光宗的堂兄。

根据宋朝开国皇帝、太祖赵匡胤的要求，宗室成员可以参与政事，但只能做一些小官，不可以成为同知枢密院事这种朝廷中央决策人员的角色。宋朝给宗室子孙优厚的待遇，要求他们远离皇位和权力，不得有不该有的念想。像北宋的倒数第二任皇帝徽宗一开始就是个闲散王爷，压根没有往皇帝的角色培养，上位之后也没做成什么事，还导致了国家灭亡。南宋第一位皇帝高宗起初也是闲散王爷，机缘巧合才成为皇帝，他在政治上的表现不能说特别出众，只能说在特定的条件下，至少保住了宋朝对南方土地的所有权，在夹缝之中能走出这么一条路，本不能太过苛责。

赵汝愚生来就应该做一个闲散宗室，但是他偏偏很有才学，也有抱负，道："大丈夫留得汗青一幅纸，始不负此生！"

乾道二年（1166），赵汝愚和普通学子一起参加科举，凭借真才实学成为那一届的状元，之后历任签书宁国事节度判官、秘书省正字、集英殿修撰、知福州、吏部尚书等职，政绩出众。

光宗提拔赵汝愚为同知枢密院事，是宗室子弟第一次进入朝廷的中央决策层。

果然，三天之后，监察御史汪义端就上奏反对，认为赵汝愚以宗室身份执政，宋朝开国以来没有这样的前例，请求罢黜。

赵汝愚知道后，便居家上疏，愿意根据太祖定下的规矩，辞掉执政之位。

然而，汪义端认为不够，他三次递上奏疏，诋毁赵汝愚："植党营私，沽名钓誉。"又说朝野中有人支持赵汝愚是"责台谏等人暗中附和赵汝愚"。

赵汝愚因此竭力辞职，不肯接受任命。

最后，还是嘉王翊善、中书舍人黄裳说了句公道话。黄裳道："赵汝愚对双亲孝顺，对君主忠心，居官廉洁，忧国爱民，出于天性。并非汪义端所说的那样，是汪义端嫉妒有贤能的人。"

光宗随后罢黜汪义端，让他到地方任职，赵汝愚也不得已接受了任命。

光宗对赵汝愚的这个任命，无形中帮助了自己。在后来孝宗驾崩而光宗处于重病时，正是赵汝愚成了朝廷的定海神针，稳住了局面。但同时，光宗也给自己放了个绊脚石，因为赵汝愚力挽狂澜的方式是让病到脑子不清楚的光宗让位。

光宗生病之后，一直疑神疑鬼，认为当初在东宫陪伴自己的官员才更加可信。比如，绍熙四年（1193）五月，光宗提拔了当年的东宫旧人、此时任浙东总管的姜特立。

光宗却忘记了，姜特立和右相留正之间有龃龉，留正曾经弹劾过姜特立。

因此，留正看到这份调令后，立刻担心姜特立回来之后报复自己。再者，自己身为左相，姜特立被调走不过四五年就回来了，光宗简直是直接在往他留正脸上甩巴掌。

留正想了一招以退为进，请求自我罢相。

光宗没有同意留正辞职，但是也没让姜特立别回来。他还十分不负责任地说："朕的命令已经颁行，不能反悔，爱卿自处吧。"

留正脾气也不小，他马上出京城待罪，以此威胁光宗。

三天后，秘书省著作佐郎李唐卿，秘书郎范敞、彭龟年，校书郎王奭等几人都上疏，请求光宗不要召用姜特立。

在城外待罪的留正也再次上奏，内容写得言辞恳切："近年不知道是谁谏言，过分强调了任用不可朝令夕改，以致陛下每件事都坚决执行，从来不肯改变。天下很大，机要事务很复杂，如果是正确的事情，那么就不会有不同的意见，陛下可以坚持执行；但对于不一定正确的事情，大家自然会有议论纷争。陛下明辨是非之后，应该按照正确的方向去做。否则的话，臣担心从此以后，事情不管对错，陛下都只按照最初旨意去做，谏言之路也因此堵塞。"

一个月后，不见光宗有动静，留正又弹劾姜特立，并交回前后所得的赏赐，乞求回归故里。

光宗那头依然没有反应，也不确定是病得不轻，还是不知道怎么回答，总之是把留正晾在那儿，既不答应他罢官，又不召他回朝。

就这样皇帝和宰相闹矛盾，双方都把国家大事一边放，视若儿戏。

与此同时，太上皇孝宗与光宗的关系，在李凤娘的挑拨下，越来越不好。

原本对于孝宗不支持立光宗的儿子嘉王的情况，光宗采取的是回避的方式，但李凤娘就彪悍了，她直接跑到重华宫，要孝宗支持立嘉王。

见孝宗不肯，李凤娘道："自古以来，都立嫡长。我是六聘入宫的皇后，嘉王是我嫡出的儿子，为什么您不答应？"这一串反问，直戳孝宗不是高宗亲生儿子的事，气得孝宗起身而去。

后来光宗被吓病卧床的时候，孝宗与谢太后来探望光宗，孝宗斥责李凤娘不好好照顾光宗："都是你这个皇后没有照顾好皇帝，若是皇帝有什么不测，看我怎么办了你们姓李的全家！"

李凤娘吓得跪倒在地，但暗地里对孝宗更加憎恨。

孝宗特意为儿子在民间找来秘方，想给光宗吃了治病。孝宗考虑到不想引起李凤娘作妖，破坏了药效，于是便命人去喊光宗到重华宫来，准备让光宗在重华宫服药。

李凤娘知道后，竟暗示光宗道："太上皇不想立嘉王为太子，这个时候如果药有什么问题，那您……"

光宗本就是精神病患者，心性多疑，他在心中已经想象出一场宫斗大戏，他想到太上皇确实亲口说过不想立嘉王为太子，此时，并无太子，如果他死了，还不是太上皇说了算？

他在孝宗眼皮子底下当了十几年的太子，就连登基后也备受压制，因此一个想法便像种子一样在心中发芽了——他决定不去跟孝宗父慈子孝，不过宫了。

所谓过宫，便是光宗到孝宗居住的重华宫去探望老父亲。

光宗刚登基时，曾下令每月五次过宫朝拜孝宗，因孝宗担心影响光宗处理政事就拒绝了，光宗便下诏从今以后每月四次过宫。但是淳熙三年（1176）开始，光宗几乎不曾过宫，总是千方百计地拖延日期，导致了持续数年的过宫风波。孝宗也担心光宗的名声，只自己下诏说光宗不必过宫，好好养病。光宗的孝子人设这才没崩。

朝臣们看到这种情况，纷纷进谏，兵部尚书罗点也上疏请光宗朝拜重华宫。

罗点是光宗的东宫旧官，淳熙十六年（1189）二月，光宗即位后，罗点任起居舍人，曾奉命出使金国告知宋皇太子已登宝位，是光宗颇为信任的臣子。

绍熙三年（1192）冬至那天，光宗理应要去重华宫看望孝宗，与父亲一起过节。

罗点言辞恳切地劝谏光宗道："上自天子下到老百姓，过节按照长幼拜见亲属，没有不这样做的，三纲五常，不应当认为这是常有的事就忽略。"又道："陛下这一日如果没有过宫，太上皇肯定伸长脖子等着陛下。常人于朋友尚且不可以无信，何况天下之主侍奉双亲呢？如今陛下许久没有见双亲，太上皇欲见不可得，万一忧思成疾，陛下怎么对天下百姓解释呢？"

只可惜光宗犹犹豫豫，一会儿疑心孝宗会害他，另立其他人，一会儿又被李凤娘教唆挑拨，几次都出现答应要过宫却又食言的情况，导致一些重要的节日最后是宰相率文武百官到重华宫奉表称庆祝贺，这令重华宫中的孝宗非常痛心难过。

身为宗室子弟又位居宰辅的赵汝愚站了出来，他当面请求光宗过宫，又请其他宗室出面从中调和，于是不过宫的情况有所缓和。

绍熙四年（1193）三月二十六日，光宗甚至还与太上皇夫妻一起游园。

但是，局面很快又急转直下。

绍熙四年（1193）九月的重明节，是光宗的生日。

文武百官向光宗祝寿，侍从、两省官员请求光宗朝拜重华宫，光宗没有采纳。这并不单单是因为光宗又犯病了，还因为李凤娘的阻止。

九月二十一日，中书舍人陈傅良给光宗上疏说："陛下不去重华宫是因误会而产生的怀疑，又积忧成疾。臣之前多次为此事与陛下推心置腹，反复论证，陛下也有所感悟。但是事后，疑心又起，经常答应过宫，又临时变卦，导致误会越来越像真的，成了不治之疾，这是陛下自贻之祸。"陈傅良是个反对空谈之人，文章写得别具一格，也很敢说话。

光宗见奏后，认为有理。

给事中谢深甫也道："父子之情，是人之常情。太上皇钟爱陛下您，也钟爱陛下之子嘉王。如今太上皇年事已高，等到将来太上皇万岁之后，陛下想要尽孝，见一见太上皇，又到哪里去见呢？"

众臣纷纷上言表示，重明节不光是光宗的生日，也是子女感谢父母养育之恩的日子，作为子女的光宗更应该去重华宫拜见父母。

光宗终于被说动，准备过宫。

众臣随后在宫外肃然站成一排，等候光宗出来。

可在光宗整理好衣服，走到屏风处时，被皇后李凤娘拉住，拉着光宗就往回走。

众臣没想到会被半路截和，发生这样的变故，个个怔愣。

陈傅良最先反应过来，马上趋步向前，一把拉住光宗的衣裾，不让光宗离开。

李凤娘当下呵斥道："这是什么地方，岂容你进来！"

陈傅良无可奈何，当下痛哭，走出宫殿。

李凤娘还让人去喊住陈傅良，问他："有什么可哭的？"

陈傅良道："君为父，臣为子，父亲有过错，做儿子的不能劝诫父亲改正，当然要哭！"

这句话就像热油浇在火上，李凤娘便公开道："以后绝不踏足重华宫。"

等于是把孝宗、光宗父子不和的事摆到了台面上！

九月二十五日，著作郎沈有开、秘书郎彭龟年、礼部侍郎倪思等都上疏，请求光宗朝拜重华宫。其中以彭龟年态度最为激烈，他一针见血地指出，光宗和孝宗的矛盾、李皇后和孝宗的矛盾都来自内侍的挑拨离间。

彭龟年，字子寿，是个善于分辨善恶是非，也敢于对朝政问题发表谏言的人。

当初，光宗提拔巫医出身的吴端，殿中侍御史刘光祖提出反对，被光宗贬黜。彭龟年就站出来，为刘光祖喊冤。

此时，因为光宗不肯过宫，彭龟年再次上疏说："陛下亲眼所见，当年太上皇侍奉高宗，是何等尽心尽力，完全遵守为人之子的要求。而今，太上皇只有陛下一个儿子，陛下的孝心当然也不言而喻。以往，遇到要去重华宫的日子，陛下有时延迟，太上皇甚至降旨免去陛下去重华宫的礼节。太上皇是在替陛下开脱，免得陛下被别人评论，这是多么令人感动的父爱，但并不是太上皇不希望见到陛下。自古以来，人君处理骨肉亲人间的事，多不与外臣商量，而是与内侍商量，这样容易将亲人之间的不满情绪一天天加深，彼此的疑心、距离一天天增大。两宫之间可万万不能出现这样的结果！而且，臣还万分担心的是，如今朝内可没有韩琦、富弼、吕诲、司马光这样的忠臣，但内侍已掌握了大权啊！希望陛下裁断！明察！"

彭龟年又道："今日内侍中离间两宫的人，当然并非一两个，但只有内侍陈源在孝宗时被重重治罪，最近又被提拔重用。因此，离间一定因陈源而起。陛下，应该立刻裁决，驱逐陈源，然后向孝宗谢罪，使父子之间融洽，如此才是社稷长久之计！"

彭龟年直接点出了内侍陈源的名字，阐述前因后果，但光宗不为所动。这令内侍更加有恃无恐，在宫内搬弄是非。

其实在最开始，光宗没有那么畏惧李凤娘的时候，曾想对内侍下手，从李凤娘的管束之中脱身。

但光宗这个人，不光性格懦弱，没有决断，而且他的能力也确实平庸。一个处理内侍的事，都不能快刀斩乱麻，反而让内侍们看出了端倪，反将一军。他们跑到皇后宫中，把光宗的计划都说给了李凤娘听。

李凤娘的脾气确实跋扈，但也被内侍们抓住了这个特点，玩弄于股掌。她当即加强了对光宗的管束，每次光宗流露出要处置哪个内侍的意思来，李凤娘便怒斥光宗，包庇内侍。

孝宗给儿子光宗配药的事，也是内侍们捅给了李凤娘知道。

一开始，光宗对孝宗产生疑心，很少过宫，但两宫之间的物品交换还与以往一样，孝宗和光宗父子之间看到什么物件不错，会送予对方，或者到了节日时候，有些礼物往来。

内侍们的脑子太过阴毒，在这些死物身上都能说出各种挑拨离间之词。

有一次，太上皇孝宗把玩到一个玉器，觉得不错，便命内侍送去给光宗。结果，身体不好的光宗，一个没有拿稳，失手将玉器落在地上。

内侍见状，回来跟孝宗嘀咕："皇上不知道对太上皇您有什么想法，拿到之后，就把东西丢在地上，直接砸碎了。"

彭龟年把两宫不和的根源是内侍这件事点破之后，朝臣们开启了新一拨的进谏高潮。光十月十九日一日，秘书省官员为请求朝拜重华宫就三次递上奏章。

而嘉王府翊善黄裳请求光宗过宫，光宗面对臣子的追问，直接答说："是内侍杨舜卿，叫朕勿过宫。"

黄裳立刻上疏，请求诛杀内侍杨舜卿。

光宗面对大臣时一副醒悟的样子，回到后宫就又恢复原样，多次出尔反尔，看起来确确实实是一副精神不正常、猜疑多变的样子。

十月二十一日，工部尚书赵彦逾等上疏重华宫，请求会庆节不要降旨说免朝。其实这些免朝的旨意都是光宗以太上皇孝宗的名义发布的，孝宗有苦说不出，只能道："我从秋凉以来，想与光宗相见，你们的奏疏，已经递过去了。"

到了会庆节，光宗因病不朝拜重华宫，只能由宰相率领百官到重华宫祝贺。

光宗如此作为，激怒了临安的太学生们。太学生汪安仁等二百一十八人上疏，请朝拜重华宫，依然没有得到光宗的回应。

十月二十六日，宰相以及满朝官员奏事朝拜重华宫。

光宗还是老样子，当着大臣的面表示会在第二天朝拜重华宫，但到二十七日，又对外称病没有成行。

以至于宰相和官员们说出了要请求罢政的话来，可这，都没有打动光宗。

正在大家束手无策的时候，老天给了机会。

大宋各地先后发生地震，太阳中出现黑子，各地也怪象频生，一会儿太白星白天出现，一会儿地上生毛，一会儿又夜里有赤云白气。

面对种种的异象，众人议论纷纷，最终从天象延伸到皇上的家事上。

十一月十五日，深信玄学的光宗终于朝拜重华宫，临安百姓闻讯，欢欣鼓舞。

这个举动似乎是感动了上天，太阳中黑子消失。

十一月二十日，光宗又率领大臣到慈福宫奉上皇太后册宝。

十二月初五，光宗再次朝拜重华宫。

直至绍熙五年（1194）春正月初一，光宗到大庆殿，接受大臣朝贺，于是朝拜重华宫，然后到慈福宫，行庆寿礼。

这是光宗发病后第一次举行大朝会，他的精神情况似乎开始稳定，进入到好转的阶段。

然而，绍熙五年正月，太上皇孝宗染疾。

光宗又开始猜忌，觉得孝宗并没有生病，是孝宗和大臣们想骗他去重华宫，然后加害于他。

光宗不去探望病重的父亲，可自己却与李凤娘经常结伴而游。

四月初三，正是风和日丽的时候，光宗准备去玉津园出游，皇后李凤娘和后宫都跟随而去，却没有邀请太上皇孝宗。

第二日，太上皇孝宗带病独自到东园，想必是听说了儿子儿媳刚刚游玩过此处的消息。

看着满园春色，孝宗想到当年他年轻的时候，经常带着包括光宗在内的孩子们，请高宗一起游园划船，一家人其乐融融。高宗的晚年极为幸福，活到了八十一岁高寿。可自己的晚年却如此凄凉，不明白啊！这位以"孝"字名满宋朝的老皇帝，实在想不通他和儿子之间怎么会变成如今的样子。

这日之后，孝宗的病情急转直下，比过往任何时候都要严重。

朝臣们因此再次恳求光宗过宫，甚至出现大规模的"罢工"行为。

包括嘉王侍讲黄裳、秘书少监孙逢吉等在内，一百多名官员上疏自求罢职待罪，中书舍人陈傅良请求任命亲王、执政或接近皇上的宗亲一人担任重华宫使。

光宗不光不理会，也不见任何朝臣。

此时，太上皇已经病得无法见人，弥留之际，他泪流满面，想要再见光宗一面。

众臣在宰相留正的带领下，一齐请求光宗过宫。

尚书罗点跪在光宗面前，哭道："太上皇危矣！陛下今日不见，后悔莫及啊！"

光宗无动于衷，自求退居二线。

宰相留正提出，既然如此，那么从他宰相开始，往下所有的臣子全部都辞职！

光宗一怒之下道："那你们就都辞职吧！"

于是，自留正开始，全部官员都被逐出临安，到城外待罪。

但是，反复不定的光宗很快又让臣子们回城待罪。

留正他们比做亲儿子的光宗还孝顺，之后都到重华宫慰问太上皇孝宗的病情。

二十三日，那一天恰好光宗上朝，彭龟年不离开班位，伏地叩头久久不停，鲜血浸在地上。光宗不得不询问："我一向知道你忠诚耿直，有什么话想说？"

彭龟年连忙奏道："现在没有什么事情能大过拜见太上皇。"

光宗随口敷衍："我一定会去。"

彭龟年已经不信任光宗了："陛下屡次答应我，一进宫后就又不遵守诺言。言行不一致，我实在痛心。"

同知枢密院事余端礼，反问光宗道："臣等在宫殿前的台阶上叩头，对陛下做出恳切之请，做臣子的做到这个地步，为了什么？"

可是光宗依然只是口上说说："我知道了。"

便是光宗的儿子嘉王也跪到父亲面前，哭着请求光宗去看望祖父孝宗。

光宗说："那么就由你代我去吧。"

嘉王赵扩赶紧来到重华宫，孝宗为之感动，可是他一直想见儿子光宗，眼睛看着门口的位置，希望儿子的身影能够出现，但光宗始终都没有踏足重华宫。

绍熙五年（1194）六月戊戌日，孝宗在无尽的遗憾和不解之中永远闭上了眼睛，享年六十八岁。

第十一章

庆元党禁——没有主见的在位者

孝宗驾崩之后，重华宫的内侍们脑子倒很清楚，他们没有去通报光宗，而是赶紧叩响了知枢密院事赵汝愚的家门，向他报告孝宗驾崩的消息。

赵汝愚又是伤心又是忧虑，他思考着如果现在告诉光宗，光宗也许疑心病发作，根本不相信孝宗已经过世，于是决定先压下这个消息。等到第二日光宗视朝，赵汝愚在众臣面前，把孝宗已驾崩的消息说了出来。众臣崩溃，哭着请光宗点头，等下一定到重华宫去拜祭孝宗。

令人伤心的是，光宗依然没有去重华宫。

一直到太阳下山光宗仍没有踏出宫门，他担心这是臣子们骗他去重华宫再杀掉他的新招数。

最后，只能由宰相留正率领百官到重华宫发丧。

六月初十，丞相以下官员上疏，请光宗到重华宫行丧礼，光宗依然不理会。

六月十二日，丞相率领文武百官上表，请求光宗穿丧服行孝。光宗不但不听，还照常设宴饮酒，召见戏子行乐。

六月十三日，孝宗入殓，孝宗的尸体被装入棺材内，钉上棺盖。接下去的丧礼必须要请光宗出来主持了。

众臣见无法说动光宗，于是转而请光宗的儿子嘉王进请光宗主持葬礼，光宗继续敷衍，道："等朕病情好转，就到宫殿去行礼。"

事情发展到这个地步，众臣已经看明白了，孝宗丧礼无法正常进行。

留正与赵汝愚商议："不如通过太子少傅吴琚请太皇太后垂帘暂且主持丧事。"

太皇太后，便是高宗的皇后吴氏。

赵汝愚也觉得可行。

太子少傅吴琚是太皇太后的侄子，由他去劝说最合适。

吴琚好书画工诗词，尤精翰墨，他一向胆小谨慎，不喜欢参与国家大事，虽然将两人的想法转告给太皇太后了，但同时也加了一句："请太皇太后不要干预朝政。"

太皇太后吴氏从来没有这方面的打算，就是自己侄子不提醒，她也不打算答应。

吴琚的话音刚落，太皇太后便出声拒绝了垂帘。她道："既然当今陛下都不处理，我也不能参与。"

留正实在没有办法，只能入宫，再三请求太皇太后代行祭奠礼："我们连日上疏请求陛下主持葬礼，陛下都没有回复。陛下再不出宫，百官一起在宫门大哭请求陛下，肯定会引起人心骚动，对国家百害而无一利。恳求太皇太后降旨，说明由于皇上有病，暂且让他在宫中服丧。然而丧事还是无人主持，祝文中要称'孝子嗣皇帝'，宰臣不敢代行啊。太皇太后是太上皇孝宗的母亲，请主持行祭礼。"

最终，太皇太后只同意下旨并主持丧礼，但是拒绝垂帘。

如此这般，这个丧礼的前半段至少马马虎虎地进行下去了。

光宗为国之君为人之子，面对父亲去世，既不举哀也不服丧，不仅满朝愤慨，百姓也十分不满，而且金国很快就会派遣吊祭使过来。如果到时候，光宗还如此不靠谱，必然叫金国笑话，影响大宋的国威。不管哪一方面，臣子们都不允许这种情况持续下去。

这种情况下留正又有了新的谋划，他上奏疏说："皇子嘉王仁孝，可早日确定皇储之位以安人心。"

立太子确实是一个很好的办法，这样光宗可以在深宫养病，让太子出面处理国事，如果光宗病好了，也可以继续当政，一举两得。

对于留正来说，无论哪个当政，自己都是左丞相，两不得罪。

可是光宗看到之后，很不高兴，评论这是谬妄！他又开始担心这是不是取代自己的阴谋。

但过了六天，留正又来请求，没想到这次光宗批示说："很好。"

第二天，大家一同拟旨呈上，光宗亲自批示："交给学士院降诏。"

按照惯例，当晚就要学士院那边起草立储诏书了，顺利得不可思议！

可这天晚上，光宗又批示给留正"历事岁久，念欲退闲"，就是说执政年月久了，他想退下来清闲一下，是退位之意。

这样的话，留正又为难了，他到底是以哪个为准呢？留正无法决定，立储的诏书只能先行中止。

第二日，赵汝愚询问留正为何没有完成立储的诏书。留正无奈，悄声道："陛下又说要退位。"

两人再次上疏询问光宗，但是光宗也只是回复，按照昨天说的办，模棱两可，不知道到底是立储还是内禅。

留正十分恐惧，立储与退位是两个完全不同的概念，若是揣摩错了，后果不堪设想。

他私下考虑离去的计谋，就趁上朝时假装摔倒，想要借此罢相。

赵汝愚对这个事则有完全不同的看法，他打算趁机跳过太子监国，直接以内禅事奏请太皇太后。

留正反对道："立储诏令还没有下，现在就内禅，以后会很麻烦。"

两人意见出现分歧。

距离孝宗大丧之期越来越近，立储之事不能再拖沓不决。

这一晚，工部尚书赵彦逾到赵汝愚的私宅来。

赵彦逾是宋太祖赵匡胤的三弟赵廷美之后，南宋的宗室大臣，比赵汝愚大十来岁，但是没有赵汝愚威望高。

两人谈到国家大事和近期的情况，想起皇室的起起伏伏，不由对哭出声。

赵汝愚见赵彦逾一心为国，两人私下的关系又一直非常不错，于是悄悄跟赵彦逾透露出想让光宗传位给嘉王的意思，并把利弊陈述了一遍。

赵彦逾听完，觉得这个方案很不错。

赵汝愚犹豫着说出现在最大的问题："但是现在有一事还没有弄好，若是内禅，需要得到宫禁卫队郭杲的支持。"

郭杲是南宋早期著名的"蜀中三大将"之一郭浩的子孙，手握兵权，之前赵汝愚曾经让人试探过郭杲，郭杲听后并不回答。

而赵彦逾与郭杲关系好，赵汝愚询问赵彦逾："如果郭杲不同意，怎么办？"

赵彦逾考虑了一下，道："我会让他听从的，明天我回复你。"

赵汝愚不大放心，担心此事拖得太久，夜长梦多，他道："这件事已经从大家口中传出，岂能有时间等待？"

赵彦逾也意识到必须速战速决，于是，立刻离开去找郭杲。

事情关乎国家社稷，赵汝愚这晚甚至不敢入寝室睡觉，他退坐到屏风后面，想起过去的事例担心出意外，就让士兵披甲不卧，以备不测。

赵汝愚等待着赵彦逾回来，略感焦急却并不害怕，他少有大志，以范仲淹、韩琦为目标，这次就是他展现雄心大志的机会！

另一边，赵彦逾找到郭杲，晓之以理动之以情，又质问郭杲之所以不同意是不是因为有其他的想法。

如此威慑，终于把郭杲搞定了，郭杲同意协助内禅。

很快，这个消息留正也知道了，他越发惊恐，想起自己曾经算过一卦。

卦象说自己至甲寅，乃为兔伏草、鸡自焚之凶象。

现在已经明了：今年是甲寅年，光宗是卯年所生，属兔，退闲便是伏草之意，自己是酉年所生，属鸡，也就是说光宗内禅之后，他会自取灭亡……

留正深以为忧，遂定逃归之计。

七月初二，留正称病向光宗上表请求告老："希望陛下收回之前的话，追悟前非，慢慢收回人心，以保全国家安危。"之后也不管光宗是否同意，天没亮就乘轿子出城去了。

宰相出逃，人心动摇，众人都觉得可能有大事发生。

赵汝愚则显得很坦然。

光宗内禅这件事还剩下太皇太后这边没有点头，需要她的支持，必须要有人从中说和。

经过上次的事，吴琚并不是好的人选。

赵汝愚找来大臣徐谊、叶适、蔡必胜一起商量。蔡必胜与赵汝愚时常政见相同，关系亲近，而徐谊、叶适与蔡必胜是同乡，因此这几人一直很团结。

大家一起商量该请谁劝说太皇太后，最后一致认定派韩侂胄把内禅的意见请示于太皇太后并行劝说是最适合的。

韩侂胄是北宋名臣韩琦的曾孙，宋神宗第三女唐国长公主之孙，他母亲是太皇太后的亲妹妹，嘉王的夫人韩氏是他的族孙女。他与太皇太后十分亲近，由他说服太皇太后最为合适。

韩侂胄也愿意接受这个任务，但是按照规定，他不能随便进入后宫，于是通过所相好的内侍张宗尹去禀奏。

太皇太后知道后，没有明确同意，但是没有完全拒绝。

有这么一丝希望，第二天韩侂胄入宫又让张宗尹再试了一次，仍没获得旨意。

如此看来太皇太后应该是不同意，韩侂胄站在太皇太后的宫门口，迟疑于是否离开，被重华宫提举关礼看见。

关礼是高宗朝宦者，孝宗颇亲信他，因此也能在太皇太后那里说得上话。他询问韩侂胄为何如此，韩侂胄左右为难不敢说。

关礼看出他的难处，指天自誓不会告诉其他人。

韩侂胄这才具体叙述了赵汝愚的意见。

关礼虽然是个内侍，但是也愿意为江山社稷出一分力，他请韩侂胄稍候片刻，让他去太皇太后处试试。

关礼进宫后见到太皇太后就开始哭泣，太皇太后连忙询问怎么回事。

关礼哭着道："圣人读书达万卷，有看见过现在这种情况，最后没有出乱子的时候吗？"

太皇太后一听，有些不悦："这不是你应该议论的。"

关礼并不畏惧，道："这件事已经人人知道，人人议论了，现在丞相离开了，长此下去，朝廷所依靠的赵知院也要走的。如果他也走了可怎么办？"说完眼泪就流下来了。

太皇太后吃惊道："赵知院是宗室，理应与国家共存亡，他也要走吗？"

关礼才解释道："赵知院不离开不是因为他宗室的身份，是因为现在有太皇太后可以依靠啊。今天他们制订的大计划呈入但没有得到答复，以后的发展怕是令他不得不走。他走了，国家将怎么办？希望太皇太后三思。"

太皇太后想了想，问韩侂胄在哪里，关礼说："我已留他等候命令了。"

太皇太后又与关礼详细说了后面的计划，最后说："事情顺利就行，告诉他好自为之吧。"

关礼出来告诉韩侂胄太皇太后的意见，道："禫祭这天太皇太后在孝宗梓宫前垂帘接见执政。"

服丧期满，在除去丧服时，要举行一次祭礼，这次祭礼称为禫祭。

赵汝愚知道了太皇太后的命令，才把此事告诉陈马癸、余端礼，派郭杲以及步帅阎仲晚上率兵守卫南北内，关礼派他的姻亲宣赞舍人傅昌朝秘密制作黄袍。

内禅一事自此有条不紊地进行。

在这件事上，关礼的功劳很大，到后来关礼入内侍省都知，又差兼重华、慈福宫承受，充提举皇城司，迁中侍大夫。但是关礼不以功自居，拒绝恩赐。在南宋，内侍中可以交口称赞的人物也就只有这一位了。

禫祭当日，嘉王或许感觉到什么不对，一向孝顺的他突然告诉赵汝愚，他不想去哭吊孝宗。

赵汝愚劝道："禫祭这么重要的事，您不可以不去。"

嘉王无法拒绝只得去了。

宫殿中，太皇太后垂帘，赵汝愚率众臣行礼，然后上奏："皇上生病，不能执丧事，之前我们请求立皇子嘉王为太子，以稳定人心。皇上批示'很好'二字，又写了'想退下来休息'的话，臣等惶恐，听由太皇太后处分。"虽然说的都是事实，但是这话里的意思就好像光宗是自己愿意退位。

太皇太后道："既然有御批批示，你们应当奉行。"

赵汝愚步步紧逼："这件事事关重大，要传谕天下，载入史册，必须议定一个旨意。"这话听起来，颇有些强迫的意味，不过太皇太后没有生气。

赵汝愚也早有准备，他从袖中拿出为太皇太后所拟定的旨意呈上，上面写着："皇上因病至今未能执丧，曾有御批批示，想退位休息。皇子嘉王赵扩可以继承皇位，尊光宗为太上皇帝，皇后为太上皇后。"

太皇太后看完后道："很好。"

赵汝愚继续奏道："从今日起，我们有需上奏的事，应该听从嗣皇帝处理。然而担心两宫父子间有难以处理的地方，须烦请太皇太后论处。"

其实赵汝愚已经想好解决方法，他继而道："太上皇病未好，突然听到此事，肯定会很惊讶，请求令都令杨舜卿提举泰安宫，以后担负侍奉太上皇的职责。"杨舜卿当初就离间过光宗与孝宗，现在把孝宗与光宗的问题丢给他，也不为过。

太皇太后便召杨舜卿到帘前，当面告诉他。

一切妥当后，就轮到嘉王即位的流程。

嘉王没想到还有这样的戏目，一时不敢确定，坚决推辞："不可如此，恐怕背上不孝之名。"

赵汝愚上前道："天子应以安社稷、定国家为孝。今天内外人人忧心忡忡，一片混乱，万一发生事变，把太上皇置于何地？这才是最大的不孝。"

众臣扶着嘉王入素幄，要给其披上黄袍，嘉王依然不同意，不想披上黄袍，最后还是太皇太后哭着并亲自给嘉王披上黄袍，嘉王才没有拒绝。

嘉王站立未坐下，赵汝愚率众臣又拜，山呼万岁，史称宋宁宗。

宁宗即位后，想起几年前自己父亲登基的风光，又想到现在的光景，悲从心中来。

他悲哀地大哭，并没有登基的喜悦，更多的是害怕。

百官请安完毕，行禫祭礼。

紧接着赵汝愚就在主持丧事的地方，派人召回留正为宰相，令朱熹待制经筵，把在朝外的士人君子全部召来。

侍御史张叔椿请求治留正弃国之罪，然而太皇太后道："光宗在时说过宰相须是留正，听说他已出朝，可速召回。"赵汝愚于是改换了张叔椿的官职。

这才算顺利地完成这次定策大计，可以说是有惊无险。

太皇太后随后撤帘，把朝政交给了没有历练过的宁宗，史称"光宗内禅"，因为内禅发生在绍熙年间，故也称"绍熙内禅"。

一切手续完成之后，大臣面见光宗，请太上皇移居。

光宗没有想到是这样，但也没有反抗，自问自嘲一般说了一句："你们怎么不早点告诉我一声？"

虽然在高、孝、光、宁四朝里有三次内禅，好似历史在重复，但是"绍熙内禅"是一场老皇帝缺席甚至是并不知道自己已经退位的内禅，确切地说，是赵汝愚、赵彦逾、叶适、徐谊等朝臣以光宗无法执丧为理由，透过外戚韩侂胄从中联络，获得高宗吴皇后支持所造成的宫廷政变。

看起来似乎是君臣和谐，其实隐藏着波澜。

光宗在位四年，时间短暂，主要处理的事件也偏向家事，夫妻关系、父子关系，对整个国家政策并没有多少益处。

到了宁宗时期，反而都围绕着君臣关系、臣臣关系，倒对国家产生了不小的危害。

宁宗性格相对来说比较柔弱，他可能没有想到自己会这么快成为皇上。当初光宗在太子之位上都熬了十几年，按照这个标准，他也差不多得熬上十几年，更何况最初孝宗是打算让魏王继位，没准还轮不上他。

宁宗如此仓促地登基，让他一时不知道该怎么办，完全没有做皇帝的心理准备与政治觉悟。

尤其是现在这个情况，他不知道怎么面对被迫退位的光宗。

宁宗受禅即位当晚召见彭龟年，他皱着眉头道："以前只听说我可能被立为皇储，没想到立即就登上了皇位，我向太皇太后竭力推辞未得到恩准，至今内心还震惊、害怕。我又该怎么对待太上皇？"

彭龟年开解道："这是关系到国家宗社之事，陛下怎能推辞？现在只消尽人子之责，诚心地侍奉父亲，太上皇清醒后会理解你的。"

宁宗拟定起居札子，彭龟年又与翊善黄裳一同到南内朝拜，制定拜见泰安宫光宗的礼仪。结果宁宗去泰安宫朝拜太上皇光宗，到宫前时卧室门已关闭，光宗不想见宁宗，宁宗没有办法只能奏上拜表就退出了。

实际上，这个时候光宗的精神问题又开始严重，他不愿意听到自己成为太上皇，也不打算从这里离开，只要他还在这，他就是皇上。

大臣们开始议论另建宫殿让宁宗居住的方案，彭龟年道："古人披荆斩棘建立的宫殿并不容易，况且现在的宫殿也是够用的，陛下住窄处，太上皇住宽处，天下百姓定会体谅陛下的，也能表明陛下的孝心。"

于是宁宗听从建议，停止建筑新的宫殿。

而光宗一直住在泰安宫直到五年后去世，也不知道他是否有过短暂的清醒，是否后悔过。

宁宗刚当上皇帝，行事比较谦逊，又想表明自己好学，他经常道："退朝后无所事事，恐怕自己滋生怠惰之情，非要多读书不可。"

彭龟年对这话并不是很认同："君主的学问与书生的学问不同，只要能虚心纳谏，迁善改过，这是圣学中的第一大事，并不在于读书多少。"

宁宗对台谏的意见十分重视，但他少有自己的主见，容易听信自己信任的人，如果选择正确的台谏还好，如果是听信奸逆小人恐怕就是国家的悲哀。

宁宗继位后，册立妻子韩氏为皇后，韩侂胄是韩皇后的叔祖父，由此得势，他也因为外戚的身份更容易见到宁宗。

韩侂胄在"绍熙内禅"这件事中发挥了重要作用，本欲借此定策之功，获取节度使之职。

但赵汝愚却认为"外戚不可言功"。最终，韩侂胄只升一阶，授为宜州观察使。

韩侂胄大失所望，如果不是因为赵汝愚阻拦，自己定然能飞黄腾达，他冒着危险见太皇太后不就是为了这个吗？赵汝愚是宗亲，太祖定下宗室子弟不能为高官的规矩，可赵汝愚不也是得到了权力，为什么自己就不可以呢？

当时，韩侂胄还兼任枢密都承旨，负责传达诏旨。他逐渐获取宁宗的信任，宁宗的内批，基本上都通过韩侂胄的手。韩侂胄开始假借御批斥逐谏臣，他根本就不听取别人的意见，也不允许其他人反驳他。

有了经手内批的权力，韩侂胄开始伺机打击赵汝愚。

赵汝愚一直很谨慎，在登基这个月，宁宗令赵汝愚暂时兼任参知政事。留正回朝后，赵汝愚乞求免去兼职，于是宁宗又下诏令赵汝愚为右丞相。

赵汝愚继续推辞不接受任命。他道："我是与皇家同姓的官卿，不得已处理君臣之变，怎敢以此为功劳？"

宁宗无奈，令赵汝愚以特进身份任枢密使。赵汝愚又辞去特进身份，十分谦逊。

不过，韩侂胄觉得赵汝愚这是以退为进，欲擒故纵，他决定先铲除赵汝愚身旁的帮手。

赵汝愚与留正虽有意见不同的时候，但是两人在主要问题上没有矛盾，可以相互都有助力。

韩侂胄就决定先动留正。

正好之前留正责怪韩侂胄在宰执办公的都堂转悠，韩侂胄怀恨在心，在宁宗耳旁煽风点火。

宁宗随后罢免了留正，令留正出判建康府。

赵汝愚没有想到留正被罢免，他之前并没有得到消息，根本来不及让宁宗收回成命。赵汝愚也没有察觉出是韩侂胄从中作梗，他对朝政满腔热血，宁宗是他亲自推上去的，自己又身居高位，他有一番做大事业的雄心壮志。

此时，赵汝愚给宁宗推荐了一代名儒朱熹，担任焕章阁待制兼侍讲，为宁宗讲授理学。

朱熹的父亲朱松也是一个读书人，和张浚是同榜进士，他没有张浚出名，官至礼部员外郎，因与秦桧政见不和，被排挤到福建为官。

绍兴十三年（1143），朱松病重，去世之前，把十四岁的儿子朱熹叫到跟前，叮嘱他去投靠在武夷山的好友刘子羽，同时还写信给好友刘子翚、胡宪、刘勉之，请他们照顾和教育朱熹。刘子翚、胡宪、刘勉之被称为"武夷三先生"，都是不入尘世、学识出众的人物。

朱熹投靠了刘子羽，刘子羽早年也在宋廷为官，他主张抗金，这与当时议和的主流不符，被主和派找了名头给罢官了。刘子羽之后就隐居在武夷山，开设学馆，教授学生。刘子翚、胡宪、刘勉之也将朱熹视若己出。朱熹在他们的精心教育之下长大，等到十八岁时，他娶了刘勉之的女儿为妻。刘勉之师从北宋著名的理学家程颐，而朱熹又师从刘勉之，宋朝理学的主要派别"程朱理学"便因刘勉之串联了起来。

绍兴十八年（1148），朱熹参加建州贡生试，时任考官蔡兹读到了一份特别的试卷，他点评此生："他日必非常人。"

这个考生便是朱熹。

三年后，朱熹被朝廷任命为泉州同安县主簿。不久，他拜程颐的二传弟子李侗为师，为表诚意，朱熹步行百里，走到李侗所住之处。李侗也非常喜欢朱熹。自此，朱熹开始全面学习和继承"二程"理学。

孝宗即位之后，求言纳谏。朱熹向孝宗谏言，主张抗金。然而孝宗又重新重用了秦桧余党、主和派的汤思退。朱熹甚为失望，于是请归。

张浚突然离世，朱熹震惊又悲伤，他特意赶去哭灵，在这一场忧伤的奔波中，宋金签订了"隆兴和议"。

失望至极的朱熹开始专心研学，一边讲学，一边编写理学书籍。

乾道三年（1167），朱熹前往岳麓书院，掌管岳麓书院的是张浚之子张栻。这两人年龄相差三四岁，都是程颐一脉的弟子。两位大理学家的见面充满了知己相见的愉悦，畅谈之后，彼此都觉得豁然开朗，思想更加完善。

朱熹的理学到底是什么？

用刻在岳麓书院之中朱熹的手书"忠孝廉节"来解释最为合适，他推崇儒学，从儒学中找到了个人以及天子庙堂的规则，并认为只有在这种框架下行事才是正确的事。

朱熹给宁宗讲学，向天子阐述推广理学。他很快就察觉出内批的危险，担心韩侂胄会危害国政，几次在讲经中和宁宗暗示这个事，并且也提醒赵汝愚道："可以给韩侂胄高官厚禄，但不能让他担任这么关键的职位。"

赵汝愚不以为意，觉得朱熹杞人忧天。

宁宗也没有反应，朱熹随后约吏部侍郎彭龟年共同上奏抨击韩侂胄。

恰逢彭龟年出朝护送外国使臣，朱熹在给宁宗讲经结束后，一人上奏，极力道："陛下即位未到十个月，关于官职的任免，都出自陛下个人独自的决定，大臣没参与商量，给舍官来不及讨论。内批这个弊端不革除，我担心陛下不但名义上得了独断专行的评论，皇家的威权还下移了。"

这里其实就是暗指韩侂胄得到的权力太多了。

没想到宁宗御批写道："我怜恤你年岁已高，恐怕难以站着给我讲课，就授给你宫观官的职位吧。"

宫观官是个闲职。

当时赵汝愚得知这个消息后，当即进谏，请求宁宗收回诏令。台谏官争相要求留下朱熹，宁宗没有同意。

至此，朱熹在朝仅四十六日，被宁宗内批罢去了待制兼侍讲之职。

吏部侍郎彭龟年回来后得知朱熹被罢，极力陈述韩侂胄窃弄威福，内外大臣都依附他，不除去他必定后患无穷，他上奏道："近日陛下驱逐朱熹太过突然，一定是有人进谗言，所以希望陛下立即除去韩侂胄这一小人。"

直接点出韩侂胄的名字，然而宁宗不但没有罢免韩侂胄，还批示令彭龟年任一地方官，令韩侂胄的势力更加膨胀。

已经离开朝廷的朱熹依然为韩侂胄当权而忧虑，他几次写信给赵汝愚，认为应当以厚赏来酬谢韩侂胄尊立宁宗的功劳，但是不要让他来参与朝政，只给职位而不给实权，信中有"及时制止萌芽时期错误的发展，谨慎小心不可疏忽"的话。

赵汝愚认为韩侂胄容易制服，对朱熹的话没有在意，但等到韩侂胄来拜访他时，就故意不见，给他一个下马威，韩侂胄又羞又气。

签书枢密罗点提醒赵汝愚说："你做得不对了，恐怕会出事端。"

赵汝愚这才醒悟过来，又去见韩侂胄，希望避免嫌隙。

韩侂胄表面说那是小事，自己根本没有生气，实际上对赵汝愚恨得牙痒痒。韩侂胄虽然一时扳不倒赵汝愚，并不代表他对别人不横行霸道。

右正言黄度想论韩侂胄的罪。黄度字文叔，号遂初，自幼好学，才思颖敏，文似曾巩。当初，面对光宗朝过宫问题，他就不曾畏惧，弹劾宦官陈源、杨舜卿、林亿年不法劣迹，指斥"三人为今日祸根"。

见光宗不听劝，黄度说道："我是言官，有责任进谏，如果不能说这些，那我还是离开吧。"因此辞官，后被召回。

到宁宗朝，黄度又因为弹劾韩侂胄再次被罢官。

罢免的诏书都是内批，正是韩侂胄的手笔。

韩侂胄一人赶走了赵汝愚身旁的几名大将，他已进拜保宁军承宣使、提举佑神观，本来可以放下心结。

但当时，知阁门事刘弼因未能参与"绍熙内禅"，也对赵汝愚心怀不满。他在韩侂胄和赵汝愚的关系上火上浇油，道："赵丞相是想独揽拥立大功，您岂止是不能得到节度使之职，恐怕还会被贬到岭南边荒之地。但是您只要控制台谏，便可保无忧。"

韩侂胄也觉得这话有道理，因此他想提拔他的私党为台谏，以排斥赵汝愚。

正巧当时赵汝愚请求令亲近大臣推荐御史，韩侂胄秘密告诉他们，要他们推荐与他交情深厚的大理寺簿刘德秀。

不久，宁宗批示升刘德秀为御史，他的党徒也跟随得以升职，言官于是都是韩侂胄的人，逐渐控制了言路。

之后遇到黄裳、罗点死去，韩侂胄又提拔他的党徒京镗取代罗点的职位，赵汝愚地位受到威胁，中书舍人陈傅良、监察御史吴猎、起居郎刘光祖先后被排斥，群臣邪佞附和韩侂胄，视正直之士如仇敌，而士大夫之祸开始。

韩侂胄要做的最后一步，就是毁掉宁宗对赵汝愚的信任。

朝堂上，对赵汝愚不满的，除了韩侂胄还有赵彦逾，赵彦逾自认为他曾传话给郭杲，也是有功劳的，他希望赵汝愚引荐自己为同僚，然而赵汝愚没有同意，赵彦逾被任命为四川制置，要离开京城。

赵彦逾心中不满，便与韩侂胄合谋排挤赵汝愚。

赵彦逾到宫中辞行的那天，尽奏当时贤者的姓名，指出他们是赵汝愚的私党。

都知道赵彦逾与赵汝愚关系亲近，如今赵彦逾说出这话来，宁宗虽然没有完全相信，内心也不免留下了一丝疑惑，再仔细一想，这些贤者皆是赵汝愚的党羽，若是心有不轨，自己也无法应对，宁宗心中不免有所怀疑。

赵汝愚在朝廷上基本处于孤立的情况，韩侂胄认为再加把劲就可以驱逐他了。

赵汝愚聚族人而居，家里有三百多人，他所得的粮物全部平均分配，族人没有不满的。赵汝愚自己生活很清苦，哪怕是现在成为宰相也是如此。

韩侂胄无法从名声和钱财上找到驱逐他的理由，这时一个幕僚建议道："他与宗室同姓，说他阴谋危害国家，那么就把他及私党一网打尽了。"

韩侂胄认为这个方法很好，其实这个方法，韩侂胄不是没有想到，只是他不想从自己的口中说出来。

庆元元年（1195）春正月二十二日，韩侂胄认为时机已经成熟，让与赵汝愚有矛盾的李沐上疏宁宗，说赵汝愚要阴谋造反。

宁宗心中已经理下了怀疑赵汝愚的种子，韩侂胄也见缝插针，跟宁宗说："臣也记得赵汝愚在择新君时说，只要是赵氏一族的人便可以，并不是非要陛下您来做。"

宁宗震怒，立刻除了赵汝愚的右相之职，将他贬出京城，知福州。

二十四日，兵部侍郎章颖也因与赵汝愚结党被罢免。

二十八日，谢深甫等再次弹劾赵汝愚。

宁宗下诏授予赵汝愚宫观宫闲职，这是安置闲置宰相、以前高管的职位，等于完全要弃用赵汝愚，这很快引起了认同赵汝愚之人的反对。

国子祭酒李祥和博士杨简劝谏道："去年孝宗驾崩，光宗病重，国丧无人主持。赵汝愚奉太皇太后的命令，帮助陛下登上帝位，对国家有显著功勋，对君主的忠诚天地可鉴，而突然受人暗算离朝，天下后世人会怎么看呢？"

李沐随后便弹劾这两人，令李祥、杨简被罢黜。

太府丞吕祖俭也为赵汝愚说话。

宁宗见这一封封的奏折都不理解自己，直接把吕祖俭贬去了韶州。

朝内一时人心惶惶，都不敢再为赵汝愚说话。

但是没有朝臣，还有太学生。

杨宏中、周端朝、林仲麟等六名太学生伏在宫前，请求宁宗："去年孝宗驾崩那种人心不安的时候，如果不是赵汝愚的坚定，即使一百个李沐，也不能领朝廷渡过难关。当时他有大好的机会，也没有做出不忠之事。如今上下安宁，又怎么会有异心呢？"

韩侂胄听后大怒，最后杨宏中六人被分别送到五百里外编管。这六人的无畏赢得了世人的称赞，被称为"庆元六君子"。

这些话同样引起了宁宗的不满，这个皇上也并非他之前就想当的，功劳倒都算在了赵汝愚身上，还有谁把他这个天子放在眼里！

在宁宗眼中，越是有这么多的人支持赵汝愚，就越是需要防备赵汝愚。

十一月二十五日，宁宗贬降赵汝愚为宁远军节度副使、永州安置，提拔韩侂胄的同党京镗接任宰相。

本来事情算是胜负已分，尘埃落定。可与赵汝愚不和的汪义端又跳了出来，他引用唐朝杀李林甫的事例，暗示宁宗杀掉赵汝愚。迪功郎赵师召也上疏乞求杀赵汝愚。

宁宗到底念在当初赵汝愚的定策之功，没有杀他之心。

赵汝愚得知自己被贬，怡然启程，他对身边的人说："看韩侂胄的意思，一定想杀死我，我死了，你们才可能幸免。"言语之中，已经看淡了生死。

赵汝愚随后踏上了前往永州的路，走到衡州时，突发疾病，在风雪漫天之中，闭上了眼睛，享年五十七岁。

天下百姓都为赵汝愚感到冤屈。

赵汝愚对理学很有研究，他做学问务求学以致用，凡是平时从师友处听到的可以有作为的话，他都想做到，但没有来得及施行就死了。

如今，赵汝愚虽然死了，但是另一位理学大家朱熹还活着，他的威望更大。

这是韩侂胄最后的一个政敌了。

在韩侂胄集团的策划下，宁宗下令禁止道学，定理学为伪学，罢斥朱熹等理学家，对当时的许多知名人士进行清洗，禁止朱熹等人担任官职，参加科举，史称"庆元党禁"。

赵汝愚死后，韩侂胄一家独大，台谏中都是他的人，有恃无恐。

庆元二年（1196）二月，韩党刘德秀要求将道学正式定为"伪学"，以至于这年科举开考，试卷内容只要稍涉义理就会被黜落，连《论语》《孟子》都成了不能引用的禁书。

伪学之禁搞得人心惶惶，连处在深宫的太皇太后吴氏都已耳闻外朝的折腾，虽然太皇太后不愿干政，但也向宁宗转达了不认同"伪学"的态度。

宁宗对太皇太后还是颇为尊敬的，便下了一道"纠偏建正"的诏书："今后台谏论奏，不必更及旧事。"

不料韩党强烈反弹，殊死抗辩，宁宗不得不收回成命，改为"不必专及旧事"。

以君主之尊收回诏令再更改发布的情况，在此前从未发生过。

宁宗的行为不但没有削弱韩党的势力，反而引起韩党的猛烈攻击，韩党把下一个目标转向了已经被赶走的朱熹。

一些朝臣因为攻击理学而升迁，所以朱熹成为韩党进一步搏击邀功的对象。

朱熹早已察觉出这些，归乡一年间，他连上六次疏，请求辞去自己的职名。

他最开始以议论宗庙制度失误而自认为有罪，宁宗不允许，朱熹以有病再次要求去职退休，宁宗下诏回复他："你辞去公职谢绝政事，不符合朕优待贤才的心意，你还是担任原先的秘阁修撰。"

宁宗不断挽留，而且韩侂胄也安慰过朱熹，表面上一团和气。

然而朱熹有自己的气节，他不想为这样的一个朝廷效力，坚持辞去职名，这让韩侂胄有些不高兴，韩侂胄的党羽也找到邀功的机会。

沈继祖任监察御史，上疏诬告朱熹，还捕风捉影地列举了朱熹不忠、不孝、不仁、不义、不恭、不谦六大罪状，更捏造了朱熹"诱引尼姑，以为宠妾"的桃色谣言，要求宁宗学孔子诛少正卯，诛杀朱熹。

所幸宁宗只是"不得不"下诏削去朱熹秘阁修撰的职位，并没有杀朱熹，又将朱熹的学生蔡元定送到道州监管居住。

但伪学之禁越来越严重，等到了庆元三年(1197)，刘三杰入宫奏对，说从前御史所弹劾的朱熹、赵汝愚、刘光祖、徐谊等徒党，已经由伪党上升为逆党，他将罪名升级，是把伪学之禁推向了高潮，将党争推到了忠逆的审判台，只要反驳的就是逆党。

还有朝臣上奏说："伪学与有权势的大臣结成顽固的反动集团，暗中窥伺帝位，有谋逆的嫌疑。"更加肯定了"逆党"这个词。

宁宗命令起草诏书在全国公布禁止伪学，于是攻击伪学的声势一天比一天急剧。

年末的时候，知绵州王沇上疏："请置伪学之籍。"

韩侂胄也表示认同。

宁宗毫无主见，回复"从之"。

于是，朝廷仿"元祐党禁"的做法，很快编写了一个名单——《伪学逆党籍》，入籍者有五十九人：

宰执赵汝愚、留正、王蔺、周必大等四人，这是伪学逆党之首；

待制以上有朱熹、徐谊、彭龟年、陈傅良、薛叔似等十三人；

余官有刘光祖、吕祖俭、叶适、杨简、袁燮等三十一人；

武臣有皇甫斌等三人；

太学生有"庆元六君子"，士人有朱熹的学生蔡元定和吕祖泰。

显然，道学家并不是这张名单的共同点，几乎有三分之一的人与道学无关，就说上面的宰执四人，留正和王蔺与道学完全无关，周必大也不被人们视为道学家，这三人与赵汝愚一同列为伪学逆党的主要人物，纯属胡编乱造。

这些人上名单的最根本原因是都曾直接或者间接触怒过韩侂胄及其党徒。

而这五十九人有的已经被罢官，有的远斥，也有被逮捕和充军的，甚至有的已被迫害致死。

《伪学逆党籍》把韩侂胄和韩党的对家做了一个总结，它的出现既是"庆元党禁"的高潮，也是韩党强弩之末的开始。

在这种情况下，士大夫循规蹈矩不敢多做什么，那些在儒学上稍有成绩的人被迫隐居在山野中，没有地方可以容身。

他们的学生要是稍有见地的也只能和老师一样隐居，而那些曲意逢迎的学生则纷纷改投其他老师，甚至改变衣帽穿着，不遵循礼仪，在闹市街区中随意玩耍，以此来说明自己不是"逆党"。

但是，朱熹给他的学生们讲学一天也没有停止，有人劝朱熹说明原因遣散学生，朱熹笑了笑而没有回答。

庆元四年（1198），韩侂胄进拜少傅，封爵豫国公，过得如鱼得水，朝廷之中，没有人敢反驳他的话语。

庆元六年（1200）三月，一代理学大师朱熹逝世，终年七十一岁。他在人生的最后几日，还在勤勉地修改《大学诚意章》。

弥留之际，朱熹亲笔写下遗言，要儿子朱在和学生范念德、黄干，修订自己遗留下来的书籍，并恳切地勉励他们努力。之后，朱熹穿戴得很整齐，靠着枕头在建阳考亭的竹林精舍去世了。

朱熹的丧礼定在当年冬季，许多学生也都来奔丧，无法前来的学生则私下祭吊。

韩党担心丧礼变为"逆党"的一次大示威，命令地方官吏对这些人加以约束。

结果，前来参加朱熹葬礼的人仍然不少。

韩党担心的事情也出现了，即使是在当时高压政策下，也有人敢于直言上疏，北宋名相吕夷简的六世孙、吕祖谦的从弟吕祖泰击登闻鼓上疏朝廷，再起波澜。

吕祖谦和朱熹、张浚之子张栻同被尊为"东南三贤"，吕祖泰个人也是当世名家。他认为理学不该禁，为"伪学逆党"申辩，又请宁宗诛杀韩侂胄，任老臣周必大为宰相。

韩侂胄怒不可遏，将吕祖泰施以杖刑，流放于钦州。

韩党认为周必大是幕后主使，为迎合韩侂胄，纷纷弹劾周必大培植私党。然而，周必大从"庆元党禁"开始，就急流勇退，行事谨慎，没有任何把柄落在韩侂胄手中。

最后，宁宗将周必大从少傅降为少保，这一风波慢慢消散。

除了此事，朱熹葬礼没有酿出其他事变。值得一提的是陆游和辛弃疾听说朱熹过世，也都赶过去参加了葬礼。辛弃疾和朱熹虽然理念不同，但辛弃疾给予朱熹极高的评价："所不朽者，垂万世名。孰谓公死，凛凛犹生。"

朱熹已死，韩侂胄最后的政敌没有了。到了秋季，韩党的重要成员宰相京镗也死了，这两个因素，也促成了党禁的松动。

这时，籍田令陈景思劝说韩侂胄不要做得太过分，陈景思是前朝宰相陈康伯的孙子，和韩侂胄有姻亲关系。

礼部侍郎张孝伯也对韩侂胄道："再不开党禁，将来不免有报复之祸。"

韩侂胄这才动了解除党禁的想法，他的党羽摸到了他的心思，在嘉泰二年（1202）正月的时候上奏宁宗："真伪已别，解除党禁。"

之后韩侂胄正式建议松弛伪学之禁，没有主见的宁宗自是没有反驳。

不久，赵汝愚被平反，恢复资政殿学士之位，朱熹也被赐以华文阁待制的恩泽，《伪学逆党籍》上面还健在的人，如徐谊、刘光祖等官复原位。

看起来似乎和以前没有什么区别，但是平反的诏书上仍然强调，这只是皇上的大赦，相关的人员以后应该谨慎行事。

党禁的恶劣后果却没有随着解禁而消除，它对后期的政风士风都产生了消极影响。

"庆元党禁"使党争以文化之争的面貌出现，扭曲丑化政敌所主张的道德规范、价值观念，并借政治力量予以全面声讨与彻底扫荡。是非颠倒，政风士风在"庆元党禁"前后有明显的转折。

在"庆元党禁"中，受害的也不只道学一个学派，只要反对韩党的人，不问青红皂白，一律清洗，士人普遍受害，搞得人人自危。乾道、淳熙年间的那种学术繁荣、百家争鸣的局面一去而不复返。

但这不应该只归咎于韩侂胄一人，宁宗的毫无主见，冷漠无为，也是造成问题的关键之一。正如彭龟年所说，当皇上与当书生不一样。帝王需要有分辨是非和贤愚的能力，而宁宗一味认定台谏之议代表公论，不管台谏官到底是君子还是小人，一代帝王竟成为韩侂胄打击异己的工具。

第十二章

开禧北伐——自不量力的决定

韩侂胄是继秦桧之后，南宋历史上第二个权相。他在宁宗朝专擅朝政，但也因为赵汝愚之死和伪学之禁被时人诟病，不得人心。

早在庆元六年（1200），宁宗的韩皇后已经去世。

两年后，宁宗坚持要立杨氏为后。杨氏和韩侂胄的关系不好，韩侂胄自然坚决反对。可是耐不住宁宗喜欢杨氏，非她不可，最后杨氏被册立为后，她知道韩侂胄的反对态度，自然也对韩侂胄没好脸色。

韩侂胄在后宫失去了依靠，还多了个能给宁宗吹枕头风的敌人，他担心自己的权势一去不返，开始有所收敛，再加上想要转移矛盾，韩侂胄便想做出一些功绩。

幕僚们灵机一动，建议韩侂胄道："不若立盖世功名以自固。"

韩侂胄道："这倒是个好主意，那么现在有什么盖世功名可建立的呢？"

幕僚们又一琢磨，给了韩侂胄一个方向："北伐金国！若是能恢复故土，这绝对是盖世奇功。"

当时金国的情况也不大好，朝政荒疏，内讧迭起，连年征战，国库日空。

韩侂胄估量再三，认为确实有机可乘，决定对金北伐。

宁宗在如此之大的事件上，也持听从韩侂胄的态度，丝毫没有考虑到当时的兵力与现实情况。

韩侂胄的本意并非是为了国家，而是想借着民众的民族情结，提升自己的名望，以达到专权专政。如此儿戏轻率的战争动机，历史上实在少有。

韩侂胄与宁宗开始为开战做准备，首先便是从舆论开始，希望团结主战派，师出有名。

嘉泰四年（1204）四月，在韩侂胄的建议下，宋宁再推岳飞功绩，下令将岳飞墓旁的"智果观音院"改建为功德院，并令岳飞之孙岳珂为岳飞作辩白文书，为岳飞申冤。民心因此大振，百姓为之鼓舞，为接下的北伐能够得到舆论上的支持打下了基石。

不久之后，宁宗改元开禧，取自宋太祖年号"开宝"和宋真宗年号"天禧"的头尾两字，以强化其恢复故国之志。

开禧元年（1205），礼部挑选进士，进士毛自知主张"乘机以定中原"，这个观点甚得韩侂胄之心，毛被点为状元。

开禧二年（1206），尝到得民心好处的宁宗和韩侂胄又下令削去秦桧死后所封的爵位和"忠献"谥号，改谥"谬丑"，要追究秦桧误国之罪。

后世有人认为秦桧这时候就吃了没有后代的亏。当年迫害岳飞，没有高宗的示意，秦桧也做不到那般只手遮天。如今岳家有后人为先祖说话，而秦家却没有后人站出来反驳，成了百口莫辩之人。但换一个角度想一下，此时就算秦家有人站出来，又能如何？就如同当年岳飞的家人也只能看着岳飞和岳云被害一样，这是帝王的决定，是王朝的走向，怎么可能由一个家族左右？再者，秦桧也不是没有后人。宁宗嘉定十四年（1221），金人攻打蕲州，蕲州通判秦𤊕便是秦桧曾孙。金人以为秦𤊕也是秦桧一般的软弱之人，派人劝降。秦𤊕严词拒绝，并将来劝降的人斩杀。蕲州城破后，秦𤊕依然与金军缠斗，到后来他见胜利没有希望，坦然自焚殉国，秦𤊕的儿子秦浚也随父殉国。

宁宗为岳飞彻底平反而定罪秦桧，有力地打击了朝廷中的主和派，主战派翻身成为主流。

当然，并不是所有人都支持北伐，也有一些有识之士在分析形势之后，认为这场战争获胜的概率不大。

四月，太学生华岳上书道："将帅庸愚，军民怨恨，马政不讲，骑士不熟，豪杰不出，英雄不收，馈粮不丰，形势不固，山砦不修，堡垒不设。"他认定这次北伐将"师出无功，不战自败"，结果被削去学籍，遭到监禁。

反对的声音被韩侂胄镇压下去，下一步就是军权上的掌控。

不久，韩侂胄加封平章军国事，总揽军政大权，权力之大不可想象，甚至当初秦桧都不曾得到这个职位。

韩侂胄下令各军密作行军的准备，出朝廷封桩库金万两作军需，光宗朝被排斥的主战派官员均被起用。

一切准备就绪，只等着合适的时候出兵。

开禧二年（1206）四月，宋朝军队不宣而战，烽火在东、中、西三个战场点燃：

东路，以御史中丞邓友龙为两淮宣抚使，郭倪以副殿帅兼山东、京东路招抚使。邓友龙曾出使金国，回宋后他说金国内部困弱，是当时主张北伐的主要人物。

中路，以兵部尚书薛叔似为湖北、京西宣抚使，鄂州都统赵淳兼京西北路招抚使，皇甫斌兼京西北路招抚副使。

西路，以程松为四川宣抚使，吴曦为四川宣抚副使兼陕西河东路招抚副使。

因东路渡淮北上离中原最近，且主要地形是平原，利于长驱直入，南宋将东路定为北伐主战场，首先在东路发动进攻。

郭倪派武义大夫毕再遇、镇江都统陈孝庆定期进兵，夺取泗州。

毕再遇是南宋名将、武义大夫毕进之子，武艺高超，是曾被孝宗夸奖过的将领。

郭倪确定好进兵的日期，谁知金人听说后，关闭了榷场，阻塞泗州城门防备。

但毕再遇并不担心，他建言道："敌人既然已经知道我们进兵的日期了，那我们就提前一天进攻，出其不意，以奇制胜。"

于是，宋军决定照旧出发，攻打泗州。

泗州有东西两城，毕再遇下令先把战旗、舟楫排列在石囤之下，再让将领陈孝庆领兵假攻西城以麻痹金军，调虎离山。他自己则带着敢死军直奔东城南角，悄悄登上城墙，以少胜多，杀死数百敌人。金军大败，守城的人打开城门逃走。

东城被攻克后，毕再遇打出大将旗前往西城，大声喊道："大宋毕将军在此，你们是中原遗民，可速来归降。"

宋军士气十足，不久西城投降，泗州两城都被宋军夺回。

郭倪赶来犒劳将士，拿出御宝刺史牙牌授予毕再遇，毕再遇推辞说："国家有八十一州，现在夺回泗州两城就得到一个刺史的官职，以后还用什么来赏赐？"

他坚决推辞不接受，不久，朝廷授毕再遇环卫官。

紧接着，陈孝庆继续进兵，攻下虹县。

东路战场初期表现得可圈可点。

中路的宋军也在江州统制许进的率领下，攻取新息县，不久又攻下内乡（今河南省南阳市西峡县），光州的民间义军攻下褒信县。

至此，宋军出兵得胜，形势大好。

泗州之捷让韩侂胄觉得恢复中原指日可待，请求宁宗下诏正式北伐。

韩侂胄先命叶适起草诏书，叶适认为轻率北伐"至险至危"，托病拒绝起草宣战诏书，韩侂胄只得改命权礼部尚书兼直学士院李壁草诏。

五月七日，北伐诏书正式颁布。

诏书上写道："天道好还，盖中国有必伸之理；人心助顺，虽匹夫无不报之仇……兵出有名，师直为壮，言乎远，言乎近，孰无忠义之心？为人子，为人臣，当念祖宗之愤。"诏文铿锵有力，激励人心。

下诏七天后，宁宗以伐金事祝告天地、宗庙和社稷，这便是"开禧北伐"。

金国虽不愿打这场仗，但也迅速做出了反应，五月在东、中、西三个战场上，对宋军发起反攻。

宋军自此由攻转守，随后颓势渐显。

泗州之捷后，郭倪被冲昏了头脑，以为自己有诸葛之智。他调李汝翼、郭倬攻取宿州，统制田俊迈任先锋，派陈孝庆等接应他们。然而，部队驻营在低洼处，时值雨季，一夜豪雨使军帐积水数尺，金军趁机偷袭焚烧了他们的粮草。多日大雨，再加上饥饿，十天后宋军不战自溃，撤围向蕲县，又被金国骑兵一路追击，团团围住。

眼看将全军覆灭，郭倬居然向金军乞和，金将仆撒孛堇道："你将田俊迈给我，我让你们全师撤回。"

郭倬竟真的将勇将田俊迈缚送到金营。

金军虽让郭倬率军撤离，但还是有约半数的殿后军被杀。

宿州之败是北伐以来最严重的惨败，导致东路宋军完全丧失了进攻的可能性。

韩侂胄罢免东路主帅邓友龙，换丘崈为江淮宣抚使。

这时的金国，正如辛弃疾所判断的，处在"必乱必亡"的前夕，金国实际上已不再有继续作战的能力，只是对宋朝威胁、讹诈，他们希望借机提高谈和的条件。

自开禧二年（1206）年底起，金军就秘密派人去见丘崈，示意讲和。丘崈上任后，也多次遣使与金军谈和，因此东路并无新的战事。

东路暂行停战的时候，中路也并不顺利。

中路统帅之一的皇甫斌未接到军令，就率军一千人，北攻唐州，结果初败于支池河，再败于方城。其背后真正的原因是，金人早在一个月前就获得他准备攻取唐、邓的情报，一举击溃了他的部队。

皇甫斌又派出曹统制率步骑数万人分路攻蔡州，谁知道才进至溱水，河水暴涨，皇甫斌下令继续渡河。

金将完颜赛不夜率骑兵七千人控制了渡桥，待宋军刚过河，金军精骑便出击，宋军大溃，被追杀达两万人。

韩侂胄得知后大怒，夺了皇甫斌的三秩，十几天后又夺皇甫斌五官，把皇甫斌贬去了南安军安置。

相较于东路与中路，西路宋军对金国几乎没有什么大规模的军事行动，可谓是可有可无，因为四川宣抚副使吴曦叛变投金了。

见吴曦叛变，四川宣抚使程松也跑了。金军因此无须关注西路战事，将兵力集中到东路作战，再加上从吴曦那里得到宋军伐金的部署，金国轻而易举地击破了宋军堡垒。

其实，早在宁宗下诏伐金前，吴曦就已在四川里通金国，图谋叛变，他派遣门客去金军，密约献出关外阶、成、和、凤四州，求金国封他做蜀王。

之后宋出兵伐金，金国指令吴曦在金兵临江时，按兵不动，吴曦同意，金国见吴曦当真叛变，密许吴曦做蜀王。也难怪韩侂胄日夜盼望四川进兵的时候，吴曦根本不理会他。

西路败仗连连。

金将蒲察贞领兵攻破和尚原，守将王喜力战，但是吴曦下令撤退，宋军溃败。

金兵到兴元都统制毋丘思的关卡，吴曦下令撤防，毋丘思孤军不敌，关卡失守。

终于，在开禧三年（1207）正月，吴曦公然建行宫，称蜀王，置百官，请金兵进入凤州，献出四郡，并准备改女真辫发，向金称臣。

对于吴曦的无耻行为，坚持抗争的四川军民展开了强烈的反抗：吴曦想召用大安军杨震仲，杨震仲坚决不服从，服毒药自杀；蜀地名士陈咸剃去头发，拒绝向金国臣服；另一位名士史次秦自己弄瞎了眼睛，拒不做官；其他一些官员也都弃官而去。

可是，愿意为金所用的人也不在少数，随军转运使安丙接受任命，做了吴曦的丞相长史。

安丙曾是服毒自杀的杨震仲的下属，因为杨震仲的义举，他虽然接受了吴曦的封赠，但是心中摇摆不定。

兴州典仓官杨巨源便暗中联络安丙，秘密约了见面。

见面后，杨巨源质问安丙："你不是要做逆贼的丞相长史吗？"

安丙哭着解释："我没有士兵，没有办法反抗，肯定会有豪杰能灭掉此人，我定来协助。"

杨巨源知道自己职位比较低，若想除掉吴曦，需要安丙协助，便问安丙："是确定要协助吗？"

安丙指天发誓："若能杀死此贼，死而无憾！"

正好兴州中军正将李好义联合兵士李贵，进士杨君玉、李坤辰、李彪等数十人，也在计划杀吴曦。

这些人职位都偏低，威望也不高，便是诛杀了吴曦，也担心会再出现变化，便都同意推安丙出来主事。

杨巨源与李好义等商议好计谋，只待那一晚到来。

夜晚，安丙怀揣杨君玉等伪造的皇帝诏书，带人闯入吴曦寝宫宣旨，喊着："奉密诏令我辈诛杀反贼吴曦，违抗者格杀勿论！"

吴曦的兵士听到有诏书，顿时都四散逃跑，李好义的队伍冲进吴曦的寝室，趁着吴曦没有准备，一刀砍掉了他的脑袋。

吴曦称王仅四十一天，就被诛灭，大快人心。川陕的军民抗金情绪极为高涨。

与此同时，韩侂胄给安丙的密函也还在路上。

韩侂胄在密函上写道："如能杀曦报国，以明本心，会有丰厚的推赏。"结果帛书未到，安丙已奏报吴曦被诛灭。

宁宗与韩侂胄这才安心，韩侂胄即任安丙为四川宣抚副使，赏赐金银无数。

吴曦被杀，对金国的打击比较大，金军大为沮丧，他们之前并没有在西路备战。杨巨源、李好义等请示安丙，应该乘着眼下的大好形势收复四州。

安丙批准了他们的行动。

李好义随后带领宋军杀到西和，金将完颜钦逃走。李好义整军入城，军民欢呼，然而安丙不许他们乘胜北伐，士气大受挫折。

在这次平叛事件里，杨巨源、李好义功劳最大，但是安丙向朝廷汇报时，将首功占为己有。因此，朝廷奖赏的诏书里居然没有提到这两人一个字。

而安丙与孙忠锐不和，他命杨巨源伏兵杀孙忠锐，又诬指杨巨源谋乱，把杨巨源下狱害死，假说是自尽，报给朝廷，李好义也被安丙的手下毒死。一时之间，四川抗金的忠义之士无不扼腕惋惜。

西路表现还算出色的时候，东路与中路战场却都遭遇惨败，虽偶有毕再遇所率部队获胜的消息，但是也不足以改变全局的败势。

北伐失败已成定局，韩侂胄建盖世功业的美梦成为泡影。而随着战事展开，无论胜败，军费都不能短缺。实际上，军费开支一直是宋廷的大问题。

开禧三年（1207）正月，韩侂胄自出家财二十万，补助军需。

与此同时，金军左丞相兼都元帅完颜宗浩又大肆张扬，宣称要攻打襄阳。一旦襄阳失守，整个南宋便危险了。

韩侂胄心里害怕，终于决定结束这场战争，他遣使臣方信孺前往金国谈判。

方信孺此时不过是七品官吏，做萧山县丞，年仅三十岁。他胸有谋略，胆识过人，能言善辩，可是自古以来，战败国都没资格提条件，这次谈判无疑辛苦非常。

当时金军已侵占江淮地区，方信孺行至濠州，被金军元帅纥石烈子仁关押于狱中，断绝薪火饮水，并以利刃威胁他道："只要你答应这个议和条约，就放你离开。"

方信孺神色不改，从容应对："我既然来到这里，就不在乎生死了。"

金军无奈，只得放他离去，方信孺继续北上。

方信孺抵达金国京都汴京，完颜宗浩派庞赵为议和代表，庞赵到驿所相逼，将"天狱"两个大字挂在驿舍里。

方信孺笑道："事情可以商量，何必吓唬人呢？"

庞赵又讥讽南宋："恐怕你们是无兵可战才来请和的吧！"

方信孺马上回击："难道没有淝水之战那样的八千之众吗？"

庞赵哑口无言，只能重申定下的议和条件："称臣、割地。"

方信孺不愿与庞赵谈论，只道："这事还请让我面见你们丞相相谈。"

之后，完颜宗浩在行省府列兵召见了他，质问他："前日兴兵，今日求和，为什么？"

方信孺道："前日兴兵复仇，为社稷；今日屈己求和，为生灵。"

完颜宗浩颇有汉文化修养，想为难折辱方信孺，让他与自己联句赋诗，道："你若联得上，我们再继续谈。"

方信孺应下。

完颜宗浩吟了两句："仪秦虽舌辩，陇蜀已唇亡。"意思是：你就算像张仪、苏秦那样能言善辩，但南宋已经失去四川，唇亡齿寒，南宋要完了。

方信孺反击道："天已分南北，时难比晋唐！"意思是：长江是天堑，将天下南北分开，这个时候不是石敬瑭卖国的时候了，想以晋代唐，建立附庸国，是不可能得逞的。

方信孺之后侃侃而谈，叙述两广、八闽、淮南、两浙的富庶，告诉完颜宗浩我们国力非常好，只是不想生灵涂炭才议和的。

完颜宗浩考虑再三，修改了议和的条件，让方信孺带回去。

方信孺回朝复命。

复函上金国提出了议和的五个条件：一，割地，南宋割让两淮；二，增岁币；三，称臣；四，将战俘送回；五，惩罚这次战争首谋者。

南宋对于割地与称臣坚决不能同意，但可以接受其他三个条件。

当然，首谋不是指韩侂胄，而是让苏师旦、邓友龙、皇甫斌来当替罪羊。

方信孺带着南宋的回复再出使金国，向完颜宗浩递上回书，这五个条件里唯有归战俘一项双方没有争议，其他款项金国都提出了异议：在岁币上，金方不接受南宋只将二十万提升到二十五万这一数额；罪首谋的分歧点，在于到底是谁为首谋；而割地、称臣绝无谈下去的可能。

和谈陷入僵局。

金方和谈代表依然是庞赵，他指责南宋背信弃义，擅起兵端。

方信孺不客气地道："是因为你们失信，我们才失信的！"

金人愕然："我们哪里失信？"

方信孺从容地道："你们致函吴曦，诱使叛降在前，本朝兴兵在后，情理曲直显而易见。"

金人一时语塞。

最后庞赵在谈判条件上松动："割地之议暂且不谈；你们如果不称臣，也应改称叔为伯；增币五万之外，另加犒军费。"

八月，方信孺南归复命，之后带着宁宗的"合议草案"第三次出使金国。

这次，完颜宗浩没让庞赵再出面，换了其他人接待他，并出尔反尔地要增加岁币，重新提出了五个要求，条件越来越苛刻。

方信孺不为所动，坚定拒绝，宁愿以死报国。

金国只能将人放了，但是在复函中攻击方信孺，要求宋朝将难对付的方信孺换掉，下次派其他使者前来。

九月初，方信孺带回完颜宗浩的复函，上面依然有五点：

一、宋若称臣，可以从江淮之间取中划界，若仍称侄，就以长江为界，当尽割淮南。

二、岁币增至三十万两匹。

三、另输银一千万两以充犒军之用。

四、俘虏送回。

五、必须斩元谋奸臣也就是韩侂胄，首级送上来。

当时方信孺回到朝廷之后，当面与韩侂胄说金国的要求，在说第五点的时候，他不敢直说。

韩侂胄再三追问，方信孺才不得不回答："欲得太师头颅！"

韩侂胄恼怒至极，蛮横无理地拿方信孺出气，将其贬谪岭南。

后来宋使再赴金国，宁宗才得知方信孺在谈判时的事迹，于是下诏表彰。方信孺是杰出的使节，出使金国时以一己之口舌，弭双方之兵戎，不辱使命，面对敌人的威胁，视死如归，置生死于度外。可惜方信孺后来又被人陷害而遭弹劾，终归故里，家境窘迫，英年早逝，享年四十五岁。

韩侂胄被金国要他首级的要求激怒，想再度出兵北伐。

九月四日，宁宗下诏招募新兵，想起用辛弃疾为枢密院都承旨指挥军事，然而六十八岁的辛弃疾这时得病在家，任命下达后，还没有去就任，就在家中病死。

韩侂胄的计划付之东流，再加上他主张的北伐遭遇失利，朝中地位开始动摇，指责他的朝臣也多了起来。

朝中主和的官员大肆活动，等待韩侂胄的将是一场灭顶的阴谋。

第十三章

嘉定和议——权相更迭

"开禧北伐"失败后，以礼部侍郎史弥远为代表人物的主和派赢来了春天。

史弥远是孝宗的老师、右丞相史浩之子，可是这么好的家世没给他带去什么帮助。开禧元年（1205）初，已经四十二岁的史弥远才做到六品司封郎中。这年五月，韩侂胄成为比秦桧权势更盛的权相，史弥远忽然被重用，在接下去不到三年的时间里，一跃成为三品的礼部侍郎兼刑部侍郎。

史弥远没有感激韩侂胄，反而有了除掉韩侂胄的想法，但是他在行动上非常谨慎。

北伐受挫，宁宗下诏让众臣论事，史弥远借机上疏道："事关国体、宗庙社稷，关系重大，不可举数千万人之命轻于一掷。京师是国家的根本之地，因为北伐已调走很多士兵，留下很少的守卫，万一发生叛乱怎么办呢？沿江屯驻的兵马，是守护首都的，不要轻易调动，这样敌人便无可乘之机了。等到民力更宽国势更壮之后，再大举发兵，才是国家的福气。"

史弥远的门客有些担心，这样说会不会得罪韩侂胄，史弥远道："如果对国家有益，便是得罪了我也甘心。"实际上，是他看明白韩侂胄虽然还掌握大权，但已经今非昔比，自顾不暇，就算真得罪了，韩侂胄也脱不开手对付他。

开禧三年（1208）秋，金国要北伐主谋的首级，而在众人心中，主谋自然就是韩侂胄。韩侂胄也清楚这件事，他中断议和，想继续北伐。

但是，经过几年的战争，人们已经疲惫不堪，失去了北上的激情。

史弥远觉得机会来了，他此时兼任宁宗嗣子赵询的讲师，便刻意在赵询面前谈论韩侂胄再次北伐的利弊，力陈局势的危急。

赵询只有十六岁，很容易受蛊惑，随即就向宁宗上奏，建议罢免韩侂胄，但是宁宗只是沉默，没有回复。

这时与韩侂胄不和的杨皇后又怂恿赵询再次进谏，她也会在一旁劝说宁宗罢免韩侂胄。

于是赵询再次上奏："韩侂胄轻率地再次起兵端，上危宗社，最好将他罢黜，以安边境。"

宁宗还是没有说话，哪怕杨皇后在旁边一同劝说，宁宗仍一言不发。

自此，史弥远发现通过皇子劝谏和皇后吹枕边风，也无法让宁宗主动罢免韩侂胄，于是他决定绕过宁宗，主动和杨皇后合作。

要说当时世上，比史弥远更想除去韩侂胄的人有谁，那无疑就是杨皇后，她和韩侂胄的嫌隙，要从庆元六年（1200）说起。

当时宁宗的原配韩皇后去世两年，后位空悬许久，朝臣们纷纷请立新后。宁宗也明白册立新皇后迫在眉睫，但是他优柔寡断，不知道该册立贵妃杨氏还是美人曹氏。

宁宗的内心其实更喜欢杨氏，但韩侂胄支持立曹氏。

韩侂胄觉得曹氏性情柔顺，比较好把控，而且曹氏的姊妹都是可以出入宫门的女道士，平时与韩侂胄有来往，彼此相熟。而杨氏熟读史书，胆量非一般女子可比，韩侂胄担心让杨氏上位，不但令自己失去对后宫的掌握，还会多一个难对付的敌人。

杨氏最开始是高宗的皇后吴皇后的侍女，那时候已经是孝宗朝，吴皇后已是皇太后，已经无所谓身边有容貌出众的女性，再加上杨氏举止得体，吴太后非常喜爱她。

宁宗即位后，杨氏经常替吴太皇太后去给新帝送东西或者递话，给宁宗留下了深刻的印象。太后就做了顺水人情，将杨氏赐给宁宗。

杨氏深得宁宗喜爱，一步步成为贵妃。

韩侂胄一边劝宁宗立曹氏为后，一边千方百计地阻碍杨氏与外朝往来。杨氏也看出自己要成为皇后，必须要想办法绕过韩侂胄。

嘉泰二年（1202）岁末，杨氏与曹氏在同一天宴请宁宗。

杨氏坚持让曹氏优先安排在白天，自己晚上再宴请宁宗。

曹氏看不明白杨氏的用意，又觉得白天比晚上长久，能与宁宗多耳鬓厮磨一会儿，便同意了。她其实想留住宁宗过夜，但到了约定的时间，杨氏派车辇多次催促宁宗过去，曹氏也没办法，只能让宁宗离开。

宁宗当晚留宿在杨氏宫中。

杨氏早已备好笔墨，在宁宗处于醉酒迷糊的状态下，让他写下御笔："贵妃杨氏可立为皇后，付外施行。"还不止一份，杨氏让宁宗写了两份一模一样的御笔，命可靠的内侍将其中一份直接送到义兄杨次山手中。

杨氏出身低微，她很早就明白家世的重要性，因此与武学生杨次山认了兄妹。随着杨氏在后宫的地位越来越高，杨次山也屡被加封，成为福州观察使。

而御笔之所以非要准备两份，就是因为杨氏担心第一份御笔会被韩侂胄压下去。而在第一份御笔还没送出去的时候，杨次山已经拿着第二份御笔找到了当值宰相，让其起草诏书。

民间还有一说，称杨氏善书法，尤其可以仿照宁宗的笔迹，所以宁宗的这御笔到底是不是亲手写的，还要打个问号。

无论如何，杨氏终于如愿以偿地被立为皇后，也对韩侂胄始终耿耿于怀，一直暗中筹谋报仇，通过劝赵询谏言废韩侂胄之事，她发现史弥远是个可以联合的对象。

这两人一拍即合，一场针对韩侂胄的阴谋便开始了。

史书对这段写得很模糊，宁宗可能不知道这场针对韩侂胄的密谋，也可能知道，但是禁不住杨皇后哀求，一时动摇同意了。总之，杨皇后给了史弥远一张御批，上面是宁宗的笔迹，表示要马上处理韩侂胄。

当晚，史弥远将御批交给钱象祖。

钱象祖曾经是韩侂胄的党羽，后来因公开反对北伐被韩侂胄贬黜离朝，随后与史弥远结盟。

钱象祖看了御批，表示要先奏准宁宗再举事。

史弥远不同意先禀告宁宗，他问钱象祖道："事情一旦耽搁，会泄露出去，到时候谁来承担责任？"

钱象祖思考了下也只能同意，随后找到殿前司中军统制、权主管殿前司公事的夏震，让他选三百个精兵，诛杀韩侂胄。

夏震也和钱象祖一样，一开始不敢如此行事，然而御批起到了关键作用，钱象祖出示御批后，夏震便同意了选兵，并且说："陛下的命令，我自当舍命报效！"

那段时间，韩侂胄似乎听到了什么风声，询问左右是不是有什么事。

左右说："听说内廷有御批出来，但是我等不知道内容，恐怕不太好，有大事要发生。"建议他当天不要去上早朝了。

韩侂胄认为御批都是通过他的手，不可能出现其他御批，因此没有当一回事。

结果，就在韩侂胄刚上马车去上朝时，禁军包围了韩府。

夏震带着士兵拦截韩侂胄的车子，道："有御批：太师罢黜平章事，即日押出京城！"

韩侂胄惊愕道："御批一向是由我发出，我为什么不知道有旨意？一定是假的！"

但不论他说什么都没用，士兵们押着韩侂胄离开，韩侂胄以为是罢黜自己，押送他去老家。

但是发现是走向南面的玉津园后，他察觉方向不对，一路上想尽办法离开，他告诉身旁的士兵道："如果你放了我，我让你拜节度使。"

没有人理他。

走到玉津园夹墙甬道内的时候，韩侂胄就被杀死了。

另一边，史弥远还在焦急地等待着消息，他坐立不安，甚至已经准备好了如果举事不成就逃跑的后路。

皇宫内，宁宗可能是后悔了对付韩侂胄，又或者是杨皇后担心事情马上要败露，主动和宁宗透露："今天将除掉韩侂胄。"

总之，宁宗在上朝之前，写了个笺条，叫殿前司"立刻追回韩太师"。

杨皇后闻言，对宁宗哭诉："他要废黜我和儿子，又杀了两国百万生灵！你还要追回吗？"

宁宗跟着哭起来，杨皇后见他还没有下定决心，威胁道："如果陛下要追回他，就先让我死吧！"

宁宗这才停止哭泣，不再坚持追回韩侂胄，他以为韩侂胄是被罢免了平章军国事，押出京城，完全不相信韩侂胄已经死了。

夏震完成任务回来告诉钱象祖事已成。

钱象祖这才向上朝的官员宣布韩侂胄已伏诛，并指着右丞相陈自强道："你附和韩侂胄才做到宰相，今日起被罢黜。"

陈自强十分害怕，马上从朝堂离开。

之后上朝的时候，皇子赵询再次向宁宗上奏，列数因韩侂胄北伐造成的惨状，请求宁宗罢去韩侂胄的平章军国事。

宁宗同意了赵询的建议，并下诏称自己亲信韩侂胄之言，使得他久任国柄，辄起兵端，祸害南北生灵，如今罢了韩侂胄的平章军国事，也罢了陈自强的右丞相，令他们即刻出京。这一切正好对杨皇后交给史弥远的御批做了补充和追认。

接下去，宁宗想升史弥远为知枢密院事。他是没有主见的人，遇事需要有人告诉他该怎么做，因此很快从顺从韩侂胄，变成顺从史弥远以及其党羽。

史弥远开始了善后工作，他学韩侂胄除掉赵汝愚的那一招，利用台谏官，在短短几天之内不停地上奏抨击韩侂胄，说他专权专政是一个奸臣，借所谓公论迫使宁宗彻底厌恶韩侂胄。

很快，在查抄韩府的时候，搜出了韩侂胄与亲信苏师旦之间的通信，里面有一些裁减兵额的军事计划，又从苏师旦家中抄出"金箔金二万九千二百五十片，金钱六十辫，马蹄金一万五千七百二十两，瓜子金五斗，生金罗汉五百尊，各长二尺五寸，金酒器六千七百三十两，钗钏金一百四十三片，金束带十二条"，这绝对是利用职务之便，贪赃而来。

宁宗终于认定韩侂胄确实企图不轨，下诏承认韩侂胄"奸臣擅朝"。

韩侂胄被诛的消息公布后，临安百姓歌舞于市。

一代权相就此离开权力的舞台。纵观韩侂胄一生，专权夺利、打击异己，绝对不是一个忠臣。但是，"开禧北伐"确实符合当时朝野的意愿，百姓想要一致抗金扬眉吐气，只可惜实力不允许，还是失败了。

善后工作完成后，宁宗开始奖赏参与诛韩行动的人员，论功行赏。

没有皇宫侍卫的支持，就没有杀死韩侂胄的利剑，因此夏震最先得到奖赏。他被提拔为福州观察使，主管殿前司公事，进封县伯。

钱象祖升任右丞相兼枢密使，得到了实权。

还有两个人是内廷与外朝之间关联人物，一是杨皇后之兄杨次山，一是皇子赵询。

皇子赵询在次年被封为太子。

杨次山得到了使相的荣衔，加开府仪同三司，宁宗从内府取玉带一条赏赐给他。

宁宗还赐给了史弥远一条玉带，两条玉带没有区别，但是史弥远那条是宁宗自己佩戴的，表示出了帝王对史弥远特殊的恩宠。

如此，诛韩大局已定，史弥远正式走到了前台：这年腊月二十三，史弥远当上了同知枢密院事。

与金议和的最大障碍韩侂胄已除，议和事宜马上被提上日程。

实际上在韩侂胄被杀以后，史弥远就派人把这一消息告诉了金国，并以此作为向金国求和的砝码。

曾经支持议和、与金国有密切来往的丘崈被任命为江淮制置大使。史弥远甚至冒天下之大不韪，恢复了秦桧的王爵与赠谥。这些都向金国传递了不欲再战的信息，以及宋朝议和的决心。

此时，在韩侂胄死前派往金国和谈的使者王柟还不知道韩侂胄已经死了，尚在金国夸赞韩侂胄的忠贤威略。

当金人告诉他，韩侂胄已经被杀死，王柟一时惊骇无言，也十分被动和尴尬，因为他手上的议和书函还是以韩侂胄名义发出的。

之后的议和谈判，南宋一直处于劣势。

金国重申议和的五个条件，并强调必须以韩侂胄的首级赎回淮南之地。而南宋对这五个条件里面，分歧最大的也是要不要将韩侂胄的首级送到金国——虽然韩侂胄已死，但是将韩侂胄的头颅送给金国，实在有损南宋国体和尊严。

朝中对此议论纷纷，史弥远等人自然支持以韩侂胄的头颅为筹码。

宁宗则回复："慎重行事。"

然而，金国对韩侂胄的首级也很执着，他们认为这是重创南宋尊严的大好机会。

宁宗不得不做出抉择，这简直要了宁宗的命，他左右为难，最后还是决定把这个难题交给所谓公论去裁决，即在大朝会的时候，让众臣讨论。

直学士院章良能认为已经死了的尸首，没什么好珍惜的，他道："已毙之首，又何足惜！"

侍左郎官兼太子舍人王介抗议："侂胄之首，诚然不足惜，但国体可惜！"

兵部尚书倪思则大声道："韩侂胄一颗臭头颅，有必要争得那么起劲？便是送去又如何？！"又威胁："是不是有人在朝受过侂胄之恩，所以要为他说话？"

这话说了之后可就让人不好接话了，韩侂胄现在已经臭名远扬，谁敢沾边呢？

最后的结论是：奸凶已毙，他的头没什么好可惜的，就把韩侂胄的首级送到金国去吧。

宁宗顺势同意。

两天之后，宁宗派人从韩氏先茔中挖出韩侂胄的棺木，砍下首级，用匣子装起来送到金国。

九月十二日，宋以和议达成诏告天下，包括：

第一，金宋之间由叔侄改为伯侄。

第二，宋致金岁币由二十万两匹增至三十万两匹，另支付犒军银三百万两。

第三，金归还新夺取的土地给宋，双方维持原来的疆界。

第四，宋向金函送韩侂胄、苏师旦之首。

这便是"嘉定和议"，虽然和议没有称臣也没有割地，但是岁币数额上比"隆兴和议"增加许多，而函首乞和的情况更是有失国体，无怪太学博士真德秀评价这次议和："金人要多少岁币我们就给多少，金人要韩侂胄的首级，我们也说可以给，至于称呼还有银子，根本来说还是老百姓们受苦。"

后世也感慨："高宗一朝，有恢复之臣，而无恢复之君；孝宗一朝，有恢复之君，而无恢复之臣。"

"嘉定和议"是宋金议和史上最为屈辱的和议，引起朝野上下不满，降金乞和的主谋史弥远也令南宋军民十分不满。

在"嘉定和议"签订的第二天，赞同"开禧北伐"的几名军官罗日愿、杨明、张兴等，筹谋暗杀史弥远，刺杀未成，都被处死。

十多年后，嘉定十四年（1221），又发生了殿前司军官华岳谋杀史弥远事件。

华岳就是在"开禧北伐"时，上疏说北伐定将不战自败的武学生，然后被韩侂胄监禁。

他虽然反对韩侂胄，反对北伐，但是对史弥远的乞降更为不满，刺杀失败后被关到大狱。

宁宗也知道这个人，觉得他有才能，不是很想杀死他。但是史弥远十分生气，对宁宗道："这个人是要杀朝廷命官啊！"之后将华岳杖死在东市。

此时，史弥远已经把控朝廷，但是在"嘉定和议"之后，也有一段短暂的时间，史弥远并不在朝中。

嘉定元年（1208），史弥远的母亲过世，他要归家办丧事，太子赵询请求在京内赐给他宅第，让他就此服丧，以便咨询。

嘉定四年（1211），史弥远丁忧结束，回到朝堂。此时，钱象祖已经去世，宁宗依赖史弥远，整个朝堂大权都在史弥远手中。甚至，诛韩行动中助史弥远一臂之力的皇子赵询也是史弥远一派的人，赵询在开禧元年（1205）被立为太子，一切都向着史弥远希望的方向发展。

可惜，嘉定十三年（1220）八月，赵询病死，年仅二十九岁，谥"景献"。

对未来富贵充满信心的史弥远和杨皇后备受打击。

实际上，景献太子赵询也并非宁宗的子嗣。宁宗的九个儿子，都在未成年时便夭折了，宁宗只能从宗室子弟中另寻储嗣。

庆元四年（1198），太祖次子燕王赵德昭的九世孙赵与愿被宁宗接到宫中养育，这便是后来的赵询。

赵询六岁入宫，同一年杨贵妃成为皇后。杨皇后自己的两个孩子都夭折了，她与赵询关系非常融洽。再加上诛韩行动中的合作，赵询得到了杨皇后和史弥远的支持，他十七岁被立为皇太子，出居东宫。

为答谢杨皇后的支持，赵询上疏歌颂杨皇后有孝、俭、诚、断等美德，还说杨皇后待他如亲子，虽然这只是杨皇后在他身上的感情投资，但双方对这种交易都很满意。如果赵询没有病故，顺利地当上下一任皇帝，杨皇后也定然可以高枕无忧地享受皇太后的生活。可惜这一切都随着赵询的离世，变成了一场空梦。

赵询过世一年后，嘉定十四年（1221）六月，宁宗选定沂王赵抦的养子赵贵和为皇子。

沂王赵抦是光宗二哥魏王赵恺的儿子，当初孝宗曾想要光宗放弃自己亲生儿子而选赵抦为太子，结果这想法大大地刺激了光宗，搞得光宗和父亲孝宗有了隔阂，最后孝宗悲凉地病死在重华宫，光宗被迫禅位给了宁宗，赵抦也没有得到皇位，可谓三输。

宁宗虽然软弱无能，但对皇位是真心不在意，他与赵抦感情深厚。

当初"绍熙内禅"时，太皇太后吴氏曾当着宁宗的面对赵抦说："他做了，你再做，自有祖宗例。"

宁宗知道，按照长幼礼节，光宗与他的皇位原应归魏王赵恺一系所有。所以他选定皇位继承人的时候，优先考虑到魏王这一系。

赵家的血脉都比较单薄，赵抦也不例外，他曾有个儿子，三岁左右便夭折了，从此再无所出。为免这一脉绝嗣，宁宗便将宗室赵希瞿之子改名为赵贵和，过继给赵抦。

嘉定十四年（1221），赵抦已过世十五年，但他的儿子赵贵和此时已经长大成人。宁宗将赵贵和定为皇子，赐名赵竑，他在立皇子诏书中强调"沂王之子犹朕之子也"，可见宁宗有让赵竑为皇位继承人的打算。实际上，宁宗的这个打算在景献太子离世以后，就已经表现得很明显，老谋深算的史弥远因此很早就开始留意赵竑，想确认赵竑是不是能成为下一个合作对象。

史弥远知道赵竑喜欢琴曲，安排了一名擅长琴艺的美人给赵竑。同时，把这个美人的家人控制在手中，以达到可以控制美人的目的。他让美人暗地里窥探赵竑的举止，事无巨细都要禀报。

这个美人知书达理，乖巧伶俐，又有意讨好，十分得赵竑的欢心。赵竑甚至为了她，还与自己的夫人发生口角。

史弥远在暗中观察赵竑，赵竑何尝不是也在悄眼看史弥远的言行。他看出史弥远专政多年，朝中的人也都是史弥远的党羽，谁也不敢反抗。史弥远与杨皇后合作，一里一外控制着宁宗，宁宗实际上就是个傀儡皇帝。再加上民间的流言蜚语，一切都令赵竑对史弥远十分厌恶。

赵竑终究年纪比较小，阅历不足，他以为皇位是囊中之物，毫不掩饰对史弥远的不满，甚至在纸上写"弥远当决配八千里"的话语来发泄，结果被人偷偷报给了史弥远知晓。

在自己心爱的美人面前，赵竑更是肆无忌惮。

一次，赵竑对美人称呼史弥远为"新恩"，美人问他原因。

赵竑笑着道："这是我给史弥远取的外号，他将来的流放地不是新州（治今广东新兴），就是恩州（治今广东阳江）。"这两个地方是海南四州军，最为险恶偏僻。

后来，赵竑还干脆把"新恩"两字写在屏风上，丝毫不把史弥远放在眼里。

这件事让赵竑的老师真德秀知道了，可见赵竑身边就算没有美人监视，他对史弥远的不满也快闹得天下皆知。

真德秀马上意识到问题的严重性，他劝解赵竑道："皇子目前应该努力得到两宫帝后的信任，再提高自己的能力，现在哪怕是即位以后也不应着急对时政说三道四，免得激怒大臣，招来灾祸。"希望赵竑不要在坐上皇位之前，失去杨皇后的信任和激怒史弥远。

可惜，赵竑根本就不在意。

而另一方面，史弥远听到美人密报又怕又气，他心中明白，一旦赵竑当了皇帝，自己就没有好日子过了，他必须要另寻一个合适的人来做皇嗣。宁宗既然有意立沂王赵抦的儿子赵竑为皇子，那就等于要另外为沂王赵抦再找一个后嗣。也许这就是一个突破点，毕竟时间还长着呢，谁能知道赵竑是不是会发生什么意外？如果赵竑甚至没能活过宁宗，那么后来过继到沂王赵抦膝下的孩子就能复制赵竑的道路，成为宁宗继承人的第一人选。

史弥远很快把这件事跟自己的心腹余天赐说了。

余天赐的祖父就是史家负责给孩子教学的老师，而余天赐没考上进士之前，也在史家做事。所以两家有几代的交情，再加上余天赐这个人守口如瓶，史弥远对他的信任非比寻常，寻找皇嗣这么重要的事，史弥远不放心交给其他人办。

史弥远交代余天赐去寻找适合的孩子，并叮嘱道："沂王无后，宗子贤厚者幸具以来。"

余天赐后来找来一对叫赵与莒、赵与芮的兄弟，不同于孝宗、宁宗、光宗三人属于太祖赵匡胤第四子赵德芳之后，这对兄弟是太祖次子燕王赵德昭之后，这一脉发展到赵与莒、赵与芮的时候，实际上已经离皇室嫡脉关系很远了，家里既没有加官晋爵，也没有什么社会、政治地位。

余天赐找到赵与莒、赵与芮的时候，他们的家境和普通老百姓没有什么区别。再加上兄弟俩的父亲很早就去世，母亲不得不带着孩子们回到娘家居住，可谓寄人篱下。

余天赐把赵与莒、赵与芮带到临安，史弥远看后十分满意，但他一贯谨慎，没有把孩子留下，而是让余天赐送回去。

等到嘉定十四年（1221），沂王之子赵竑被正式定为皇子。

史弥远认为时机已经成熟，和宁宗建议应当为沂王再寻一个后嗣。

宁宗深以为然。

史弥远为了表现得公平公正，找来十个符合条件的孩子一起参加甄选，赵与莒、赵与芮兄弟也在其中。史弥远当时已经属意比较年长、面相贵气的赵与莒。

嘉定十四年（1221）八月，赵与莒被立为沂王后嗣，奠定了皇侄的身份。

嘉定十五年（1222）五月，赵竑进封济国公，赵与莒在史弥远的支持下也步步紧逼，同时被授予邵州防御使。

而赵竑虽然有进封，身份却依然是皇子而非太子，一字之差，给日后的变数留下了伏笔。

史弥远除了在身份上拔高赵与莒，尽量与赵竑匹敌之外，他对赵与莒的教育也非常上心。

嘉定十六年（1223），史弥远找到当时担任国子学录的同乡郑清之，屏去众人对他道："现在的皇子不堪重任，我听说沂王之子非常贤明，请你细心教导他。"之后，郑清之被任命为赵与莒的老师。

另一方面，史弥远开始罗织赵竑的短处，他经常向宁宗说赵竑沉迷女色、傲慢无礼，这令宁宗对赵竑开始不满。

相比之下，赵与莒就没有那么浮躁，他寡言冷静，很有帝王风范。宁宗自从对赵竑不满之后，就开始悄然观察赵与莒的表现，史书上虽然没留下宁宗的看法，但写道"宁宗谛视良久，出则目送之"。

嘉定十七年（1224）八月，宁宗病重，原因未明，但已经处于不能处理朝政的状态，同年闰八月，他在临安宫中的福宁殿过世，享年五十七岁。

在位三十年的宁宗原本属于被迫登上皇位，在他当政初年，任用提拔贤能之人，是个不错的开局，他本人十分勤俭，体察民情。但他的性格过于软弱，没有分辨正邪的能力，不具备一个帝王的政治素养，导致宁宗朝前期有韩侂胄执掌大权，出现伪学之禁，又上演了"开禧北伐"等事，后期又被史弥远独揽朝政，作威作福，致使南宋国力日渐削弱。

宁宗病逝的时候是黄昏，当天夜里史弥远遣人骑快马召赵与莒入宫，并嘱咐道："现在所宣召的是沂王府皇子，不是万岁巷的皇子，如果带错了人，你们死无葬身之地。"

赵与莒听到消息后入宫，随行的还有他的老师郑清之。郑清之与史弥远之前商量过相关事宜，他在路上告诉赵与莒接下去要立他为新帝。

然而不管郑清之怎么说，赵与莒都保持着沉默。

最后是郑清之说："丞相把我当作心腹安排在你身边。现在你一句也不回答，我怎么向丞相复命呢？"

赵与莒才拱手慢慢回答道："绍兴老母亲还在，不要伤害她。"

后来郑清之把此话告诉给史弥远，两人越发叹其不凡。

赵与莒被送进宫后，史弥远开始做杨皇后的功课，让杨次山的儿子杨谷、杨石告诉杨皇后另择人为新帝。

杨皇后此时还有些刚性，不同意道："皇子乃先帝所立，岂敢擅变。"意思是要立宁宗认为"沂王之子犹朕之子也"的赵竑。

后世有传言说，赵竑不喜欢杨皇后，曾对外宣扬说杨皇后和史弥远之间有奸情。但从杨皇后这话来看，应该并无此事，否则她不会倾向于立赵竑。当然，从赵竑的性格来看，他对杨皇后也不会有多亲近，否则以杨皇后能参与诛韩行动的果敢性格来看，她要坚持立赵竑的话，赵竑也不至于一点希望也没有。

杨谷、杨石先后劝了七次，杨皇后都没有同意。

最后杨谷没办法了，他跟杨皇后说："皇宫以及赵竑宫殿处都已经被殿前都指挥使夏震派兵看守，如果不听史弥远的话，恐怕杨氏凶多吉少。"

杨皇后沉思许久，最终权衡利害，表示同意。

赵与莒很快被带到杨皇后面前。

杨皇后扶着赵与莒的肩背处，道："从今往后，你就是我的儿子了。"给赵与莒改名为赵昀。

史弥远随后急召知制诰程珌入宫，让他伪造了宁宗的遗诏。

赵竑还以为自己会成为新帝，全然不知一切已经在这一晚完成了部署。第二天，赵竑赶到皇宫，史弥远亲自过来带他到宁宗灵前拜祭，之后让殿前都指挥使夏震陪着赵竑，实际上是看管赵竑。

接下去，百官到位，恭听宁宗遗诏，内侍仍然把赵竑引到之前的位置。

赵竑愕然地询问："我怎能还在这个位置听遗诏？"

夏震骗他道："要等到宣读诏令后再即位，没有宣读遗诏前应当在此位。"

赵竑觉得也有道理。

然而，他很快就看见一个人坐在龙椅上，内侍在旁宣读诏令："废竑为济王，立昀为皇子，即帝位。"

赵昀在宁宗灵柩前即皇位，为新皇帝，并由杨皇后垂帘一同听政。

赵竑才知道自己被骗了，他不肯朝拜，结果被夏震按着头下拜。

赵昀就此登基，史称宋理宗。

第十四章

联蒙灭金——蒙古崛起

　　女真族建立金国并替代辽国之后，中华大地上一直处于宋、金、西夏三足鼎立的状态，但有一支力量在这样的背景下悄然壮大了起来，他们就是北方的蒙古族。因为游牧民族的传统，蒙古族各部落一直处于散乱的状态，传奇人物成吉思汗最伟大之处就是他将这种一盘散沙的状态终结，拉开了属于蒙古族的时代。

　　绍兴三十二年（1162），一个蒙古族婴儿降生，他的父亲是蒙古乞颜部的首领孛儿只斤·也速该，也速该刚刚抓了死对头塔塔儿部的首领铁木真·兀格，于是也速该给孩子起名"铁木真"纪念此事，意思是"铁之最精者"。铁木真九岁的时候，父亲被塔塔儿部的部下毒害死，部族里的仇人也抛弃了铁木真一家，他们陷入孤儿寡母的困境。铁木真不得不投靠父亲的结拜兄弟、实力强大的部落克烈部首领脱里。

　　铁木真慢慢集聚势力，几年后，夺回了家族在乞颜部中的话语权，被推举为部落新首领，之后又打败主儿乞部，收主儿乞部的部将木华黎父子为帐下大将，后来木华黎一直追随铁木真，统一蒙古各部，出征金国，成为蒙古第一名将。

　　铁木真没有忘记仇恨，在势力壮大之后，一直想找塔塔儿部为父亲报仇。

　　蒙古一开始属于辽国的附庸，女真族建立的金国强大后，取代辽国成为北方霸主，蒙古又依附于金国，并一直被金国压迫。到铁木真时期，金国走向衰落。塔塔儿部率先背叛金国，金国随后派兵攻打塔塔儿部。铁木真抓住机会，宣布为父报仇，也向塔塔儿部发起攻击，攻破塔塔儿部。金国因此授予铁木真部族长官的职位，令铁木真在草原上的威望大大提高。

但是，铁木真追随的克烈部首领脱里看到铁木真一步步壮大，对铁木真产生了戒备。脱里借口要和铁木真结为亲家，邀请铁木真前来，想趁机杀掉铁木真。铁木真获悉真相，集合部队向脱里发动突袭，一场大战之后，脱里失败溃逃，后被手下杀死。铁木真自此加快了统一蒙古各部落的步伐。

开禧二年（1206）春，铁木真在斡难河召开库里台大会，各部落贵族一致推选铁木真为首领，尊铁木真为"成吉思汗"，意思是"拥有海洋四方的可汗"，蒙古国就此建立。

为了重整军力，提高作战能力，集中指挥权，成吉思汗将在自己部落使用的千户制度进一步优化、推广，他将全部蒙古人归纳为九十五个千户，在指定的区域放牧，选有功绩的将领和部落贵族为首领，封他们为可以世袭的千户那颜，就此结束了蒙古草原上的部落制。另外，成吉思汗又建立了一支直属于他的护卫中军，由博尔忽、博尔术、木华黎、赤老温四大家族世袭卫队长，护卫中军直接听从成吉思汗指挥，同时承担保卫大汗金帐的任务和其他行政、军事管理实务。蒙古国正式打破原有的各部落自管的方式，成为以铁木真"黄金家族"为首和各功臣、贵族领导的国家。

成吉思汗的雄心并不止于蒙古草原，他曾对儿子们说过："天下土地宽广，河水众多，你们尽可以各自去扩大营盘，征服各邦国。"

因此，实现蒙古统一之后，成吉思汗马上把目光投向了周围。此时，金、宋、西夏都处于纷争动荡的状态，其中以西夏实力最为薄弱，而宋金两国，因为宋发动"开禧北伐"，两国正处于交战状态，无暇顾及其他。于是，嘉定二年（1209）秋，成吉思汗对西夏发动进攻。

实际上，早在蒙古国建立之前，成吉思汗就在开禧元年（1205）三月，发动了一次针对西夏的掠夺战。之后，又在开禧三年（1207）秋，第二次侵入西夏。这两次出兵，蒙古非常谨慎，没有深入西夏腹地，主要是试探西夏的能力，观察宋金的反应，同时掠走西夏的物资。

嘉定二年（1209）秋，成吉思汗认为时机成熟，这一次他直接举兵打到西夏首府中兴府（今宁夏回族自治区银川市）。夏襄宗李安全不得不与蒙古签订盟约，向成吉思汗称臣，每年向蒙古进贡物资并且献上女儿。

成吉思汗随后把目光和心思都转向有世仇的金国，但是他也没就此放过西夏。西夏犹如一条脱水的鱼，被放在砧板上反复折磨、剥削。十五年后，蒙古发动灭夏之战，次年西夏末代皇帝李睍投降，西夏灭亡。

嘉定四年（1211），成吉思汗打着"复仇"的旗帜，第一次攻打金国，他的先祖俺巴孩汗曾被金国处死，而金国为了压制蒙古，在蒙古实施"减丁"政策，即剿杀蒙古族男子，令蒙古百姓对金非常不满，听到大汗号召对金出兵，大家纷纷响应，斗志昂扬。

二月，成吉思汗亲率十万蒙古军南下。

金国自认为拥有百万雄师，军力远在蒙古之上，没有把蒙古军之前的作战准备当一回事。等到蒙古军大军南下，金国才仓促应战。

金国在位的是金世宗完颜雍第七子完颜永济，后世称他为卫绍王。听闻蒙古军南下，卫绍王令宰相独吉思忠领兵对抗。

独吉思忠下令重新修缮长达三百里的边塞防御工程应对蒙古的进攻，就好像要张开一面巨大的盾牌，但也在无形之中劳民伤财，使得金国兵力分散在如此长的防御线上。成吉思汗的应对方式是集中兵力以乌沙堡为突破点，就如一支利箭一下刺破盾牌。最终，乌沙堡失守，金军大败。

当时，宋朝派去金国的使臣余嵘在金国境内，正在前去拜见卫绍王的路上，见到金国士兵纷纷败退。余嵘想要继续北上了解一下蒙古的情况，但被金人要求马上折返。余嵘于是快马加鞭回到宋朝，把金与蒙古作战的消息带回来，请朝廷警觉时局变化。但是南宋刚在"开禧北伐"中吃了大亏，朝廷里主要是史弥远这种安逸求稳之人，他们粉饰太平，主张不要参与到金与蒙古之间的矛盾里。

乌沙堡失守之后，卫绍王临阵换将，改令完颜承裕为丞相，对抗蒙古。

完颜承裕考虑良久，放弃恒州、昌州、抚州，带领金军三十万主力退守野狐岭，与蒙古军决一死战。

成吉思汗又采用打乌沙堡的方式，集中一点突破金军防线，金军大乱，出现溃逃之势，随后金军前方指挥官被蒙古军斩杀，金军士兵见状，纷纷后逃，三十万主力军就此瓦解，史称"野狐岭之战"。

蒙古军趁势继续南下，一路打到金国中都（今北京市），因为久攻不下才不得不退兵。

嘉定五年（1212），蒙古军再次南下。这次因在攻打金国西京（今山西省大同市）时，成吉思汗被流箭射中，蒙古军选择班师回朝。

面对日益强大的蒙古，金国认为守住中都的可能性已经越来越小，遂决定南迁到金国南京，也就是北宋的故都汴京，准备依靠黄河天险抵御蒙古骑兵。历史在这里产生了奇妙的呼应，步步后退的金国是多么像当年被他们看不起的北宋，而不断紧逼的蒙古军又像极了金国的开国祖先们。

嘉定六年（1213），成吉思汗又一次攻打金国。主力军一度打到济南府，距离宋朝已经非常近了，蒙古率先向宋朝递出橄榄枝，想与宋朝一起夹击金国。胆小懦弱的南宋朝廷害怕遭到金国报复，主动拒绝了蒙古。

宋朝没有想到的是，就算没有和蒙古联合一起攻打金国，它在金国的眼里也是一块随时可以下刀的肥肉。

嘉定十年（1217）四月，金国以宋朝不给岁供为由，举兵攻打宋朝，大军攻打南宋门户襄阳。

主管湖北安抚司事兼权荆湖置司的赵方闻讯，上奏朝廷亲自镇守襄阳，大将孟宗政、孟珙也英勇抗敌，成功抵御金国的进攻。

金国于第二年再次南征，主攻枣阳。赵方派孟宗政、孟珙父子带领的援军前去救援。枣阳守将赵观抵御住了金军的第一拨进攻后，孟宗政、孟珙父子带领的援军抵达，孟珙带敢死队突袭金营，获得胜利，联合起来的宋军气势大振，两军随后大战，金军败退。

金国在枣阳遇到抵抗，又转而攻打宋朝其他城池，赵方早已预料到，提前让各地做好防御，联络在河北各地的义军一起抗金。但是，金国这次对宋的战争旷日持久，一直不见终止……

嘉定十四年（1221），赵方病重，在人生的最后几天，他仍然拖着病躯给朝廷上疏边疆防御的方案。八月，赵方在襄阳逝世。

自这一年起，宋廷开始主动与蒙古联络。第二年，宋朝派使臣前往河北，与蒙古驻汉地的最高级官员木华黎见面。木华黎对宋使非常热情，随后派蒙古使臣跟宋使南下回访。同年，宋朝使臣苟梦玉前往蒙古，见到了成吉思汗。

两年后的嘉定十六年（1223），苟梦玉又一次出使蒙古。这次苟梦玉回到宋朝，带来了蒙古许多信息，南宋朝廷感受到了蒙古的强大，对蒙古的好感急转直下，他们担心和蒙古联手灭掉金国之后，反而要直面蒙古军，不如让金国成为宋蒙之间的缓冲地带。

接下去，宋朝和金国都发生了旧帝驾崩、新帝上位的权力更迭，内部各方势力重新组合。

嘉定十六年（1223）十二月，金宣宗驾崩，皇太子完颜守绪不在南京汴京，他的庶兄准备发动政变，窃取皇位。完颜守绪匆忙赶到汴京，命三万士兵屯守汴京各地，抓住庶兄，才顺利继位。即位后，完颜守绪放还之前俘虏的宋人，并向南宋保证不会再南下侵略宋朝。

宋朝这边，在嘉定十七年（1224）八月，理宗登基，一场危机悄然而至，但理宗全然不知。

原来，嘉定十年（1217），金对宋发动战争，之后六年，两国处于交战状态，这时候，山东地区义军"红袄军"也参与到了战争中，对牵制金军起到了积极作用，于是，宋廷密谴官员慰问"红袄军"。

嘉定十一年（1218），"红袄军"被南宋朝廷正式承认，改名"忠义军"，获得南宋朝廷拨予的军饷，其中势力最大的一支义军，其首领名叫李全。李全说服在山东的金国将领张林带领所辖山东二府九州归宋。朝廷因此任命李全为广州观察使、京东总管，驻扎楚州。

但是，随着忠义军越来越壮大，投降的义军首领之间开始产生矛盾。宋廷也考虑到要压制和分化忠义军，一面封锁淮水，不许他们南渡，一面令许国为淮东安抚制置使，节制李全等人。许国的强硬手段，激起了李全等人的反感。

宝庆元年（1225），李全指挥部下刘庆福到楚州，冲入许国的家中刺杀许国，许国之后在逃跑的路上自缢，而刘庆福掠走了楚州的大批粮草物资。

理宗和史弥远听闻楚州生乱，大惊失色。因为就在一个月前，刚发生了"湖州之变"。

当初，宁宗驾崩，在杨皇后和史弥远的密谋合作之下，理宗被推上皇位，而真正被宁宗视为继承人的皇子赵竑被封为齐阳郡王。为了防止赵竑威胁皇位，理宗和史弥远令赵竑担任醴泉观使，离开临安。

赵竑倒是想远离是非，可湖州的潘普等人却想通过拥立皇帝得到荣华富贵。他们宣布起义，找到赵竑后强行给他披上黄袍，想要效仿太祖赵匡胤的"黄袍加身"。赵竑根本不想做皇帝，也清楚潘普等人只是乌合之众，不可能成事，遂暗中联络官府。史弥远闻讯后派人征讨。

潘普等人的起义很快被朝廷镇压，但赵竑经历过此事，更加被朝廷猜忌。理宗和史弥远决定不再留他性命，将赵竑毒死。

"湖州之变"很短暂，也没有对朝廷产生实质性的冲击，但令理宗和史弥远意识到民间反对他们的力量真实存在，他们不想多树敌人。因此在李全逼死许国的事情上，理宗和史弥远决定不做追究，反而安排和李全关系亲近的徐晞稷接任淮东安抚制置使。

宝庆二年（1226），蒙古军在将领字鲁的带领下进攻青州。李全在青州坚守，拒绝蒙古的招降，他与蒙古军反复交兵，蒙古夺不下城池，李全也打不退敌人，最后李全只能关闭城门自守，青州因此被蒙古重兵包围。

李全原本让其兄长李福逃出青州，向宋廷求助，宋廷竟然不予援手，还想借助蒙古人之手处理掉这支不够听话的忠义军，同时换下徐晞稷，以刘琸为淮东安抚制置使。

刘琸随后到了李全的大本营楚州，想处理掉李全的妻子杨妙真和兄长李福。杨妙真感知危险，提前下手将刘琸所住楚州州衙围住，把刘琸吓得半夜逃出楚州。宋廷之后出于安抚之意，又令与李全关系不错的姚翀为淮东安抚制置使。可是因为姚翀总是找借口推迟给忠义军粮草，令忠义军心生不满。杨妙真和李福决定处理掉姚翀，姚翀赶忙逃去明州。

与此同时，李全已经被蒙古军围困一年，城中粮食用尽，甚至发生了人吃人的情况，而久久盼不来援军，李全迫不得已向蒙古军投降。

再加上，换了几任淮东安抚制置使都无法令忠义军完全效忠朝廷，宋廷决定放弃忠义军。忠义军闻讯，发生内讧，许多人把问题怪罪在李福和李全身上，他们杀了李福和李全的次子，把他们的首级送往宋廷。宋廷遂决定乘此机会，剿灭整个忠义军。

李全得知此事，怒断一指，表示与宋廷不共戴天。蒙古随后授李全节制山东、淮南行省。不久，李全依靠蒙古之力，向南宋宣战。

理宗下令讨伐李全，已经在病榻上的史弥远却想劝降李全，他给李全去信许以高官厚禄。李全大笑史弥远看不清局势，随后攻下泰州，进而攻打扬州。

此时在扬州的宋将是赵范、赵葵兄弟，时值正月十五，两人命百姓张灯结彩做出不想作战的样子，迷惑李全。李全遂放松了警惕，也带人在营帐内寻欢作乐。次日凌晨，赵范和赵葵突然打开扬州城门冲杀出去，李全没有防备，被宋军斩杀。

这一年二月，还爆发了蒙古军入侵四川的"丁亥之变"，后来因为成吉思汗过世，蒙古军才撤离。这件事使得本就冷淡的宋蒙关系降到冰点，南宋已经感觉到蒙古有夺取天下的野心，因此拒绝蒙古使臣来宋。

可是，在强大的蒙古面前，宋朝没有选择。

蒙古派使臣到南宋的目的，就是来谈借道南宋灭亡金国之事。甚至在蒙古内部有个方案，是借道南宋淮东攻打金国，这条路距离金国更近。但蒙古知道淮东是宋朝的防御重点，重兵屯守，保护临安安危。蒙古也是虚晃一枪，实际上想途经的是南宋的四川，这个主意早在成吉思汗在世时就已提出。

绍定四年（1231），接替成吉思汗成为蒙古大汗的窝阔台汗下定决心用"借道宋境，大迂回之斡腹战略"灭金，蒙古军兵分三路：中路由窝阔台汗亲自带领，渡过黄河，进攻洛阳；左路由斡陈那颜带领，进攻济南；西路由拖雷率领，渡渭水，借道南宋，绕到金国背后，出奇制胜。三路大军约定在第二年五月会师于金国的国都汴京。

八月，拖雷率蒙古西路军进入宋境，攻取沔州，之后强攻大兴安军，宋军誓死抵抗，不敌而败，蒙古军沿嘉陵江南下。同时，蒙古以"灭金对宋有利"的说辞要求四川制置使桂如渊让蒙古军取道攻打金国，实际上，利诱是假，武力威胁是真。

桂如渊组织不起有力的反击，只能屈服于蒙古军的要挟，最终让蒙古西路军取道成功，进入河南。

蒙古中路军在窝阔台汗的带领下，也顺利攻破金国"关河防线"战略要地河中府（今山西省永济市）。

听闻蒙古军南下，金将完颜合达率十五万大军北援。

绍定五年（1232）正月，蒙金两军相遇于三峰山。此时，蒙古军的人数远不及金军，但是天降大雪，对于习惯了寒冷天气的蒙古军来说毫无影响，而畏寒的金军处于不利状态。随后，蒙古中路、西路两路军队轮番攻打金军，又故意露出破绽，引诱金军突围。金军果然中计，在一半金军冲出包围圈的时候，蒙古军突然发起强攻，将金军拦腰截断，金军崩溃，随后大败，无数金国名将被蒙古军斩杀，史称"三峰山之战"。

在三峰山遭遇失败后，金军主将完颜合达逃到钧州，蒙古军随后包围钧州，完颜合达誓死不降，在城破后被蒙古军杀死。

三月，蒙古军攻破洛阳，大军直逼金国首府汴京。

金国皇帝完颜守绪听闻蒙古军即将到来，急忙与大臣们商议如何应对。

平章政事完颜白撒出了个馊主意，招募上万壮丁去挖掘黄河，想用水冲溃蒙古军。这个主意也就比当初北宋的钦宗相信骗子可以请来天兵天将对付金军，好那么一点点。最后，黄河没有掘开，蒙古军已至，这些壮丁不是四散逃跑，便是被蒙古军杀害。

金主完颜守绪无奈，只能向蒙古军求和。同样是汴京，同样是强敌围城，只是匆匆过了一百年时光，金国人就从当年的强势一方变成了委曲求全的一方。

完颜守绪倒是比徽宗、钦宗更想做一个好皇帝。双方议和的时候，他走出皇宫，慰问百姓和军人。天降大雨，随从想给他披上蓑衣，完颜守绪拒绝了，他说道："大家都在淋雨，我也不需要遮挡。"

议和最后没能成功，蒙古军对汴京发动了进攻。

平章政事完颜白撒还是净出馊主意，竟然给蒙古军营放风筝，风筝上挂了招降书，号召蒙古军营里的金人起义反抗，被蒙古军发现，看作笑话。

最后，金军反而是依赖北宋开始建造加固的汴京城墙，与不愿意投降的汴京守军和百姓齐心协力，挡住了蒙古军连续十六日的强攻。

蒙古军打不下汴京，才同意和谈，随后撤退，给了金主完颜守绪一丝喘息的机会。

不过，蒙古人走的时候，把完颜守绪生母明惠皇后的陵寝给挖了。完颜守绪得知后，悲伤地命人去重新收殓安葬母亲。

金国事后追究责任，平章政事完颜白撒被认为要负主要责任，他后来被活活饿死在牢中。倒也不是金国朝廷故意给完颜白撒这种死法，当时汴京被围，没有外援，城中粮食殆尽，不得不开始搜刮民间的粮食，这种时候，但凡能有一口米饭都不会用来浪费在完颜白撒的身上，所以才让他饿死了。

五月，更诡异的事情发生了。汴京城内暴发疫情，民众死亡过半。

完颜守绪焦头烂额，询问大臣们下一步怎么办。

大臣白华道："如今庄稼已毁，存粮将尽，各地援军都不能指望，不如迎难而上，直接攻打在汝州的蒙古军，赢了可以大振士气，慰劳百姓，输了也名传千古，对得起先祖。"

完颜守绪认为有道理，决定与蒙古军决一死战，他把嫡母王太后、皇后和家眷都留在汴京，自己带了大臣、儿子完颜承麟等人出发。但是走到半路，他们发现带的粮食补给根本支撑不到汝州，又谈何攻打？汴京周围上百里荒无人烟，颗粒无收。于是，一行人转了个大弯前往归德府。白华则被定为此行失败的主要负责人，成了下一个被活活饿死的臣子。

蒙古方面听闻完颜守绪出逃，一面派兵追击，一面再次包围汴京。汴京随后被攻破，留在城中的皇室贵族五百多人都被蒙古军掠走，跟当年金军对待北宋皇室的做法一模一样，但蒙古人比金人要更加残忍，带着这批俘虏到半路，就下令杀光全部女真族男子，把女真族女子作为战利品分了。

与此同时，蒙古再次向宋朝派去使臣，希望宋朝一起出兵，联合灭金。蒙古军可看不上南宋那点打仗的能力，真正的要求是要宋朝提供军粮。

绍定六年（1233），蒙古使臣王楫来到京湖，与京西、湖北路制置使兼知襄阳府史嵩之讨论一起进攻金国，且宋朝支援蒙军粮草的事务。王楫口头承诺，灭金之后将河南地区归宋廷所有。

史嵩之是当朝宰相史弥远的侄子，史弥远此时已经病重，但他舍不下权力，任何决定都要干预。他认为可以和蒙古联合，大臣们也都附和。

唯独赵范反对道："之前宋与金有海上之盟，一起灭辽，一开始也合作得很好，后来却造成了祸害，导致靖康之耻，此事就是前车之鉴。"

但理宗的雄心壮志被激起了，依然命史弥远答应蒙古，可是百密一疏，双方的合作没有任何文书可以证明事成之后河南地区由南宋所有，因此给后来蒙古南下留下了隐患。

这一年，宰相史弥远终于死了，理宗追封他为卫王，谥"忠献"。同样是权相，史弥远的结局要比韩侂胄好很多，死后也没像秦桧那样被反复批判。继任宰相的是史弥远提拔的同党郑清之。郑清之倒是很乐意辅佐理宗，理宗当了这么多年皇帝，终于算是正式亲政。

绍定六年（1233），归德府的粮食告急，金主完颜守绪无奈之下让军队到徐州、宿州、陈州解决吃饭问题，实际上的防御能力因此减弱。到三月，归德知州女鲁欢再请求让军队外出寻找粮食。完颜守绪勉强答应，至此归德府的主要兵力仅剩下了忠孝军。

五月，蒙古军包围归德府。

金军忠孝军的统帅蒲察官奴，带领忠孝军主动出击，夜袭蒙古军。蒙古军毫无防备，大军溃败，将领撒吉思卜华一军皆没。

完颜守绪因此任命蒲察官奴为参知政事兼左副元帅，蒲察官奴权力欲望过大，随后软禁了完颜守绪。完颜守绪于是找机会和内侍宋乞奴等人商量，诱杀掉蒲察官奴。蒲察官奴不明真相，听闻皇帝传他入内觐见，便赶回来，完颜守绪几人趁蒲察官奴不备，将之杀死。

六月，完颜守绪带领剩下的人逃往蔡州，一路上看到满目疮痍，毫无人烟，完颜守绪不由感叹"生灵尽矣"，潸然泪下。

完颜守绪抵达蔡州后，令完颜仲德（女真名忽斜虎）为丞相，总领各事。

完颜仲德倒是个人才，事无巨细都亲自处理，很快招募到一万多士兵，蔡州也有了一副能防御蒙古人的样子。

八月，蒙古都元帅塔察儿派使臣到襄阳，与宋朝相约一起攻打蔡州。

京西、湖北路制置使史嵩之随后举兵攻打唐州，金国守将乌古论黑汉战死，唐州被宋军攻克。宋军随后驻扎到息州南面，息州刺史乌古论忽鲁向金主完颜守绪求援，完颜守绪也只能派出五百人去帮忙，实在捉襟见肘。后来，唐州坚守到弹尽粮绝，城中杀妇女儿童为食，实在坚持不下去了才有人主动打开城门投降。而息州刺史乌古论忽鲁拒不投降，与宋军战到最后，力尽被俘，之后被杀。

完颜守绪闻讯，派使臣前往南宋求援，他叮嘱使臣跟南宋说："南宋负我良多，趁金国虚弱，占据寿州，攻占唐州，这是战略上的错误。要知道蒙古已经灭去大大小小四十多个国家，西夏也亡了，如今他们来灭我大金，等大金灭亡之后就是你们宋国，唇亡齿寒的道理还不明白吗？"

可是宋朝为了收回河南的土地，也为了一雪靖康之耻，没有理会金国。

九月，由塔察儿率领的蒙古军抵达蔡州，发动攻城之势。

完颜守绪赐蔡州将士们美酒，勉励众人，大家情绪踊跃，都表示要誓死保卫蔡州，将士们随后到各处迎战蒙古军，异常英勇。

蒙古军百骑先锋冲到蔡州城门，都被金国守军打退。第二天，金军甚至派出八百敢死队，渡河突袭蒙古军。

蒙古军一时难以拿下蔡州。

十月，史嵩之命孟珙、江海率领两万宋军，带足三十万石粮食，奔赴与蒙古的"攻打蔡州"之约。

十一月，宋军抵达蔡州城外，与蒙古军会合，两军商议之后，决定由宋军攻打蔡州南面，蒙古军肖乃台、史天泽所率部队攻打蔡州北面，东西两面则由蒙古军团团围住，不给金军逃出的可能。

蔡州外城不久便被攻破，随后两军合力攻打内城。金军在完颜仲德的指挥下，加固城墙，深挖壕沟，蒙古军再难往前，完颜仲德也坚守在城墙之上，日夜御敌。

金主完颜守绪见到自己只剩下最后方寸之间的土地，对左右哀叹道："我为金国紫金大夫十年，又为太子十年，最后做皇帝十年，自认为没有做过大恶之事，应当死而无憾。可是祖宗基业，毁于我手，实在让我痛苦。自古亡国之人，不愿受辱，等到最后的时候，你们看我表现吧。"

听着外面不断传来的交戈之声，完颜守绪叫来儿子完颜承麟，要把皇位传给他。

完颜承麟大哭不肯，完颜守绪拉着儿子的手说："你是金国的最后希望，也许有能力冲出重围，把国家维持下去，这才是我把皇位传给你的缘故啊！"

禅位在匆忙之中完成，随后宋军就攻破了南城，蒙古军也攻破了西城，完颜承麟在一千人的护卫下，冲出与敌人巷战，试图突破包围。

完颜守绪一个人绝望地在幽兰轩自缢，年仅三十七岁。完颜承麟闻讯，带人冲回幽兰轩，众人商议给完颜守绪上庙号为哀宗，因此完颜守绪被称为金哀宗。

大家还没哭祭金哀宗，金军就彻底溃败了。众人为不让金哀宗尸体遭受侮辱，遂放火焚烧其遗体。

没过多久，宋蒙联军冲进来，才登基不到一个时辰的完颜承麟拒不投降，被乱兵砍死，史称金末宗，金国的丞相张天纲等人被俘。

烧到一半的金哀宗的遗体被众人拖拉出来。蒙古军主张要带这个遗体回去，祭祀被金国杀害的成吉思汗的先祖，而宋军也提出要金哀宗的遗体，祭奠徽宗、钦宗。双方随后决定一方一半，可怜的金哀宗被一分为二，被宋蒙双方各自带回。

值得一提的是金国的末代丞相张天纲被宋将孟珙擒获，因此被押送到宋朝。

张天纲力求速死。

理宗召问他："你真不怕死？"

张天纲道："大丈夫只担心死而不忠，其他的有何可怕的？"

理宗反而觉得杀了可惜，想收张天纲为己用，相关的人便叫张天纲写罪状认罪。

张天纲道："要杀就杀，写什么罪状！"他始终不屈，就算是写文书也使用金国格式，对金国皇帝使用尊称。

　　金国有这样的宰相，表现出来的气概，并不输北宋、南宋末年的忠义之士，金哀宗得臣如此，应该觉得欣慰了。

第十五章

襄阳城破——蒙古征宋

端平元年（1234）正月，南宋联合蒙古灭金取得胜利，金国哀宗自缢而死，宣告建立了 119 年的金国正式走下历史舞台。

理宗在亲政后能取得如此政绩，自是非常欢喜。朝野上下也欢声一片，绷紧百年的神经得以放松。

三月，理宗祭祀先祖，告知列祖列宗靖康之耻得以洗雪之事。

等理宗回朝后，淮东制置使赵葵趁着大好局势，向其进言："何不趁机收复三京（东京开封府、西京洛阳府、南京应天府），抚定中原？"

左相郑清之一心辅佐理宗治理天下，也支持赵葵抚定中原的意见。

朝臣们则多数以为，收复三京之事应当延后处理。金国既灭，南宋与蒙古比邻，和议是上策，当以守为主、战为辅应之。三京之地眼下虽空虚，若兵事一开，蒙古骑锐南下攻之甚易，南宋防守艰难。

主和派参知政事乔行简劝理宗道："陛下，自古以来，明君治世，攘外必先安内。"又道："事有轻重缓急，当下之急非对外征战，而是内聚民心，充实国库，休养生息是要本。朝中连年征战，百姓苦不堪言，国力不丰，百姓得不到休养，朝中要出兵，若粮草不继，岂非进退两难？臣着实担心，陛下一意孤行，恐怕北方未打下来，南方反而先乱。"

理宗正是意得志满之时，自信心爆棚，仍然决定发兵洛阳。

京湖制置使史嵩之持反对意见。

理宗以兵部尚书之职诱惑史嵩之同意，被史嵩之一口回绝。

理宗转头任命赵葵为兵部尚书，京西、河北路制置使，知应天府，南京留守兼任淮东制置使，正式出兵，欲收复三京。

　　六月，时值盛夏，宋军顶着烈日行军。赵葵率淮东军主力五万人先攻取泗州，再由泗州进入汴京，确实一路收复了一些城池，但连年战事，这些城池大多为空城。而这时汴河堤坝溃决，粮饷运送如乔行简所料，出现了前线粮食供给跟不上的问题。

　　赵葵只得临时修改作战计划，命淮西制置使徐敏子为监军先行西上，又命杨谊率强弩军万余人跟上徐敏子的队伍为其殿后，两队军士各备五日军粮。

　　七月，徐敏子率兵进入洛阳，军粮食尽，军士只得采蒿和面做饼充饥。

　　南宋兴师动众地开动大军意欲拿回汴京，蒙古自然不能坐视不理。蒙古元帅塔察儿立即命手下将领刘亨安率部下南下，并于龙门伏击宋军。

　　这日，徐敏子的部将杨谊率兵于洛东三十里采蒿，忽然周围蒙古军旗摇动。原来蒙古伏兵于深蒿之中，趁杨谊不备发动伏击，宋军全军覆没。

　　蒙古军乘胜追击，攻至洛阳城下，徐敏子与蒙古兵战于一处，各有胜负。可宋军将士无粮充饥，已经到了杀马而食的地步，徐敏子无法，只得班师回朝。

　　而在汴京方面，蒙古军见黄河泛滥，掘开寸金淀闸，淹死众多到达汴京的宋军，赵葵只得铩羽而归。

　　宋军入洛行动宣告失败，赵葵班师回朝后，被理宗官降一级，改授为兵部侍郎。

　　理宗以为这只是一场战争的失败，却不知，正是这场战争，给了蒙古日后南下攻打宋朝的借口，就此拉开了南宋与蒙古长达四十年的战争序幕。

　　端平二年（1235），蒙古大汗窝阔台认为蒙古经过父亲成吉思汗的扩张，无论军事还是经济都有了稳定发展，他便想实现成吉思汗西征的梦想，进一步将蒙古帝国的版图扩大。

　　窝阔台召集蒙古贵族们，宣布长子西征的决定，意在扩疆拓土的同时，锻炼各宗室长子的军事能力。由术赤的长子拔都带领托雷长子蒙哥、窝阔台长子贵由等贵族宗亲及百户长以上官员长子们组成的十万蒙古西征大军很快组成，窝阔台命老将速不台随军压阵，向还未臣服蒙古的钦察和斡罗思等西亚国家出发。

窝阔台非常重视此次西征，而长子们的大军也未辜负窝阔台的期望。从火烧俄罗斯境内的不里阿耳至蒙哥带兵攻占钦察部，到弗拉基米尔大公国大公被杀，消灭了位于高加索山以北的阿索国，再到拔都占领了俄罗斯大片土地。长子们的大军所过之处，尸横遍野。

成吉思汗的子孙们以铁血手段，烧杀抢掠，攻城略地，以不到欧洲四分之一的军力，避开欧洲主力军，从侧面对欧洲军队进行袭击，最终将欧洲联军击败，取得长子西征的胜利。

蒙古大军的骁勇善战及赫赫威名使欧洲联军闻风丧胆，托雷的长子蒙哥与术赤的嫡次子拔都也在这次西征中结下了深厚友谊，为将来蒙哥取得汗位打下基础。但蒙古大军残忍杀戮酷爱屠城的行为也引发了当地百姓的强烈仇恨，为后来西征失败埋下了伏笔。

长子西征带走了蒙古国内大部分生力军，但窝阔台和剩余的蒙古军队也不容小觑。此时南宋主动撕毁宋蒙联军和约，攻占汴京，给了窝阔台向南宋出兵的借口。

端平二年（1235），窝阔台派出还留在中原地区的蒙古军队，对南宋四川、荆襄、江淮等地区发起了进攻。命窝阔台儿子阔端与将领塔海率蒙古兵攻击四川；忒木䚟、张柔率兵攻击荆襄；口温不花及察罕攻击江淮。

次年七月，口温不花率先在唐州取得南侵胜利。宋将全子才弃师逃走，宋将赵范不敌蒙古兵，兵败于上闸。

在四川战区，蒙古王子阔端率领骁勇的蒙古铁骑，长驱直入四川，如过无人之境，四川西部地区落入蒙古人手中。阔端取得了四川战区的胜利，一番掳掠之后，向陕西撤回主力军，并没有长久驻扎下来统治四川。

在江淮战区，端平三年（1236）正月，忒木䚟与江陵统制李复明在江陵展开游击战，李复明战死，忒木觯得胜后离去。

　　而在荆襄战区，南宋襄阳制置使赵范治下松弛，醉生梦死享受荣华，时任襄阳主将是赵范的心腹王旻。端平三年（1236）三月，蒙古军攻来，王旻不战而降蒙古。襄阳城内军粮三十万石、军事战备物资二十四库皆归于蒙古，蒙古军所到之处，烧杀抢掠，无恶不作。襄阳自岳飞收复以来，繁华富庶，百姓安居乐业的生活毁于一旦，而南宋朝廷对于应担重责的赵范的惩罚却仅仅是削去三官，仍旧担任原职。

　　四川、荆襄、江淮相继有战败的消息传回南宋朝堂，四川、荆襄、江淮等城局势危急，理宗悔不当初，命学士吴泳草诏罪己诏。

　　左相郑清之也因当初一力主战，致使国家再陷危局，颇为羞愧，自请去相。而当初劝诫理宗的主和派官员都得到了重用，乔行简取代郑清之上位为相，史嵩之升为淮西制置使。

　　理宗急令史嵩之去淮西前线督战。

　　史嵩之将督府设在鄂州，力劝皇帝和议。史嵩之之父史弥忠知道儿子的行为后，劝说史嵩之不可轻易议和。史嵩之却视若无睹。

　　好在史嵩之只是军事指挥官，他在军事上毫无天赋不要紧，真正手握军权的是主将孟珙。

　　孟珙出身将门，曾祖孟安、祖父孟林皆曾在岳飞麾下。孟珙从小随父亲在枣阳抗金，参与过联蒙抗金，是名优秀的军事人才。

　　端平三年（1236）十一月，史嵩之在黄州抵御口温不花率领的蒙古军。有士兵上报蒙古另一将领忒木觯将进攻江陵，史嵩之立即派人传讯孟珙，增援江陵。

　　孟珙派遣部将张顺先行渡江，而后亲自率领全师救援江陵。一时江面战令频传，夜以继日。孟珙亲自上阵击敌，果然不负朝廷期许，连破蒙古军二十四阵，夺回了被俘的两万人。

　　嘉熙元年（1237）十月，蒙古将领口温不花再攻黄州，孟珙率师营救，将口温不花打败，蒙古军退而转攻安丰。

孟珙命杜杲防守安丰，蒙古军攻占不下，以火炮攻城楼，杜杲命人哪处攻陷立即修补好哪处，随陷随补。蒙古军又诱惑死囚以攻城自赎，杜杲站在城墙上，用小箭将死囚射伤。口温不花一计不成又施一计，在护城河上填埋出了二十七道坝桥，令蒙古士兵穿上几十层牛皮制成的重甲，通过坝桥向安丰发起进攻。杜杲分兵与蒙古兵在土坝对战，他发现披重甲的蒙古士兵只有眼睛暴露在外，于是发明了一种"袖珍箭"专门射敌人眼睛，挫败敌军进攻。蒙古军见状乘风放火，欲烧死攻坝的宋军，宋军英勇奋战，不惧生死。这时，池州都统吕文德突围入城，增援杜杲，两军一起抵御蒙古军，最终令敌人败走。

孟珙知人善用，有勇有谋，自他与部将坚守黄州起，至嘉熙三年（1239）三月，孟珙三战蒙古，尽皆胜利，继而收复了信阳、樊城、光化和襄阳等城，成功将傲气的蒙古军阻断在长江以北。

打了胜仗的孟珙向皇帝上疏道："夺回襄阳并不难，如何守住襄阳才是难点。襄阳自古都是兵家要地，襄阳是朝廷门户，当以重兵把守。先前失守，并非守兵不勇猛，亦非军马器械不够精良，是主将不给力。现在好容易攻下襄阳，为保胜利果实，当以十万甲兵镇守，不可分而守之，战时，便不用抽兵来援。此乃上兵伐谋，不争之争。"

孟珙认为襄樊将会成为之后宋蒙战争的焦点，于是在蔡州等地设置忠卫军，在襄阳、鄂州设置先锋军，加强襄阳城周边驻防，进而保卫江南的前哨。

嘉熙三年（1239）十二月，孟珙得知蒙古将领塔海等率八十万人南下侵宋，他预测蒙古军队必然由施州、黔州进入湖州进而攻向湖南。

孟珙下令，以十万石粟米为军粮，分兵驻扎于峡州、归州（今湖北省宜昌市）；命弟弟孟瑛率精兵五千驻扎于松滋（今湖北省荆州市），以防蒙古兵攻占夔州（今重庆）；为防万一，还给守于归州隘口的万户谷增兵，加强防御；再命伍智思以千人屯兵施州，抵御蒙古军进攻；而孟珙则亲率兵舰于间道抵达均州（今湖北省丹江口市），掌控全局。

不久蒙古兵果然入蜀渡万州湖滩，孟珙提前屯集施州、夔州的兵力一同发动，孟珙兄长孟璟率兵于归州抵御蒙古军，巴东地区得胜，蒙古军没能进入四川。

嘉熙四年（1240）正月，蒙古将领张柔率兵分道入侵南宋，屯兵于襄樊、信阳、随州等地，召集军民，欲在顺阳建立水军，收积船材建造船只。

二月，孟珙调任四川宣抚使。有探子将蒙古军近期动向上报，孟珙派兵阻挠蒙古军，烧毁蒙古军用于建造船只的材料。他屯田于四川，自秭归至汉口，屯积田地十八万八千二百八十顷，备齐粮种，招募百姓务农。四川零散民众被召集加入宁武军，建筑军事防御。孟珙又给予李庭芝于施州建始县以权，李庭芝在施州训务治兵，战时为军，无战为民。在孟珙治理下，四川百姓得以休养生息。

蒙古军几次三番攻宋，均被孟珙阻击。于是，蒙古方面便主动提出和谈。

嘉熙四年（1240）四月，蒙古派使者求和。

理宗想用眼前的和平来粉饰天下，同意求和。

史嵩之本就主张和谈，一见皇帝同意议和，立即竭力附和。理宗很满意史嵩之知情识趣，再加上孟珙成功阻击蒙古军的进犯，史嵩之是这场阻击蒙古军前进的最高指挥官，自然更加得到理宗嘉奖。

但日益强大的蒙古只把议和当作权宜之计，故而议和之事迟迟未能商议成功。

嘉熙四年（1240）三月，理宗进封史嵩之为相国，史嵩之如愿以偿地实现了梦想。

当上宰相不久，史嵩之的父亲史弥忠过世，史嵩之应当回家守孝三年。可他才得到宰相之位，不舍得离开，因此以"现在是战争时期，凡事都可以破例"为由，想要继续留在任上。

一直以来，朝野内外不服史嵩之的人不在少数，他们俱认为史嵩之心术不正、结党营私，充满小人行径。如今一个"不孝"的把柄递到手中，群臣弹劾史嵩之的奏折如雪花一般飞到理宗手中。

史嵩之在高压之下，被迫回家守孝。

配合理宗一同努力议和的史嵩之离开了朝堂，而蒙古国内也发生了件大事，令两国和议陷于停顿。

淳祐元年（1241）二月，窝阔台在游猎归来后暴毙。大汗死得太突然，更没有留下遗旨，蒙古国内一时群龙无首。

窝阔台在世时，本来属意四子曲出继承汗位，但曲出年纪轻轻便已病故，窝阔台于是想让曲出的儿子失烈门继承汗位。

而窝阔台的皇妃乃马真后，更想让自己的儿子、窝阔台的长子贵由当大汗。

在窝阔台暴毙时，贵由在长子西征的途中，无法回来争夺汗位。乃马真后不甘心将汗位让于失烈门，便召见了丞相耶律楚材，询问大汗人选。

耶律楚材深受成吉思汗和窝阔台两代蒙古大汗器重，对窝阔台忠心耿耿。耶律楚材没有顺着乃马真后的意愿，支持贵由为大汗，反而耿直地说道："此非外姓臣所敢知，自有先帝遗诏，幸遵行之！"即遵照窝阔台遗愿，立失烈门为大汗。

乃马真后拉拢耶律楚材未成，将耶律楚材视为异己，在心里狠狠地记了他一笔。

这时，乃马真后的心腹奥都剌合蛮站出来为主分忧，向乃马真后进言："不如后先临朝摄政，待贵由王子回朝后再定大汗之事。"

乃马真后认为此计可行，在与心腹们急匆匆准备了一番后，迅速夺取蒙古政权，临朝摄政，打了宗室贵族们一个措手不及。

乃马真后摄政后，立即着手排除异己，其中就包括之前坚持要尊重窝阔台遗诏的耶律楚材。为相二十年的耶律楚材最后郁郁而终，享年五十五岁。

乃马真后为了在蒙古国内站住脚跟，大力提拔支持贵由为大汗的官员，任人唯亲，毫无原则地任用拥戴自己的人，使得蒙古国朝纲混乱，法纪废弛，窝阔台时期建立起来的中央集权遭到严重破坏。在乃马真后摄政的这五年内，蒙古国由上而下，陷入一片混乱，自然无暇顾及南宋。

此时的南宋王朝并不觉得安稳，虽然因为蒙古内部问题，宋蒙议和暂时搁浅，但中原大地仍时常被驻守北方的蒙古军骚扰打压、攻城略地。

理宗只得下令，在沿江、湖南、江西、湖广、两浙加筑城寨，增加守备兵力，共同制造轻捷战船，组建游击军壮士，以防备蒙古骑兵的长驱奔袭。

在四川的孟珙也利用河流湖沼，疏通水道，修建水库，建造有利于农田的水利工程。还在治下兴建战船，训练军队进行水陆作战。

理宗淳祐三年（1243）三月，朝廷令余玠为兵部侍郎、四川制置使，接任孟珙职位。

余玠出身穷苦人家，因得淮东制置使赵葵看重，收为幕僚，后被举荐入朝。

得理宗召见时，余玠自称为粗人，向理宗进言："望陛下能将文武一视同仁，不要有所偏颇，若文臣武将不能友好相处，不是国家之福。"

理宗有所感触，答道："余爱卿言之有理啊，是个敢言之人，可以独当一面。"授余玠四川制置使、重庆府知府。

四川历来都是纳赋大郡，可往上十六年间，制置使九人，或各有间隙，或各有谋算，政绩混乱。

余玠到任后，设立招贤馆，集思广益。有忠义之士来投，余玠皆以礼相待，有才者如冉琎、冉璞兄弟来投，向余玠提出意见："为今四川，若要抵抗外敌入侵，当迁往合州城中！"

余玠高兴道："正有此意，但不知该如何行事。"

冉姓两兄弟随后便提出，当采取守点控面的防御措施，修筑钓鱼城

（今重庆市合川区），以重庆为中心，在嘉陵江、渠江、涪江等长江险要关隘及要道，修筑起十余座山城。而钓鱼山更是易守难攻的要地，建城之后，存积足够的粮食，足以抵挡十万大军。城池建好之后，便可命百姓迁于城中。

有人劝余玠此事不可为，余玠怒道："此城建成，四川便得以安全，若不成，也由我余玠一力承担后果！"

余玠力排众议，终将钓鱼城及附近城池建起，还为提出建议的冉姓两兄弟请官，皇帝批复，授两人为承事郎，协助余玠管事。

除此之外，余玠在四川囤积粮食，储备物资，训练军队。数年间，四川在余玠的治理下，百姓终于有了安身立命之所。

江淮、襄阳、四川都有了防备，蒙古国内正在内乱，南宋朝中的大小官员们觉得环境一片大好，便将心思转到了争权夺利之上。

蒙古国内也正为争权夺利闹得不可开交。

理宗淳祐六年（1246）七月，乃马真后召开了库里台大会，将她的儿子窝阔台汗长子贵由，推上了蒙古国大汗宝座。

这个决定不得宗室贵族们的支持，术赤嫡次子拔都等人更是没有参加库里台大会。

贵由当上蒙古国大汗后，乃马真后并不乐意放权，时常给贵由拿主意，直至乃马真后去世，贵由才真正掌握蒙古的军政大权。

随后，贵由为了彻底把大权收回，铁腕清洗了乃马真后众多的支持者，又将被迫害的旧臣官复原职，并下令蒙古亲王们必须严格执行窝阔台时期颁布的法令，不得擅自发布法令，对于违反规定的亲王的部下着重抽调人力去充军。

成吉思汗铁木真之孙、术赤之嫡次子拔都不支持贵由当大汗，他当初没去参加库里台大会的事让贵由耿耿于怀。贵由便发动西征，号称学习窝阔台，实则是去讨伐当年留在钦察汗国当王的拔都。

但是，理想很美好，现实很骨感。

贵由的身体一向不好，加上好酒色，底子早就被掏空了。

淳祐八年（1248），西征军队到达新疆横相乙儿地区，便传来贵由过世的消息，时年四十三岁。

执政不到两年的贵由去世，令即将被讨伐的拔都头顶上悬着的剑没了。

拔都对窝阔台、察合台两脉的人早没了好印象。

拔都认为自己身为术赤嫡子、成吉思汗的嫡孙，若非因为术赤可能不是成吉思汗儿子的传言，留下了血统不明的问题，自己绝对可以争夺大汗之位。

此时，拔都年事已高，于是决定将托雷长子蒙哥推上大汗之位。

拔都想召开库里台大会推选蒙哥当大汗，但这并不是件简单的事，首先召集众宗亲，便需要不少的时间。

而蒙古国的汗位不可能空悬很久，多方势力早就蠢蠢欲动。

理宗淳祐八年（1248），贵由的皇后海迷失抱着曲出之子失烈门，开始垂帘听政。

在海迷失后垂帘听政的这三年里，老天爷很不给面子，连续三年滴雨未下，牧草干枯引发了大火，河流枯竭，牲畜们纷纷死亡，牧民们生活陷入困境。但诸王及各部落贵族们仍向诸郡征求货财，索取珠玑，争权夺利。

海迷失后在蒙古贵族中并没有太高的威望，对于治理天下和带兵打仗更不精通，还沉迷于巫术，而海迷失后的两个儿子都与海迷失处于敌对关系，他们自立门户，自封为王。

一时，曾经强大的蒙古国有了三个主子，蒙古贵族们干脆有样学样，纷纷自立。

眼看着成吉思汗建立的蒙古帝国即将分崩离析，拔都作为亲王老大哥站了出来，亲自组织了库里台大会。

在这次的库里台大会上，蒙哥如拔都所愿，被推选为新的大汗。

可窝阔台与察合台两系的亲王们并未参加这次库里台大会，不承认蒙哥汗的身份。

为此，蒙哥决定到成吉思汗建大蒙古国的首都再开一次库里台大会，但问题是，窝阔台与察合台两系的亲王们根本不想承认拖雷系的子孙，又怎么会积极地来参加库里台大会呢？

蒙哥这一等，便是两年。

两年后，淳祐十一年（1251）六月，蒙哥终于在成吉思汗当年登基的斡难河源头召开的库里台大会上，被真正拥立为蒙古大汗，史称"蒙哥汗"。

蒙哥汗即位代表着蒙古大汗的汗位由窝阔台系转向了拖雷系，加深了窝阔台系与托雷系之间的矛盾。

窝阔台系子孙失烈门仍有诸王拥护，蒙哥汗便将失烈门及海迷失后迁往扩端所居地之西，再将其拥护者分别迁离。蒙哥汗的驱逐之意显而易见，海迷失后想做最后的挣扎，派人刺杀蒙哥汗，蒙哥汗最终将海迷失后赐死，囚禁失烈门于没脱赤。

蒙哥汗即位后，立即命其弟忽必烈总掌漠南（今蒙古大沙漠以南）地区军政大权，在金莲川（今河北省沽源县境）开府，设立指挥中心，要求凡军民在漠南，皆听令于忽必烈。

忽必烈在漠南地区掌权后，积极提拔汉族士人。

当时有"王佐略"之称的姚枢在苏门（今河南省新乡市辉县市苏门山）隐居。忽必烈命幕僚赵璧请来姚枢，以宾礼相待。

五十岁的姚枢决定重新出山，他向忽必烈讲述帝王之道。

忽必烈惊讶于其才华，每每有疑问便召姚枢询问。

姚枢得到忽必烈重视，投桃报李，向忽必烈进言，当于开封置经略司，筹划军备，分兵屯田，西起襄阳、邓州，东连清口、桃源，并以列障守之。

忽必烈随即便命人安排。

由于忽必烈对汉人文化的推崇，到了后期他成为大汗之后，蒙古国统治阶层逐渐重视重用汉族将领，此为后话。

忽必烈为蒙哥汗牢牢把握住漠南地区，蒙哥汗遂腾开手出征将高丽拿下，待高丽依附蒙古国后，蒙哥汗又将视线转向了南宋。

蒙哥汗吸取窝阔台攻宋失败的教训——因进攻战线拉得太长，兵力分散，难以突破长江防御。

眼下南宋已派重兵把守蜀、荆、襄、鄂、两淮等地，以抗击蒙古军从北面南下，蒙哥汗于是决定采取"绕道西南，攻其腹背"的战略方针。

忽必烈向蒙哥汗进言道："不若利用大理国内皇权交替，政局混乱的时机，先行占领大理，蒙古军在南方便有了据点，再避开南宋主力，迂回南宋侧后，再北上进攻，接应蒙古军主力，然后合兵东下临安，一举灭宋。"

蒙哥汗深觉有理。

淳祐十二年（1252）七月，蒙哥汗命忽必烈率十万蒙古大军从陕西远征大理，并先派汪德臣率兵进攻四川。

当时南宋四川制置使余玠屯兵日久，早在淳祐十年（1250）冬十月，余玠便与蒙古将领汪德臣、郑鼎于兴元有过交锋，且余玠大胜而还。

蒙古将领汪德臣晓得余玠的厉害，蒙古国内也未有旨意出征，汪德臣也不主动挑衅余玠，老老实实屯兵于沔州（今陕西省汉中市略阳县），进而利州，且耕且战。

至淳祐十二年（1252）十月，汪德臣接蒙哥汗旨意，率兵攻略成都，迫近嘉定，四川为之大震。余玠受命率诸将夜开关与汪德臣大战，汪德臣不敌，退军而去。

余玠率兵到了嘉定后，都统王夔率二百赢弱部下出迎。

王夔此人，素来残暴悍勇，恃功骄恣，经常劫掠百姓，四川百姓有苦不敢言。

余玠对王夔深恶痛绝，欲为民除害，可因为王夔拥兵在外日久，恐牵一发而动全身，故而没有对王夔下手。

可嘉定危急之时，王夔仅领二百部下出迎，余玠不由失望："素闻都统兵精，今日一见，大失所望啊！"

王夔装模作样道："非王某人士兵不是精兵，实乃不敢召出来见将军啊，恐惊从人耳。"

少顷，江面声如擂鼓，旗帜鲜明，可见王夔拥兵自重非一日之功。

可留下这样一个隐患，于四川终究是祸非福。余玠谋将杨成进言："今日不诛此人，恐将来养虎为患。王夔在蜀虽久，有威名在外，但忠心不可与吴氏族人相比。吴氏有四世之功，能百战保蜀，可王夔此人，藐视法度，纵兵残民。若将来王夔真有发达之日，再想诛之，恐难矣。"

至此，余玠终于下定决心诛杀王夔。

王夔伏诛后，余玠举荐杨成为文州刺史。

又因王夔之事，余玠欲革除军中举代之弊端，遣将代姚世安之职。可姚世安素来与宰相谢方淑子侄交好，此时被余玠打压，便求助谢方淑，一来二去闹到理宗面前。

理宗看着面前摆着的两份奏折，一份是姚世安揭露余玠阴私的奏章，一份是余玠专制四蜀，颇有言辞张狂，不够恭谨的奏章，理宗赵昀心下便对余玠有了几分不喜。

徐清叟见理宗面有不悦，向皇帝进言："不若召余玠入朝，待余玠入朝后，再派人取而代之。"

宝祐元年（1253）六月，理宗皇帝命余晦为四川宣谕使，取余玠而代之。

宝祐元年（1253）七月，余玠暴毙，死因众说纷纭。有人说余玠是畏罪喝药而死，有人说余玠因皇帝召见不安，一夕之间暴卒。但不论是哪一种，蜀人听闻余玠离世的消息，莫不悲伤。

南宋这边自断后路，抹杀有功之臣，而蒙古那边也在为攻下大理而努力。

宝祐元年（1253）九月，忽必烈率军攻打大理，兵分三路：中路军由忽必烈亲自率领，以兀良哈台为副将，自临洮（今甘肃省临洮县）南下，向云南进攻，十月渡大渡河到达金沙江；西路军从四川西部，行经山地两千多里；东路军则到达会里地区。

蒙古军队三路军从三个方向将大理团团围住。

大理国君段兴智选择与蒙古军对战，派高泰祥带兵出击。

面对久经沙场的忽必烈，高泰祥根本不是对手，被蒙古军打得节节败退，随后大理主力军被蒙古军全部歼灭，段兴智与高泰祥败逃。

十二月，忽必烈攻占大理，又招降吐蕃诸部，然后自率中东两路蒙古军北归，留下兀良哈台继续攻占云南各部。

后来，高泰祥被抓后斩于五华楼，而段兴智又被接回大理国。蒙哥汗施以怀柔政策，让段兴智管理大理国。

段兴智不但捡了条命，还得到蒙古大汗的赏识，继续掌管大理国，对蒙古感激不尽。

由此，段兴智尽力为蒙古讨伐西南地区的反蒙势力，帮助蒙哥汗统治云南。

宝祐二年（1254），蒙哥汗发动蒙古第三次西征。

此次西征军由蒙哥汗六弟旭烈兀率领，旭烈兀大军经过阿力麻里（今新疆阿脱诺克），到达土耳其斯坦。旭烈兀率军在土耳其斯坦驻扎一年，休整及补充军力后，于宝祐四年（1256）九月，向撒麻耳干（今乌兹别克斯坦）攻进，攻占撒麻耳干之后，大军只做短暂停留补给便接着向至铁门关（今乌兹别克斯坦）进军，三十天后，继续向木剌夷国（今伊朗）进军。

蒙古军历年来给欧洲国家留下了不可磨灭的印象，此次蒙古军西征更是所向披靡。

不久之后，西征军控制了小亚细亚大部分地区。

宝祐四年（1256），蒙哥汗册封旭烈兀为伊儿汗。旭烈兀所建立的国家正式称为伊儿汗国。

宝祐四年（1256），蒙古将领兀良哈台在云南诸事告一段落后，率军北攻重庆，大败宋军。

宝祐五年（1257），兀良哈台又率军南下攻占交趾（今越南北部），完成了对南宋的战略迂回。

西南计划实施完毕，蒙哥汗决定对南宋发动大规模的进攻。他计划先拿下四川、荆湖两个重点要塞，再上下两路军会师于鄂州，集结兵力后，顺江东下，夺取临安。

宝祐六年（1258）二月，蒙哥汗以七弟阿里不哥留守和林，他亲率大军南征。

南下的蒙古大军分兵三路，分别拿下荆湖、四川。

中路主力以忽必烈为主帅，张柔为副帅，进攻鄂州，直取杭州，再由中军分出一路由塔察儿率领进攻荆山（今湖北省汉水）。

南路军以兀良哈台为帅，由云南、广西北上与忽必烈中路军会师鄂州。

西路军由蒙哥汗亲自率领，是此行主力，由陇州向大散关逼近，然后东出夔门。

同时，以李全之子李壇率领东路攻海州（今江苏省连云港市）等地，配合各方作战。

蒙古军大军压境，而南宋的皇帝正美人在怀，宠幸宦官董宋臣之流，对于即将到来的灭顶之灾尚未有一丁点意识。

董宋臣是理宗的近侍，以办佑圣观、造梅堂、芙蓉阁、香兰亭逢迎于理宗。董宋臣得帝王信任后，强夺百姓良田，引倡优人宫，收受贿赂，争权夺利，无所不为，时人称其为"董阎罗"。

监察御史洪天锡向理宗进言道："自古奸人恃宠作恶，盖因主上心知肚明，却仅以训斥了事，会使得奸人更加张狂。"希望理宗远离小人，严加惩治董宋臣。

奈何理宗时边关无警，往日益骄奢这条路上越走越远，对洪天锡的进言不加理会，反而更倚重董宋臣了。

有了理宗的偏袒，董宋臣更是明目张胆地联合后妃阎贵妃勾结外臣马天骥、丁大全。不过几年时间，至宝祐六年（1258），四人便权倾朝野，丁大全甚至坐上了右丞相兼枢密使之位。

丁大全当权后，更加目空一切，有人在朝门上题写了"阎马丁当，国势将亡"八个字，丁大全都不放在心上，只因朝堂中，多为丁大全党羽。

丁大全不仅把持朝纲，目中无人，最后竟然壅蔽上听，连蒙古大军南侵这等军国大事亦不向理宗皇帝上报。

宝祐六年（1258）二月，蒙哥汗先派纽璘为前锋欲与元帅阿答胡会军于成都。

纽璘率军在遂宁（今四川省遂宁市）与宋将刘整大战一天，击败刘整后，长驱直入成都。

时任四川制置使兼知重庆府的蒲择之率军自剑门（今四川省广元市）发兵救援成都。蒙古元帅阿答胡不敌战死，纽璘率军阻击蒲择之于云顶山城，扼制蒲择之回军之路，蒲择之战败。蒲择之誓死不降蒙古军，后来一直在四川地区组织民众抗击蒙古军，直至南宋灭亡，蒲择之隐于家乡。

此时，蒙古军随即攻占成都及彭、汉、怀、绵等州。

四月，蒙哥汗亲自率军，自六盘山出发，由固原出大散关。

七月，蒙古军由宝鸡攻占重贵山。

十月，蒙哥汗渡过嘉陵江到达白水（今白龙江），并命汪德臣在白水架浮桥，进而渡江抵剑门，攻打苦竹隘（今四川省广元市剑阁县）。

宋朝守将张实拼死御敌，终因兵弱不敌。

张实被蒙古军俘虏，蒙哥汗很看重这一战，为了以后的长治久安，没有下令屠城，但斩首英勇抗蒙的几十名宋军战士，张实被施以五马分尸之刑。

苦竹隘已失，四川门户洞开，蒙古军得以长驱直入。

十一月，蒙哥汗围困长宁山，宋军守将王佐战死。而后蒙古军再向鹅顶堡进攻，杨大渊不战而降，蒙哥汗以杨大渊为都元帅，随同攻战。不久，龙州、运山、青居山降蒙，隆州、雅州等地被蒙古攻占。

十二月，蒙哥汗率兵渡马湖入四川，南宋急派马光祖前往峡州、大将向士璧前往绍庆府支援，两军交战于房州，马光祖、向士璧战败退回。

至此，四川大部地区被蒙古军攻占，重庆、合川等军事要塞陷入蒙古军包围圈中。

蒙哥汗攻入四川后，一路高歌猛进，宋军毫无还手之力。这让蒙哥汗信心大增，企图一举拿下重庆，不料，却在合州钓鱼城遭遇了滑铁卢。

彼时，防守钓鱼城的是南宋守将王坚和张珏。

开庆元年（1259）二月，蒙哥汗派南宋降官晋国宝劝王坚投降蒙古，被王坚杀死。蒙哥汗则派纽璘于涪州造浮梁，以阻断宋军来自长江下游的物资支援；又亲率诸军渡过渠江，抵达合州，俘掠附近居民八万多人，王坚力战固守，蒙古军合围钓鱼城下。

此后数月间，蒙古军尝试各种方法连续进击钓鱼城，均无功而返。

六月，四川制置副使吕文德率战船千余只，增援四川。吕文德到达重庆后，蒙古军兵分两翼，顺流纵击，吕文德败军而还。

七月，蒙哥汗重振旗鼓，命前锋大将汪德臣挑选士卒在夜间用云梯攻城。王坚亲自率部抵御，天亮时，汪德臣又来宋军阵前劝降："王坚，我来是为救活你一城军民，切莫多做无谓之争，当早早投降……"话未落被宋军飞石击伤，不久死去。

汪德臣的死让蒙哥汗非常愤怒，蒙哥汗誓要攻下钓鱼城，这是一代王者的固执与骄傲。

随后，蒙哥汗亲自到城下督战，不料遭到宋军炮击，蒙哥中飞石而亡。大汗身亡，蒙古军需将大汗尸体运往蒙古，随即蒙古军撤军北归。

开庆元年（1259）九月，正按照蒙哥汗的部署，率中路军南取鄂州的忽必烈收到亲王莫哥加急送来的蒙哥汗死讯，莫哥通知忽必烈尽快北还。

忽必烈为增加争夺汗位的筹码，计划夺取鄂州后再北上，于是加紧对鄂州的进攻。

南宋朝堂被丁大全把持，蒙古大军攻宋的消息被丁大全隐而不报，直至鄂州地区战事实在过于猛烈，难以隐瞒，丁大全不得不上报理宗。

理宗如梦初醒，十分恐慌。面临真正的危机时，理宗赵昀首先将欺君的丁大全发配到边远之地的贵州以平众怒，再听信近侍董宋臣谗言迁都明州。

临危受命的左相兼枢密使吴潜不赞成迁都，但又无力说服慌了神的理宗，便请皇后谢道清出面劝解皇帝。

谢皇后对理宗进谏道："陛下不可战时迁都，唯恐动摇民心。"

理宗这才打消迁都的念头，转而考虑鄂州防御蒙古军将士人选。

十月，理宗任命贾似道为右丞相兼枢密使，发军汉阳以援鄂州。并招调四川制置副使吕文德的重庆军队、湖南制置副使向士璧的湖南军队、江西宣抚使赵葵的江西军队各路军队援鄂。

十一月，忽必烈率军渡江后，蒙古军围困鄂州城下，鄂州危在旦夕。鄂州都统张胜率军民顽强抗击，坚守城池。蒙古军发动二次进攻时被宋军打退，蒙古军又遣人诱降，张胜斩杀使者。但是，此时鄂州城内因为冬季疫病、缺粮等原因，已经失去一半百姓，宋军的伤亡也达万余，而守将张胜在城头防御蒙古军时牺牲。

贾似道急忙率领两淮军屯驻汉阳，诸路援军也集结于鄂州附近。

蒙古军大兵由永州、全州发军至潭州，江西大震。

十一月，理宗听从左相吴潜的进言，下诏命贾似道突围至黄州，并要求贾似道在黄州组织起一道新的防线，以便更好地指挥宋军全局战斗。

此去黄州实在惊险，贾似道几乎死于蒙古军之手，幸而有淮安知州孙虎臣从旁助力，贾似道方平安抵达黄州。

正因此次险些丧命，贾似道将左相吴潜划入仇敌的阵营。

十二月，蒙古军攻城越发急切与激烈，贾似道采取了有效的防御蒙古军措施，使蒙古军队一时难以攻占鄂州。

不巧，忽必烈收到妻子察罕寄的密信称，忽必烈的七弟、留守和林的阿里不哥意欲窃取大汗之位。此时，蒙哥汗的几个儿子刚刚成年，不具备争夺汗位的实力，所以汗位的争夺就在忽必烈和阿里不哥两人手中展开。

看准了忽必烈无心恋战，贾似道向忽必烈提出议和。他派遣密使前往蒙古军营道："北兵若旋师，愿割江为界，且岁奉银、绢匹两各二十万。"

忽必烈的幕僚赵璧有意拒绝贾似道乞和之请，但忽必烈此时急于回蒙古争夺汗位，最后顺水推舟同意议和，南宋由此获得了十年的安稳日子。

鄂州之战结束之后，贾似道班师回朝，厚颜无耻地向理宗上表称："诸路大捷，鄂围始解，江汉肃清。宗社危而复安，实万世无疆之休！"却只字不提议和之事。

理宗信以为真，赞扬贾似道："奋不顾身，吾民赖之而更生，王室有同于再造。"更是下诏加封贾似道为少傅、领卫国公衔，一力将贾似道推上一条权臣之路。

贾似道当权后，禁绝宦官干政和外戚弄权，而后推行"公田法"，即限价购买土地，超额土地归国家所有，朝廷通过回收公田取得的税赋贴补军费开支。而后，贾似道在武将中实行"打算法"，用以核实军费开销，若查出确实挪用又无法说明原因的，一律严惩。最终导致泸州将领刘整因害怕被贾似道清算，率部下军士投降蒙古。

景定元年（1260），子嗣艰难的理宗欲立太子，他膝下长成的孩子只有一位公主，便是贾似道姐姐惠顺贵妃生下的瑞国公主。

理宗只得将胞弟赵与芮的儿子，已过继到名下的皇子忠王赵禥立为太子。

赵禥，实际上是赵与芮与一名小妾黄氏所生。黄氏是赵与芮妻子李氏的陪嫁侍女，黄氏怀孕后，担心被李氏迫害，给自己喝了很多打胎药，想把孩子处理掉。谁知打胎药只起了一半效果，孩子还是生了下来，还是个男孩。打胎药的另一半效果则是令赵禥生来比别的小孩都傻上几分。但他已经是理宗近亲血脉中唯一的男嗣，理宗没有其他选择，只有将赵禥立为太子。

左相吴潜认为一位弱智的未来皇帝不值得拥立，向理宗上密奏说："臣无弥远之材，忠王无陛下之福。"

这下捅了理宗的心病，毕竟理宗也是靠着宁宗朝的宰相史弥远才能被选入宫嗣位，皇位来之不正。

而贾似道作为皇帝唯一女儿的亲娘舅，认为对于立太子一事，自然是顺着理宗的心意来更妥帖。

于是，贾似道借机向理宗进言，污蔑吴潜不同意立忠王赵禥是因为吴潜"奸谋不测"。

对吴潜已心生不满的理宗，很快便罢免了吴潜的丞相之职。

景定元年（1260）六月初六，赵禥被立为皇太子。

同年，远在蒙古的忽必烈在开平即汗位，成为蒙古的新一任大汗，他将蒙古帝国的首都迁到汉人都城即原来金国的首都燕京，改名大都。

但忽必烈的汗位并不稳当。当初蒙哥汗在四川逝世后，并未立下遗诏。大汗争夺战的当事人忽必烈与七弟阿里不哥各有支持者。忽必烈因崇尚中原文化，又常年在中原地区带兵打仗，在漠南及汉族地区拥有武装势力，而阿里不哥反对汉化，在北方蒙古族内，更多的蒙古宗亲贵族们则支持阿里不哥，包括察合台和窝阔台的子孙、术赤的孙子等。

于是，在忽必烈即位后，阿里不哥勾结蒙哥汗的妻子忽都台、儿子阿速台于阿勒泰山召开库里台大会，也当上蒙古大汗。

一国不容二主，忽必烈与阿里不哥的内战就此拉开序幕。

阿里不哥手中掌握的蒙古军队，首先向忽必烈发兵，久经沙场的忽必烈亲自带兵迎战。

阿里不哥天然占了蒙古贵族亲王们支持的优势，与忽必烈战得不分上下，可阿里不哥骨子里有残暴因子，在攻占察合台汗国时，阿里不哥在今天新疆的伊犁地区无所顾忌地进行烧杀抢掠，不仅激起了当地百姓的反抗，也让很多部下感到害怕，于是很多部下去投奔忽必烈。

不久，察合台汗哈剌斡忽勒也对阿里不哥用兵。

阿里不哥双拳难敌四手，终究败给了忽必烈，同时也造成了蒙古帝国的分裂。

成吉思汗的四个儿子的后人分别建立了钦察汗国、察合台汗国、窝阔台汗国、伊儿汗国。

钦察汗国是成吉思汗大儿子术赤的辖地。

察合台汗国是成吉思汗的二儿子察合台的辖地，后来因内部斗争分裂为以畜牧业为主的东察合台汗国和以农耕经济为主的西察合台汗国。

窝阔台汗国因窝阔台系与托雷系争夺汗位的关系，后来窝阔台的孙子海都没有战胜忽必烈成为新大汗，海都死后，窝阔台汗国一部分归元朝统治，一部分归属察合台汗国。

伊儿汗国则是蒙哥汗与忽必烈的亲弟弟旭烈兀建立的国家。

忽必烈平定内乱后，投降蒙古的将领刘整对忽必烈道："自古帝王非四海一家者，不为正统。南宋主弱臣悖，正是统一天下的良机。"又道："蒙古精兵突骑，所当者破，唯水战不如宋，为了夺彼所长，当造战舰，习水军。"

忽必烈深以为然，积极扩充军队，增修战船，使得蒙古军队逐渐向以汉族军队为主力，水陆军队齐头发展，蒙古骑兵为精锐的方向转变。

但是，基于内战刚刚结束，根基不牢，忽必烈积极发展农耕经济，设立劝农司，置劝农官，禁止以民田为牧地，奖励垦荒，实行军民屯田等，为日后吞并南宋做着积极的准备。

蒙古忙于发展自己，磨刀霍霍，南宋浑然不觉，还以为能偏安一隅。

景定五年（1265）十月二十六日，理宗去世，太子赵禥继位，史称宋度宗。次年，改元咸淳。

曾经，理宗梦里传言儿子有十年"太平天子"的时光。

但事实是，蒙古经过几年的发展已经具备南下的能力。忽必烈决定采取刘整的建言："直先从事襄阳，如复襄阳，浮汉入江，则宋可平也。"即以主力进攻襄、樊，从中间突破，将东西交通从中截断，然后由汉入江，以迅雷不及掩耳之势直趋临安，夺取南宋的策略。

咸淳三年（1267）十一月，忽必烈命大将阿术、刘整备师进攻襄阳。蒙古人知道："所谓守江必守淮，守淮必死守襄阳，襄阳城破，南方无险可守。"

襄阳，是南宋的最后一道门。

襄阳本身有三道防线，第一道是秦岭余脉和桐柏山余脉；第二道是襄阳三面环水，背靠大山；第三道是百米宽的护城河和五米宽、两丈高的城墙。而樊城又与襄阳是子母城，南船北马易守难攻，自古就有"铁打的襄阳"之称。

咸淳四年（1268）九月，阿术驻兵马于虎头山，驻兵白河城，以断宋军运送粮饷通道。

时任南宋京西安抚副使吕文焕见蒙古军大兵至，惊惧之下，写信告知其兄吕文德。

吕文德怒骂吕文焕少见多怪，告诫吕文焕道："你不要胡言邀功！若蒙古兵在白河城设垒，亦是假设，无用之功。襄阳、樊城城池坚深，兵备储粮足够支撑十年，有我吕氏兄弟坚守，若刘整小儿敢乱来，等来年春天，我必去取其性命。"

吕文德对襄、樊两城有如此信心，反而认为刘整的谋略可笑。

咸淳五年（1269）三月，阿术、刘整军集结于鹿门山，蒙古军对樊城进行围困，牵制和分散宋军增援襄阳的兵力。

三月十六日，京湖都统张世杰率马军、步军、水军救援襄、樊，战于赤滩圈，被阿术打败。

七月，沿江制置副使兼黄州知州夏贵率兵突袭阿术于新郢，亦被阿术打败。而后，宋将夏贵与范文虎对战阿术于灌滩，俱败于阿术。

若不是襄、樊两城阵地坚固，早就被蒙古军拿下了。

十二月，南宋荆湖制置使吕文德逝世，他临死都在后悔，不该接受贿赂同意刘整以防止盗贼、保护货物为名，要求在襄、樊外围筑造墙垒的意见。如今刘整在襄、樊周围率领蒙古军建造的堡垒越来越多，前后连接，造成了如今对襄、樊战略包围的局面。

咸淳六年（1270）正月，京湖制置使李庭芝再次受命支援襄、樊。

范文虎害怕李庭芝抢了自己的功劳，私下写信给宰相贾似道承诺道："若我领兵数万入襄阳，一战可平。不愿受到李庭芝的掣肘，事成之后，功劳全归恩相所有。"

贾似道随即命范文虎从中掣肘李庭芝，李庭芝几次欲进兵攻打阿术，均被范文虎以上面旨意未下达而拒绝。

十二月，蒙古军久攻襄、樊不下，忽必烈派丞相史天泽南下支援。

史天泽部下张弘范献策："襄、樊之所以久攻不下，实乃夏贵经常送衣粮入城，补给不断，外又有外援，为今之计，断其两者外援即可。"随即，刘整、史天泽调整战略，将襄、樊两地补给线切断。

咸淳七年（1271）五月，宋蒙战争进入白热化阶段，各地蒙古军牵制宋军，协助主力围困襄阳。

六月，阿术对南宋范文虎及两淮水师发动总攻。南宋范文虎被打败后，坐船临阵脱逃，蒙古军俘获大量战船及物资。

经此一战，襄、樊的形势陡然直下，城内粮尽援绝。

咸淳七年（1271）七月，对于忽必烈来说，是个双喜临门的时间。一则，南侵总算取得阶段性进展；一则，忽必烈宣布改国号为大元。元朝正式建立，从此，蒙古人以少数民族统治国家进入中原政治舞台。

咸淳八年（1272）七月，李庭芝派张顺、张贵率领船队救援襄阳。张顺、张贵领着三千民兵义士不畏生死，明知会有去无回，毅然踏上救援被困襄阳百姓之旅。果然，等张顺带着众人通过元兵的防线时，却发现张顺身中四枪六箭而亡。

虽然三千人带来的物资让襄阳百姓得以歇口气，但形势仍然严重。

吕文焕便与将领张贵商议，挑选五千人去联络范文虎，实施内外夹击的合作方案。

没有想到，消息被泄露，阿术、刘整知道张贵要突围，派了数万人将张贵等人堵死在江面，张贵等人为突围而出，且战且行，等待范文虎接应，结果范文虎根本没来，张贵最终被元军杀害。

元军为瓦解襄、樊城中军民意志，用张贵的尸体与吕文焕交换什么。

咸淳九年（1273），元军进攻襄、樊的第六个年头，襄、樊城中断粮已久，朝中支援迟迟不能送到城中。忽必烈又派人将新研发出来的"回回炮"运至襄、樊前线。

一声炮响后，元军便将襄、樊城墙轰开一个缺口，刘整亲自率兵攻入樊城，而张弘范则烧毁了襄阳与樊城的浮桥，樊城守将范天顺城破后自杀身亡；守将牛富率军巷战，寡不敌众，投火殉职。

樊城陷落，吕文焕坚守襄、樊六年，已无力再战，终于接受元朝降书，开城门降元。

襄阳失守，南宋门户已无，正式改朝换代的乐曲就此响起。

第十六章

临安沦陷——南宋灭亡

元军攻占襄阳后，班师大都休整。朝会上，大将阿里海牙向忽必烈汇报新一年军事计划："自古以来，湖北荆州都是军事要地。我们去年攻下荆州、襄阳一带，汉水以北尽归大元所有。应当打铁趁热，再挥军南下，一举攻下南宋！"

蒙古人好武，主战的不止阿里海牙一人。

元朝开国功臣速不台之孙、将领兀良合台之子阿术表示赞同："臣等攻打江淮一带时，便发现南宋兵力羸弱，不堪一击。我大元勇士正是气势大盛之时，打下南宋那群文弱士人，简直太容易了。若是放任他们，让其休养生息，以汉人的智慧，长久之后倒会成为大元的隐患。"

忽必烈也有意愿将南宋收入版图，当即问道："那何人可统领诸军南下？"

阿术建议召丞相史天泽入殿一起商议。

史天泽字润甫，大兴永清（今河北省廊坊市永清县）人，出身汉人豪族家庭，金国末年，随父史秉直降蒙古。二十三岁时，兄长被杀，史天泽接替其兄长任帅职，率军击败金将武仙，表现出优秀的军事素养。他用兵如神，俘杀抗蒙"红袄军"将领彭义斌，夺下真定（今河北省正定县），之后用几年的时间将真定建设得城池坚固，百姓安居。之后，史天泽跟随窝阔台伐金，在灭亡金国的过程中立下卓越功劳。忽必烈继位后，史天泽官拜中书右丞相，在他的主张下，元朝政务畅通，税赋减轻，经济发展飞快，是忽必烈极其信任的汉族显贵之一。

已七十高龄的老臣史天泽奉诏来到忽必烈面前。

忽必烈拉着史天泽的手问道:"史爱卿,众将皆道此时正是南下伐宋的良机,你看如何?"

史天泽知道忽必烈决意拿下南宋,他不光支持忽必烈此举,而且愿意带兵出征,但是考虑到自己年事已高,可能拖累战事,史天泽道:"此等国家要事,丞相安童、伯颜若能统领诸将出征,陛下一统天下,指日可待。老臣也愿做个副将,为大元伐宋的大业,尽一份力。"

忽必烈听从了史天泽的建议,任用伯颜为帅,统率诸军南下伐宋,军兵分三路南征,并以当初贾似道求和后又不守信,扣押元朝使者,为南下攻宋的借口。

不久,阿里海牙上疏忽必烈道:"之前的战事令我军折损颇多,望陛下许以十万良兵强将,以充军备。"

忽必烈准奏。

以往元军出征,基本上攻下一城便屠一城,偶尔不屠城,也会将高于车轮的男子统统杀死,仅将女子孩童收为奴隶。

忽必烈推崇汉族儒学,受汉文化影响日久,认为如此不能长久统治新获得的土地。他对南征的诸将下诏道:"我军南下伐宋是因为宋朝官员不为民,使得民生艰难。我军出征是为救百姓于水火,诸军攻下城池之后,万不可再以求功劳,而虐杀百姓。凡我军英勇征战,便论功行赏,切不可以杀百姓来充当功劳。"

七月元军临行前,忽必烈又对伯颜再三叮嘱:"当年曹彬以不好杀人而平定江南,有一人灭两国之能。今伯颜亦不好杀人,实为我朝曹彬!"

伯颜当即明白,忽必烈不仅要拿下南宋,更有意长久统治这片夺来的土地。他允诺了忽必烈之后,带兵南下。

此时的南宋则发生了件大事。

咸淳十年(1274)七月,宋度宗赵禥驾崩!

度宗赵禥在娘胎里受了打击,长成已是不易,天生智力上就落后别人一大截，要这样一位皇帝有所作为着实是强人所难。好在度宗其他能耐比不上之前的南宋皇帝，但于子嗣上却胜出一筹。在他驾崩时，膝下已经有三位皇子。

六岁的皇长子赵昰由杨淑妃所生，四岁的皇太子赵㬎由全皇后所生，三岁的皇三子赵昺由俞修容所生。

对于由哪位皇子登基，南宋的大臣们意见不一，但最终，以宰相贾似道等人主张的立嫡子为帝取得了胜利。四岁的皇太子赵㬎即位，史称宋恭帝。随后，众王公大臣以恭帝年幼为由，推举太皇太后谢道清垂帘听政。

新皇刚刚登基，前线传来伯颜率大军南下的消息，南宋朝廷顿时哗然。

此次元军南下攻宋，主力兵分两支：一支由金吾卫上将军、中书右丞博罗欢率宋朝降元将领刘整取道淮西，直指扬州；一支由伯颜亲率，遣阿术率降元将领吕文焕取道郢州（今湖北省钟祥市）由汉入江，直指临安。

而伯颜这一路又分三路：大将唆都率一路前去枣阳侦探司空山一带；翟招讨率一路从老鸦山攻击荆南；伯颜自己则与阿术同率二十万主力军攻打鄂州（今湖北省武汉市武昌）。

宋军在鄂州的守将张世杰，与文天祥、陆秀夫并称为"宋末三杰"，是一位了不起的抗金英雄。但因为他原是蒙古人，乃叛归宋朝的将领，一直为南宋朝中文臣所诟病。尽管如此，张世杰始终忠心为南宋出谋划策，一直坚守在前线。

此时，听到元军压境的消息，张世杰立刻在鄂州展开严密防守。随后元军抵达鄂州，遭遇了宋军顽强抵抗。

伯颜很清楚，对手张世杰有精兵十余万，依险而守鄂州，此处是一块难啃的骨头。

有将领认为，陆战不行，不若水战。

立刻有人反对道："沿江九郡，宋军精锐部队皆驻扎在鄂州一带。如用水军于江上攻城，元军多骑兵，恐怕无法与水军相互照应。以此法强攻，实非良策。不如从黄家湾堡绕道，东面有个河口，可以利用小船拖入湖中，避开郢州主力，转道下长江仅有三里。"

其他将领闻言摇头："须知郢州是我军攻下南宋的要塞，若不拿下此城，回头恐被人两路夹击，腹背受敌。"

但绕开郢州的提议给了伯颜新的方向，他决定另辟蹊径，表面上大军压在郢州城外，继续与张世杰正面对垒，同时暗中派精锐主力李廷、刘国杰绕道郢州以南强攻黄家湾堡。

元军开拔之后，以破竹之势攻占黄家湾堡，再从藤湖进入汉江，伯颜、阿术率百骑断后。

时任郢州副都统赵文义得知敌军断后的人马仅有百骑，且其中有元军大将，立时招来精锐骑兵两千余人追杀而去。

宋元两军在泉子湖兵戎相见，赵文义奋勇杀敌，结果被伯颜亲自斩于刀下。

见主将战死，其余宋兵溃散而逃。

元兵行至沙洋（今湖北省荆门市沙洋县东南），先令战俘入城以檄文招降宋守臣王虎臣、王大用。王虎臣、王大用不降，斩杀战俘及焚烧元朝黄榜以示身正。伯颜不想强攻，又派吕文焕前去招降，依然没有成功。

所有敬酒都已用尽，伯颜决定上罚酒。

这日傍晚，天起大风，伯颜命人将金汁炮移到顺风高位，再顺风向沙洋城中攻去，一时，城中硝烟弥漫，不多时便攻占沙洋，生擒王虎臣、王大用，其余宋将尽皆被杀。

元军又来到新城城下，向城内射黄榜、檄文意图招降。南宋守将边居谊不应，站在城墙上喊话，要降元宋将吕文焕过去。

吕文焕以为有可能劝降边居谊，依言来到城下。

边居谊拉弓搭箭，将之射伤。

吕文焕又绑着王虎臣、王大用到新城城下威胁边居谊。

边居谊不为所动，道："你想得到新城？我已经发誓要死守此地，你看看有什么本事得到！"

吕文焕大为光火，下令用火攻城。

边居谊亲自在城楼上督战，同时散尽家财奖励将士。傍晚时分，城楼之火已经蔓延到了边上民宅。边居谊力战至最后一刻，直到守城无望，跳入火海殉国。

伯颜念其壮勇，还特意去看了边居谊烧焦的尸体。而被元军抓住的王虎臣、王大用也在新城被攻下后，被元军杀害。

湖北一带南宋将领多曾是吕文焕的手下，伯颜利用这层关系，派吕文焕多处劝降，劝降不成，则利用元军骑兵勇猛攻城。双管齐下，元军不久便攻下沙洋、复州等地。

面对元军气势汹汹而来，宋军前线又连连失捷，南宋朝廷只得紧急调派沿江制度副使夏贵率淮西水军至鄂州附近，另派王达守住阳逻堡、王仪坚守汉阳，控制沿江要塞，务必要阻击元军。

元军预备在蔡店（今湖北省武汉市蔡店区）渡过长江，伯颜率元军到达此处时，江面宋军已部署严密。

面对宋军的严防死守，伯颜深知正面强攻必然损失惨重，他决定兵分三路：一路军佯攻汉阳，务必将宋军主将夏贵困在汉阳，无力支援其他宋军；一路军由阿术率领三千精骑，先秘密从汉口挖开堤坝，连夜从上游潜渡过江，再引元军主力抵达长江北岸；一路军则由张弘范率领攻打阳逻堡。

元军部署完毕，当夜，天下大雪。

天未亮，阿术率部下远远便能看见长江对岸的沙洲营地。趁着夜色，元军迅速上船，载马由挖开的小道过江。万户长史格率领的先行军刚一登岸，立即被宋军守营的鄂州统领程鹏飞发现并阻击。阿术随后命元军加快速度，强行登陆沙洲，元军援军抵达后，败势很快扭转。程鹏飞被重创后逃走，阿术缴获南宋千余只船。

与此同时，宋将夏贵正与元军激烈交战。有士兵来报，元军已顺利渡江，要塞已失。夏贵担心宋军腹背受敌，立即鸣金收兵，率军退往庐州（今安徽省合肥市）。

听闻阿术抵达长江北岸的捷报，伯颜立即派张弘范攻打阳逻堡。

而阳逻堡、汉阳、鄂州等地守将听闻宋军前线传来大军俱已逃跑的消息，士气低落，阳逻堡、汉阳、鄂州等地很快便被元兵攻占。南宋守将张晏然、王信等人投降元军。

元军攻占鄂州之后，沿江又攻占荆、湖各城。

蕲州（今湖北省蕲春县西北）、黄州（今湖北省武汉市黄陂区）、江州（今江西省九江市）等地的南宋将领因受吕文焕劝降先后投降元朝。元军几乎未动用兵力就拿下了这些南宋城池。

至此，南宋大片江山已落入元军之手，都城临安危在旦夕。

风声鹤唳的南宋朝堂上，主政的谢太皇太后忍住内心惶恐，询问朝堂百官当如何行事，是主战还是主和，主战当如何，议和又当如何。

辅政大臣贾似道前一年便多次请求出战，尽皆被皇帝驳回，此次便只缄默不语。

唯有左相王爚出列，请求出战。

谢太皇太后体恤王爚年事已高，没有同意。

右相章鉴素有"满朝欢"的美誉，引经据典评价了一番出战的好坏，又叙说了一番议和的利弊，口若悬河半天，却来了一句："是战是和，请太皇太后定夺。"

同知枢密院事兼权参知政事陈宜中，隐晦地向太后建议议和。议和声一起，文官中不少人站出来附和。

而后，陈宜中话音一转，又提出战是武将们的事，比如贾相国便是最佳的出战人选。

客观上，贾似道在军事上颇有些战绩，早年在鄂州与元军交战时曾大获全胜，确有统领百军之能。若贾似道出征，战胜元军，是为国宰相的职责所在，理当尽力。从道义上来讲，若非当年贾似道与忽必烈议和后反而扣押元朝使者，元兵哪有借口出兵伐宋？既然元军发兵皆由贾似道所起，自然应该由贾似道去收拾残局。

贾似道知晓他当年推行的"公田法"触动了太多贵族官僚的利益，如今这次，不论他答应不答应，朝野内外的舆论上都会逼迫他出征。既然结果已定，倒不如爽快出战，还得一个忠君爱国的好名声。

于是，在明显偏向主战派的谢太皇太后问询贾似道意见时，贾似道接下了任务。

谢太皇太后高兴道："从元朝大军压境伊始，前线守将一而再、再而三地降元，文臣们都想议和，贾相国此时愿意领兵出征，实乃国之大幸啊。"随后提高了贾平章的军事权力，下诏开设都督府，任命贾似道为大都督，全权负责北上对战元军事宜，并赐予贾似道任命都督府大小官员的权力，可先任命后上奏。

谢太皇太后为南宋朝廷殚精竭虑，满心希望贾似道能领兵大败元兵，大胜归来，重振南宋威名。

但贾似道这头，还未出征就已面临巨大的粮草问题。上一年淮西四郡大旱，这一年余杭等地又闹水灾，闽中等地干旱，天灾不断，百姓艰难。再加上宋元连年战争，朝中早已无力负荷沉重的军饷补给。

德祐元年（1275）春，诸军才勉强筹备妥当粮草装备。贾似道率齐集结的十三万兵马、军舰两千五百艘，率兵往芜湖而去。

二月初，宋军在芜湖安营扎寨。

贾似道命大将孙虎臣领七万大军驻扎丁家洲（今安徽省铜陵市东北），自己则与夏贵率领水军驻守鲁港（今安徽省芜湖市西南）。由于夏贵善领水军，贾似道命令夏贵领军舰两千五百艘横亘江中。

宋军面对的是强悍元军的先锋军刘整。

刘整是贾似道的老熟人了。

当年，刘整是受到吕文德的陷害，以及看到名将向士璧、曹世雄等被贾似道逼死后才选择了"自保"降元。

贾似道也知道，刘整有领兵之才，并不好对付。

刘整那一边，他参与伐宋是抱了与中路主力争抢功劳的主意，结果遭遇主将伯颜的阻拦，命令刘整不许渡江，而伯颜则自己渡江入了鄂州。听闻这件事，刘整愤郁不已，竟然当晚气死了。

贾似道做梦都没想到，局面还能迎来如此转机。

既然刘整已死，此战便不是非打不可，还有议和的可能。

贾似道一面派人释放元军俘虏，一面派使臣前去议和，再送去荔枝、黄柑等特产，私下许以"岁币称臣"。他的姿态放得极低，以求能达到议和的目的。

伯颜可不好忽悠。

早年忽必烈在鄂州之战时，贾似道就曾私下求和，最后却不了了之，可见贾似道是见风使舵之人。如今局势，元军气势上占据上风，议和完全没必要。

更何况，伯颜临行前，忽必烈曾明言，此番南下伐宋，意要拿下南宋。同意贾似道议和，完全与忽必烈意见相左。伯颜又怎么会为了区区一些财物，而得罪了自己的主上？

宋朝水军主力在元军人数之上，伯颜考虑到刚刚失去了熟悉宋军水兵的将领刘整，决定调整进攻方案，改以智取，令军中制作数十个大筏子，上置柴草，佯言将焚烧宋舟。

南宋将领孙虎臣领军在船上远远望去，深觉元军是要正面强攻，当即命令军士准备对抗事宜，一定不能让元兵火攻成功。火烧赤壁的故事如雷贯耳，孙虎臣不敢掉以轻心。

宋军因此不得不昼夜防备，日子一久，产生疲惫。

与此同时，伯颜派了另一部分骑兵悄悄分布在长江两岸进行夹击。

二十一日，伯颜认为时机已到，一声令下，炮声便在宋军营中轰轰作响。巨炮威力强横，无数宋军还没回过神来，便在这炮声震天中失了性命。战争一开始便如此惨烈，宋军失去了硬扛的勇气。孙虎臣先选择了逃跑，宋军随后溃散。元军乘风冲入宋军阵内，横击宋舰。

而夏贵则担心此战若是宋军赢了，贾似道会怪罪他之前在鄂州战败之事。难以想象，大战之中，国家危亡之际，竟然有将士不希望胜利。有这样的宋将，也难怪宋军兵败如山倒。

夏贵有了心理负担，干脆不战而逃。

贾似道听闻孙虎臣和夏贵都跑了，也知道这一仗必败无疑，还不如保存一点实力。于是，他鸣金收兵，急匆匆乘船逃跑。

丁家洲一战，宋军大败，南宋正规军的军事力量基本瓦解，元军获得大批军资器械，乘胜东进。

贾似道逃往扬州。

时任江淮招讨使汪立信接待了逃难而来的贾似道。汪立信与同为武将出身的贾似道颇有些交情，并未因贾似道打了败仗而将之驱逐出扬州。

当年襄阳被困时，汪立信曾献计贾似道，说："如今天下大势十去八九，而朝臣天天欢歌宴舞，百姓怨声载道，长此以往，国将危矣。为今之计者，其策有三。

第一，南宋天险在长江，全长不过七千里，应当倾尽全力，选精兵五十余万人，一路沿江设防，抵抗外敌。每百里一屯兵，一屯设守将，十屯为一府，一府设总督，在紧要关隘处，设重兵把守，来往巡查，互相照应，有何动静便能提前知晓。再选宗室亲王或忠臣良将，镇守东西两府，此为上策。

第二，忍辱负重，派使臣前去议和，许以岁币缓和对方攻打我们的期限，借此休养生息，巩固城池，待来年兵力强盛，便可攻可守，此为中策。

如果上面两策都不能施行，那是天要亡宋，唯有君主亲自衔璧舆榇投降，此为三策，也是下策中的下策。"

当时贾似道认定汪立信是危言耸听。贾似道认为按照元兵的习惯套路，打下一城，抢占了物资便走，若久打不下，便会撤军。贾似道没有领会忽必烈的战略意图已经变为要统治宋朝的土地和人民，错失良机。

时至今日，再见汪立信，贾似道后悔不已，拉着汪立信哭道："当初要是听了立信之言，何至沦落到如今这地步？"

汪立信无奈道："中原大地几乎都被元军侵占，军心涣散，恐怕难逃灭国。我等有负国家交与我等的责任。我愿以死谢罪，生是宋人，死为宋鬼。"一年后，南宋国破，汪立信如言殉国。

而贾似道这头，则上疏谢太皇太后，请求迁都，谋求一线生机。但因为贾似道有过谎报军情的前科，臣子们都以为他是在为打不赢仗而找理由推脱责任。

贾似道的这道上疏引起了众怒，文人志气令他们怒火中烧，纷纷上疏给谢太皇太后要斩下贾似道的头颅。

谢太皇太后迫于压力，下诏将贾似道免职。

众怒依然无法平息，朝野上下都坚决要求处死贾似道，其中尤以陈宜中最为卖力。这令贾似道自认眼不识人，万分后悔当年曾全力提拔陈宜中。

反而是谢太皇太后叹息道："贾平章好歹是三朝元老，没有功劳也有苦劳，何况他一向也算是勤政，怎么能因为他一时失败，就抹杀他全部的功劳？"

在谢太皇太后看来，贾似道这位权相，在元兵大军压境的情况下，主动领军去迎敌，没有抛下南宋主动降元，可见对南宋有忠。谢太皇太后不想要这位老臣的性命，坚持只把贾似道贬到偏远的广东一带，希望他能到小地方去养老。

然而，贾似道知道谢太皇太后并无杀他之心后，竟然在被押往广东途中，仍不忘捎上十几位姬妾，这令押送贾似道的会稽县尉郑虎臣很是恼火。

郑虎臣此人与贾似道颇有渊源。

郑虎臣家资丰厚，良田无数。贾似道推行"公田法"，等于是在抢郑虎臣锅里煮好的鸭子，郑虎臣又怎么不恨贾似道呢？

更相传，当年郑虎臣的父亲，就曾是被贾似道排挤而被流放，且在流放途中身亡的。

新仇旧恨，汇在一起，如今贾似道落到郑虎臣的手里，郑虎臣不停地挤兑贾似道，甚至道："像你这种人，但凡是个人都没脸活下去。"意图逼迫贾似道自尽。

贾似道却道："太皇太后并未赐死于我，我为何要自尽？要是太皇太后下了诏书，我马上死！"

郑虎臣憎恨贾似道，最终在漳州木棉庵下手，一朝权相贾似道魂归地府。

南宋末年，在统治者们多年的怠政和荒政下，朝中上下整个圈子已经形成了一种糜烂的状态。

文人雅士们只管风流享受，却看不到繁华之下的暗流涌动；军中武将得不到重用，还要受文人轻视；百姓们在多年的战争下流离失所，民不聊生，生活苦不堪言，又因连年征战，百姓得不到休养生息，民心浮动；经济看似繁华，实则滥发交子，国库早已空虚。

朝臣上下不齐心一致，互相攻讦，争权夺利，这不是某一位大臣能造成或能改变的现实。

再加上，长久以来，前有金国长达百年的欺凌，后有强横的蒙古铁骑，强敌在外，虎视眈眈。

内忧外患下的南宋统治者及高层们，只会推诿责任，贾似道是元军南下的借口，也就成了南宋统治阶层最理想的"背锅侠"。

纵观贾似道的生平，确实不是一个忠臣能臣，对元战役上的谎报军情，导致南宋再次被元军铁骑压境，后世评价他为奸相并不为过。但不论贾似道是否有此行为，忽必烈拿下南宋之心依旧，就算忽必烈不以贾似道为借口南下，也能找到其他借口。

贾似道前后都曾率兵积极与气势汹汹的元军对战，即便最后在丁家洲战败，他也未曾降元。反观军中因"打算法"起龃龉的人，害怕追责进而降元后反过来对付南宋的刘整等人，这样的人怎配得到重用？又有什么资格说贾似道专权误国？

贾似道推行"公田法"是为提高南宋国库收入，其初衷并无问题。这项改革动了富裕阶层、拥有大量土地的地主阶级的蛋糕，遭到他们强烈的反对。贾似道用强硬手段，坚持推行"公田法"一直到他下野，增加的国库收入给南宋这艘即将沉没的大船又注入了少许动力，因此并不能全盘否定贾似道这个人。贾似道一个人的死，也不可能扭转临安的局势。

朝堂上，谢太皇太后重新任命王爚为左相，提升陈宜中、留梦炎为右相，总算拉起了新的领导团队。

但这个领导团队也没什么用处。

每日端坐在上的谢太皇太后，听着各地的文武百官又有谁准备投降，元军又在哪里跟谁打起来了的奏报，心酸难受却又无能为力。

日益严峻的局势，使得朝中的枢密使官员及御史相继离职而去，小皇帝恭帝赵㬎尚且年幼不知事，左相王爚年纪大了，身体还不好，陈宜中、留梦炎这两位右相则整天在下头争斗个没完，哪一样都叫谢太皇太后头疼非常。

与此同时，谢太皇太后下诏各地军马上京"勤王"，可响应"勤王"号召的，也仅有两位，一是郢州守将张世杰，一是江西提刑文天祥。

张世杰，原是金国张柔的随从，后来逃到宋朝当了吕文德的手下，一路东征西讨，屡立战功，甚是勇猛过人。后因协助贾似道夺下鄂州有功，再随从贾似道进入黄州，一路加官升迁，令人艳羡。

但因张世杰的出身并不是土生土长的汉人，又与投降元朝的吕文焕哥哥吕文德有那么点香火情，后来，张世杰又跟贾似道有牵扯，这些身份哪一个拉出去，都让右相陈宜中不放心。

结果，张世杰率领部下经过数次的战斗，才领着仅余八千人的部队赶到临安"勤王"时，手下的兵马被陈宜中以各种名义调走。

相比不太为世人知晓的张世杰，江西提刑文天祥是南宋末年著名的抗元英雄。

理宗端平三年（1236），文天祥出生于江西吉安，他的父亲文仪是一位知识渊博、见贤思齐的儒生，以先贤们的事迹教育儿子文天祥，从小培养文天祥忠贞爱国的优良品德，从后来几十年文天祥的所作所为来看，文仪的教育非常成功。

文天祥从小得父亲谆谆教诲，又聪明伶俐，十九岁考中乡试第一名，二十一岁高中殿试第一名，成了状元郎。

据说，文天祥的卷子被送到宋理宗手里时，初评为第七名的进士，理宗拆开密封，一眼便瞧见文天祥的名字，龙颜大悦道："天祥、天祥，此即天降祥瑞！"随后御笔一挥，提了文天祥为头名。

新科状元横空出世。

后来，文天祥将自己的字改为宋瑞。

君臣相宜，大抵如此。

与文天祥同时上进士榜的还有一个青年，他叫陆秀夫。在南宋末年的历史上，这是两位并驾齐驱的人物。

不管文天祥是进士第七还是殿试第一的状元，都说明文天祥是个文采斐然、胸有沟壑的人，而他的目标是报效国家。可天不遂人愿，文天祥前脚当上状元公，后脚父亲文仪去世，文天祥只得回家奔丧。

宋理宗开庆元年（1259），文天祥服丧期满三年，回朝担任八品刑部郎官。不料南宋的边境线上，一群骑着高头大马的元军精骑挥鞭南奔，一路呼喊着挥舞着手中的刀剑，攻向偏安南方的南宋。南宋长江以北防线全线崩溃，急报一封封送达临安，朝中大臣急迫地想要"迁都"，理宗宠臣董宋臣催促皇帝走为上策，一身正气的文天祥眼见即将重演宋高宗赵构逃亡海上的一幕，挺身而出，直言董宋臣小人误国，恶贯满盈，理当斩首。

文天祥一个八品小官的弹劾没能让理宗回转心意，还是江万载曲线救国，搬出皇后谢道清。

谢皇后对理宗劝道："陛下，战时迁都，恐动摇民心啊。前线的守将们听闻陛下迁都，岂不是士气低落，到时唯恐丢失更多城池。"

谢皇后晓之以理劝住了理宗皇帝，但皇帝也没有认真听取文天祥的建议斩杀宠臣董宋臣，对文天祥的弹劾只应付几声了事。

文天祥血气方刚、年轻气盛，不愿同董宋臣此类奸臣同朝为官，于是辞官回家。

三年后，理宗想到文天祥曾上疏一系列改革政治、扩充兵力、抗蒙救国的建议，虽理宗没有采取文天祥的建议，但他决意重新提拔文天祥。

文天祥对贾似道专权深恶痛绝，秉承士人的"邦有道则仕，邦无道则隐"的处世哲学，文天祥请求"祠禄"，即只领挂名官职，实无职事，仅领俸禄。就是"祠禄"也仅两年，理宗皇帝重新起用董宋臣后，文天祥被贬知瑞州（今江西省高安市），开启了文天祥的地方官生活。

在地方上，文天祥爱民如子，为民请命，修复文化遗迹，使瑞州风气为之一清，有了政通人和、百废俱兴之象。

文天祥在地方上为民奔波，盛名远扬，为官颇有建树，官场几十年，几经波折，地方官成就了文天祥。好官总是相似的，文天祥的身上有着北宋名相寇准、范仲淹等前辈的影子。

至德祐元年（1275），谢道清太皇太后发了"勤王"诏书，地方官文天祥痛哭失声，而后捐出全部家产，召集义军出征勤王，以"食君之禄，忠君之事，以死报国"的决绝之态，开启了他的戎马生涯。

德祐元年（1275）四月文天祥在江西起兵，准备上临安"勤王"，却被朝中百官猜忌，论其态度过于狂妄，要求文天祥留在江西，而另一位已经到达临安的"勤王"义士张世杰也被解了军权，留在临安。

张世杰挂着闲职，但忧心前线，积极向临安各个军队的人探听消息，渐同军队人员熟悉起来。

德祐元年（1275）五月，张世杰被重新起用，率领各路军队前往前线抵抗元军，一路奋勇战斗，不仅守护了扬州，还收复了常州，这是南宋末期少有的几场胜仗。张世杰加官到保康军承宣使、总都督府兵。

七月，张世杰与孙虎臣集结战船，准备在焦山与元军决战，为防有人临阵脱逃，张世杰命人将战船绑在一起，没有号令不可出战。但如此一来，宋军的机动性便不够灵活。

元军将领阿术、张弘范爬上了石公山，远远望见张世杰的军事部署，立刻看破了宋军的弱点，定下计策要火攻宋军。

宋元两军开战后，宋军站在连成一片的战船之上，迎面是元军主力的强力攻势，两侧是呼啸而来的火箭，一个个火球落到战船之上，合围之下的南宋士兵逃脱不及，又失了进攻先机，很多士兵为求一线生机只得投江，战力受损严重。

张世杰率残余的宋军艰难逃出生天，继而被元军张弘范、董文炳精锐兵力围追堵截，张世杰无力再组起军队，避开元军主力，逃往圌山，焦山之战宋军大败。孙虎臣率残兵前往真州，张世杰上疏请求朝廷支援，却没有收到朝廷的回复。

眼见张世杰也落了败，朝廷才忆起，文天祥麾下仍有一支义军。

德祐元年（1275）八月，朝廷下诏召文天祥率义军进入临安，并将义军归入朝廷军队。

文天祥一到临安，便向皇帝上疏："国家日渐衰弱，故而元军能攻一城破一城，当今之计，当以全国境内全部军力聚集于四方，都统居中统领全局，四方重点以广西并于湖南，建军于长沙；以广东并于江西，建军于隆兴；以福建并于江东，建军于番阳；以淮西并于淮东，建军于扬州。四方军力集结，长沙军可以拿下鄂州，隆兴军可以夺取蕲州，番阳军直取江东，扬州军收复两淮。南宋地广人多，只要聚起我南宋好男儿，定能抗击元军！"

文天祥的这番慷慨陈词忠心报国，却被时人议论为高谈阔论，纸上谈兵，无可取之处，朝中反对声音一浪高过一浪，最终没有采取他的建议。

十月，常州危急，被十万元军包围。

朝廷命文天祥保卫平江，又命将领张全领兵增援常州。

张全路过平江时，文天祥见他只有两千人，慷慨地拨给他将领朱华、麻士龙、尹玉和八千士兵。

却没想到，这支队伍还没抵达常州就遭遇了元军的攻击。

文天祥的部将朱华、麻士龙和尹玉当即带兵与元军激战。张全却带着他的两千人在战场外隔岸观火。就这样在毫无支援的情况下，朱华、麻士龙力战元军，全部牺牲，只剩下部将尹玉和一些士兵在做最后抗争。

张全眼见元军大杀四方，吓得趁乱逃走。

尹玉的部分部将原本想上张全的船只一起退守，他们拉住张全的船只，结果却被张全的人马斩断手指，推入水中淹死。

尹玉见状，呵止部下的后退之心，率领最后五百残兵与敌军夜战。最终尹玉力尽，被元军杀害，兵士无一投降。

张全率兵潜逃，最终都没去常州。

至此时，常州这座江南城池已经孤军坚守近半年，他们之前没有盼来朝廷的援军，之后也不会再有援军了。

元将阿塔海利用"回回炮"对常州城内发起猛攻，但常州的军民上下一心，坚不可摧。常州知州姚訔，武进署理知县包圭，通判陈炤，都统刘师勇、王安节等率军民修补城墙、收集物资、积极反攻，让城外攻坚的阿塔海部队猝不及防，遭受了惨重的损失。

伯颜闻讯怒不可遏，在十一月初，亲率二十万大军包围常州。

十一月十六日，伯颜下令对城内射书招降，又派遣了南宋降元将领范文虎、吕文焕、张彦等人前去招降。

姚訔痛骂他们："廉耻不知，猪狗不如的东西！"

刘师勇则直接出箭射向几人。

十一月十八日，元军向常州发动总攻。

守城将士和常州百姓与元军主力鏖战，常州并非太原、襄阳那样的军事要地，城墙薄弱，但军民一心，前方有人牺牲，后方便有新人补上，令伯颜不得不惊呼这是"纸城铁人"！

当日，常州城破，姚訔为国捐躯，王安节、陈炤、胡应炎等人转入巷战，力战到最后一刻，全部牺牲。

伯颜佩服这样的城池和军民，但也同样认为此地百姓若留必然后患无穷，因此不惜违反忽必烈当初"不好杀人"的嘱托，下令屠城。

英勇的常州，在南宋历史上留下了用血书写的一笔。

后来，文天祥每每想到这座城池，都悲痛不已，即便在他被俘押送北上之时，依然不断地写诗悲颂："常州，宋睢阳郡也，北兵愤其坚守，杀戮无遗种，死者，忠义之鬼，哀哉！山河千里在，烟火一家无。壮甚睢阳守，冤哉马邑屠。苍天如可问，赤子果何辜。唇齿提封旧，抚膺三叹吁！"

听闻常州沦陷，焦山战败，时任南宋宰相陈宜中竟然诏令文天祥弃守平江，退守余杭。

另一个宰相留梦炎则率先弃官外逃，六部官员争先效仿。但作为文人雅士，就这么丢官逃跑显得不厚道，一没得到皇帝的批准，二会留下临阵脱逃的罪名。于是，他们想出一招，请求留在朝中的言官弹劾自己，要求罢免自己，这样一来，他们就可名正言顺地逃跑了。

副相参知政事陈文龙，上表"乞请告老还乡"，留书之后就逃回了家乡福建。

陈宜中看看同僚们的操作，竟然认为自古法不责众，也弃官跑了！

空空荡荡的朝堂，仅剩六名官员！

谢太皇太后多次召见陈宜中回朝主持大局，左等右等也不见陈宜中前来，最后只好写信给陈宜中的母亲，希望陈母能劝回陈宜中。

走投无路的谢太皇太后在朝堂上贴了张"感天动地"的诏谕：

"我大宋三百年，与士大夫以礼相待。现今我与皇帝遭逢大难，尔等大小臣工不好好想出对策以对强敌，反而擅离职守，左右离间，更甚者挂印弃城而逃，避难偷生，这是人干的事？你们这样以后有何颜面去地下面见先帝？天下还是大宋的，国法也还在。但凡忠于职守的官员，尚书省着重提拔一次；卖国出逃的官员，一旦发现，由御史调查之后通告全国。"

自宋建国以来，都厚待文臣，轻武将，可到国家危急关头，这些士大夫个个跑得比兔子还快。哪里对得起国家对他们寄予的厚望，又哪里对得起国家尽心尽力的栽培？

谢太皇太后发出这张诏谕又恨又气，心灰意冷。

看到这份诏谕，回朝的官员依然不多，好在陈宜中被陈老夫人劝回了朝中，又开始协助谢太皇太后主持朝局。

当务之急，是拿兵临城下的元军怎么办。

领着义军的文天祥、张世杰一致坚持主战，他们提议："集结所有的义军，三宫暂离临安，背水一战，或有一线生机。"

谢太皇太后高坐上首，对两位义士的话不抱太多希冀。前两次战败近在眼前，义军未必靠得住。这一线生机，实在太过渺茫。

陈宜中则坚决反对再战，他一力主张议和，议和后至少能保留南宋国祚。

此话戳中了谢太皇太后的心坎，她艰难地苦守，为的可不就是南宋国祚？而且元兵面对大好局势，怎肯罢休？

但，议和事宜还是被迅速提上日程。

德祐元年（1275）十二月，谢太皇太后派柳岳为乞和使出使元兵大营。

面对元朝丞相伯颜，柳岳的态度堪称谦卑，几乎是垂泪哭泣着请求。

伯颜却道："贵国想要议和，也要有点诚意，请派贵国丞相与我详谈！"

伯颜是大元丞相，他要求南宋同等地位的臣子来议和，本在情理之中。

南宋的宰相陈宜中却当即连忙摆手，表示他干不了这活儿。蒙古人喜欢用人点灯，他生怕自己也被蒙古人点了。

此时，文天祥挺胸上前，一向主战的他主动请缨，愿意前去与蒙古人和·谈。

谢太皇太后已经没有选择，当下应允。

德祐二年（1276）正月，谢太皇太后任命文天祥为右相兼枢密使，加派宗正少卿陆秀夫一同前去求和。

在皋亭山，文天祥与伯颜会晤。

在这场不对等的谈判中，元相伯颜气焰冲天，文天祥不落下风，甚至怒斥作陪的降元将领有何颜面在世，卖国行径可耻可恨，更道元军无信。他一身正气，虽是即将亡国的宋使，却表现出英勇无畏的气势，体现了一国宰相的气度。

气得伯颜将文天祥扣押，待来日提回元大都请忽必烈拿主意。

南宋随行的求和官员一见这架势，连忙表示向大元纳粮、绢帛二十五万石／匹，被伯颜拒绝。

议和失败。

南宋朝堂这边，前脚送走议和使，后脚陈宜中便向谢太皇太后提出迁都的主意。

谢太皇太后自是不答应，从前谢太皇太后还劝过理宗不能迁都，乱了臣下们的心，现今又如何能同意？

谢太皇太后吃了秤砣铁了心，就不同意迁都，陈宜中见状，急得在朝堂上大哭哀求："再不逃，就真的没命了。"

谢太皇太后看看空荡的朝堂，做了长久的心理建设，最终同意迁都。她是一位下定决心便行事果断的女性，当即命令宫人收拾妥当，在慈安宫等陈宜中来接人。

次日，陈宜中却迟迟没有出现。

谢太皇太后气愤至极，怒将头上的簪子摔到地上。

之后陈宜中再三请罪，表示是他的过错，没有规划好时间。但谢太皇太后这一次坚决不再同意迁都。

陈宜中眼见迁都无望，再待在临安必会成为元兵的俘虏，当下便收拾行囊悄悄地逃到了温州。

而文天祥被扣的消息传回南宋朝廷，谢太皇太后无奈地叹了一口气。她明白，元军并不想议和，一切都只是南宋的一厢情愿罢了。

德祐二年（1276）正月，宗亲上奏，请封皇帝的哥哥弟弟。谢太皇太后亲自下旨进封皇帝的哥哥吉王赵昰为益王、弟弟赵昺为广王。

元军兵临城下，局势相当不乐观，此时谢太皇太后进封两位皇子，益王赵昰的生母杨淑妃和广王赵昺的生母俞修容都不免奇怪，不知道谢太皇太后是何深意。

两位后妃心中忐忑，谢太皇太后又何尝不是寝食难安？她的每一个决定都如走在刀尖。

几日后，宗亲秀王赵与檡等人入宫求见，一见太皇太后便哭倒在地道："太皇太后大义，我等当与您同仇敌忾一致对敌，但大宋皇氏血脉单薄，还请您酌情考量啊！若是赵氏血脉断在我等手上，我等如何有脸面面见先祖呀！"

一直以来，谢太皇太后可谓为南宋用尽心力，这一刻，听到这番话，她终于略感安慰。

益王、广王尚在稚龄，自宁宗始，皇室子嗣并不丰茂，她不能让赵氏的血脉断送在自己的手中，因此才进封两位皇子，以图来日这两条血脉能兴复赵室。

进封的诏书下达之后，她一直在等，谁愿意站出来肩负这份重任。

如今，她要等待的人出现了。

谢太皇太后注目赵与檡等人道："既如此，尔等且下去准备，务必保护好二位小王爷一路安全。如今这局势，也仅有闽南、广东等地尚且安全，万万要护好二位殿下！"

赵与檡等人连连拜倒称谢，转身便去操办事宜。

谢太皇太后又召过杨淑妃与俞修容。

杨淑妃自进宫被度宗封为美人，入宫三年便升到淑妃位，一直是个明理之人。俞修容是度宗还是太子时的身边人，不是个攀附向上的性格，于她而言，此生有子足矣。只要能保小儿一命，她也没别的奢求。

谢太皇太后对两人仔细分析局势："国破在即，为了保有赵氏血脉，不得不多作打算，兴许，高宗赵构的故事能在你两人的儿子身上重写一次，亦未可知。"

只是将孩子仅仅交于宗亲和久居宫中的后妃，谢太皇太后还是不放心，随后她连夜召理宗皇帝的女婿、驸马都尉杨镇，以及杨淑妃弟弟杨亮节、俞充容弟弟俞如圭入宫，希望靠利益休戚相关的外戚一起照顾好赵家皇脉。

谢太皇太后殷切嘱托杨亮节和俞如圭，经过多方谋划，亲眼看着两位皇子更换常服，跟随他们的母亲、宗亲秀王赵与檡等人离开皇宫。

深夜，几辆马车从临安城慢慢驶出，直往婺州（今浙江省金华市）而去。

德祐二年（1276）正月十八，谢太皇太后派遣监察御史杨应奎向元朝上降书。

皇室对元朝递交降书，这便是一种暗号，各地守将纷纷降元。其中宋朝老将军夏贵，降元时已经七十九岁高龄。降元后，夏贵也没能享受几年，病逝时，享年八十三岁。时人写对联嘲讽夏贵："享年八十三，何不七十九！呜呼夏相公，万代名不朽。"

但是，南宋守将李庭芝、张世杰等人仍然坚持宁死不屈，誓要守护大宋江山。

李庭芝、张世杰等人是民族的脊梁，被后人讴歌。但独守皇室的谢太皇太后也不应被苛责，她已经肩负这个赵宋太多时光，如若可以，不会选择投降这种对不起列祖列宗，被后人谩骂千年的道路。

二月，伯颜率军即将进入临安。

元军提前派人来宣旨，且表示："宋朝皇帝向元朝称臣，要亲自出城迎接元使。"

二月初五这天，天没亮，小皇帝赵㬎就被母亲全皇后从被窝里抱出来。

全皇后含泪给他穿好衣袍，这位贤良的皇后，只此一子，自是希望他平安长大。

但是赵㬎虽然贵为皇帝，如今却要向元朝称臣，往后，也没个自由的日子，想起往后的日子，她实在忍不住落下泪来。

谢太皇太后强撑着口气道："今日我母子三人，当真要重温一百年前那一幕了。莫作小儿女姿态，即便是……也该撑起一国之主该有的气度。"言罢，牵起五岁的宋恭帝赵㬎，一步步往祥曦殿而去。

那么远的路，可怜此时才五岁的小皇帝要自己走。最后，赵㬎实在走不动了，谢太皇太后只好抱起他，率百官亲迎元朝使者入临安，奉上降表，诏谕郡县投降。

元朝使者入了临安城，便下令封府库，收史馆、礼寺图书和百司印符，罢除官府和侍卫军，并迅速控制整个临安。伯颜听从元军中汉人官员的建议，实施了包括令南宋旧臣恢复原职、百姓保留汉人冠服、使用旧币等一系列安抚政策。

宋朝，自960年宋太祖赵匡胤建立，到1276年二月谢太皇太后领宋恭帝赵㬎降元，已经走过316年风雨。在元朝使者入临安那一刻起，南宋主体政权已经灭亡。但逃出临安的益王、广王，这条南宋赵氏皇族单薄的血脉还在续写宋朝的历史，并最终成为历史上永远不能遗忘的悲壮血色……

第十七章

崖山之战——宋室绝唱

南宋朝廷向元朝投降，被谢太皇太后秘密送出临安的益王赵昰、广王赵昺踏上了逃命之路。出了皇城，四处都是危险，上一刻贵为王孙贵胄，下一刻变成平头百姓，穿不了金戴不了银，更不能仆从环绕，只有轻装简行，一行人为了逃避元军的围追堵截，甚至还得刻意伪装得更落魄。

尽管驸马都尉杨镇、秀王赵与檡等赵氏宗室为了保存南宋皇室最后一点血脉费尽心力，二王出逃的消息还是泄露了出去。

伯颜听闻消息，找人探查谢太皇太后投降前的动作，得知谢太皇太后曾下旨封宋恭帝的哥哥赵昰为益王，宋恭帝的弟弟赵昺为广王，他心底便有了方向。

南宋版图的北方已尽落入元军手中，谅两位小王爷再大胆，也不能往枪口上撞，必是往南而去。赵氏遗脉流落在外面，会导致太多变数。正如当年金国没能一口气处理掉的漏网之鱼赵构，又让宋朝绵延了多少岁月，以至于金国都灭了，宋朝还在延续。有此前车之鉴，伯颜深知"斩草不除根，春风吹又生"的道理，必要使改朝换代换得干净彻底！

伯颜派遣南宋殿前副都指挥使范文虎捉拿二王。

范文虎是降元宋将吕文德的女婿，原本镇守安庆，城坚粮足，兵马众多。伯颜大军攻到城下，范文虎放着大好的防御资源而不顾，拱手投敌。伯颜随后任命范文虎为两浙大都督。范文虎甘为元军向导，所到之处，殷勤招降东部各乡镇。

谢太皇太后投降之后，伯颜升范文虎为参知政事。

这次南下捉拿二王，伯颜看中了范文虎江西丰城人的出身，认为范文虎熟悉南方环境，有利于追捕。范文虎也有意讨好伯颜，想在其手下建立功业，争取荣华富贵，当即接了这份差事，率兵南下。

驸马都尉杨镇闻讯不敢大意，他向两位皇妃请示："我会即刻去往别处，引开追兵，你们且速从小路往前。"随即带人离开队伍，吸引范文虎的追兵。

杨淑妃弟弟杨亮节见势不妙，背起两位小王爷，从小路上山，往深山野林里钻。浙西多山陵，可夜宿山林的滋味并不好受，何况从小锦衣玉食长大的两位皇子。但是，为能逃开元朝的追兵，一行人不得不藏在山中七天后才走出山林。

也许是上天眷顾，不忍南宋就此亡绝。

饥肠辘辘又狼狈不堪的几人一出山林，遇上张全带领的几十名护卫，这才缓过一口气。

益王赵昰与广王赵昺两个小王爷逃得艰辛，而因议和被元朝丞相伯颜扣押的文天祥也在想方设法出逃。

二月九日，文天祥被元军秘密押往元大都。

二月十八日，押解的一行人来到京口，准备第二日渡江，再从运河北上。

当时据守扬州的是宋末名将李庭芝，他拒不降元，坚守扬州多年。元兵要过扬州必是一场战争，押解的人只好又带着文天祥返回京口。

落脚地是一户百姓人家，一名王姓千户看守着文天祥。而与文天祥一起关押的还有十一人，义士天台人杜浒和义士余元庆也在其中。

文天祥暗暗观察，这位王千户只着重看守自己，却对其他十几人不做过多关注，而且，此时对面江岸上就是大宋将士，只需要到了江对岸，元军便奈何不了他了，于是他决定出逃。

趁王千户不注意，文天祥与众义士暗中提出逃跑之事，并指出眼前有三件要紧事：

第一，要渡江，必须准备一条容纳几个人的小船，且目标不宜太大。

第二，元军有宵禁制度，凡是没有官灯引导的人一概格杀勿论。所以还须找到一个能拿到官灯做引导的人。

最后，要想方设法引开看守员王千户的注意力，才可能登船离开。

杜浒及余元庆表示，他们可以搞定这些事情。接下去，这两人一面装疯卖傻，一面暗中探听百姓中为南宋发声或是对元军不满的汉人，遇到这样的百姓他便暗中塞些银钱，希望能够得到百姓们的帮助。

功夫不负有心人，几经周折，再加上金钱相助，余元庆找到一位在元军中职位低微的小官，从其手中掌管的若干船只中借出了一条小船。

杜浒又用银子从一个刘百户手中买到了一盏官灯。

有了以上两位"好心人"的牵线，杜余二人就很容易结识了元军老兵，老兵表示愿意担任向导。

待到二十九日晚上，夜黑风高，王千户被几人灌得酩酊大醉。文天祥等人趁着夜色悄悄上了江中的小船。

三月初一天明，文天祥等人逃到了真州（今江苏省仪征市）。

此时，真州还在南宋手中，守将苗再成是著名抗元将领之一。得知右相文天祥来了，苗再成立刻前去迎接。

真州深陷敌后，已经好些时日未收到朝廷的消息。苗再成万万没有想到，临安城里谢太皇太后和宋恭帝已经领着臣下降元。

这消息简直是晴天霹雳，叫人痛彻心扉，苗再成不禁泪湿满襟，文天祥也潸然泪下。

两位大将对哭之后，文天祥先振作起来，眼下只有真州一处，不论是兵马还是粮草都很微薄。他提笔，分别给淮西的夏贵、扬州的李庭芝写信，表达自己的一片拳拳爱国之心，邀请众同僚共商会师抗敌大计。

文天祥没有想到，淮西的夏贵早在他积极逃出元军爪牙之时已经投降蒙古人。

而在文天祥逃跑之后，蒙古人立刻对外宣称："文天祥已经降元，正代表我大元去各处招降各地的官民！"

因此，在扬州的李庭芝收到文天祥的来信，认为这也许是一个陷阱，实际上是文天祥已经投降，此举要引扬州兵马出城被元军剿灭。

李庭芝随后悄悄地给苗再成去信一封，提醒苗再成别被"卖国贼"文天祥欺骗，甚至建议杀掉文天祥。

苗再成不能判断李庭芝所言真假，观察文天祥行为也不似投降，他思索再三，决定将这个烫手山芋丢出去，于是派人引文天祥出城，点了两名军将带五十多人"护送"文天祥等人去往扬州，并暗中吩咐他们，若文天祥途中真做出大逆不道、背叛南宋的事，便直接将之处死。

文天祥胸怀大义，自然不会有任何出格之举。

一行人抵达扬州。在扬州城外，苗再成的人马先行离去。扬州城内则对文天祥的出现，只有一个态度——杀。

杜浒于是劝文天祥道："相公自是高风亮节，可总有旁人以小人之心度君子之腹。您听这漫天的杀声，万一是里面有军情，咱们这贸然进去，被当成了贼军被乱箭所伤岂不冤枉？何况，李将军先前就对相公多有误解，眼下并非进城的好时机！"

文天祥思虑再三，同意杜浒的说法，决定改道高邮、通州，再从海上南下浙江或福建等地。但跟着文天祥一路风餐露宿的余元庆萌生了退意。于是，余元庆领着几个想走的人与文天祥分道扬镳，文天祥则领着杜浒等人继续南下。

与此同时，南宋的两位小王爷历尽千辛万苦，终于安然抵达温州。

秀王赵与檡深深明白谢太皇太后送出两位小王爷的用意，如今谢太皇太后和宋恭帝已降元，他们唯有拥立一位小王爷上位，重建政权，但环视周围，赵与檡明白仅仅依靠眼前这些人，实在不足以抵抗元军的追杀进攻。

思量再三，赵与檡将两位小王爷抵达温州的消息传播出去。散落在各地不想投降的义军和将领，听到南宋皇室一脉的皇子在温州的消息，于是纷纷动身。

不久，将领苏刘义率部下人马赶到温州。当初临安城破时，率领部下逃到定海的张世杰，和曾经担任扬州守将李庭芝幕僚的陆秀夫也马不停蹄地赶往温州。

此时的陆秀夫已不是当年李庭芝幕府中的小进士。

德祐元年（1275）两淮宋军与元军交战，打得不可开交。淮东制置使李庭芝率所部军队坚守郡县城邑，他身边的幕僚们见势头不对纷纷逃离，只有陆秀夫始终不离不弃，忠心不贰，一步不离李庭芝左右，跟随主将的脚步努力抗元。

李庭芝心里很是感念他的忠诚，向朝廷举荐陆秀夫。当时临安已经危乱，朝堂上的官员或逃或辞，但凡被举荐的人都会得到重用。

德祐二年（1276）正月，陆秀夫任礼部侍郎，一心想上战场杀敌的他，多次上疏表示要到前线去，却遭拒绝。

但如今，南宋二位小王爷的身边，正需要陆秀夫这样的忠君护主之臣。

几方人马一到，又有人提出前任宰相陈宜中此时正在温州家中。陆秀夫、张世杰当即请这位老臣出山主持大局，一起商议起兵复国大事。

秀王赵与檡没有贸然提出拥立新帝的事，而是先和众位大臣一起游览江心寺！

为何要来江心寺？

因为高宗当年被金军追着跑，就曾滞留江心寺，这段经历与两位小王爷如今的近况是何等相似！

众人拥着两位小王爷一起追忆往昔，于是有眼色的大臣借着当年高宗赵构曾坐过的御座还在为由，提出了拥立之意，几位大臣对视几眼，心里默默打起了从龙主意。

随后，众人遂拥戴益王赵昰为天下兵马大元帅，广王赵昺为副元帅，为往后两位小王爷择一个称帝，打下基础。

温州的动静闹得如此之大，伯颜自然不会听之任之。蒙古人以谢太皇太后的名义，派两名宦官带领百余名士兵前来迎接两位小王爷回临安。

陆秀夫等人好不容易才保住皇室这点血脉，怎么可能再送到元朝手里？南宋的这些余臣严词拒绝了这份诏令。

陈宜中又怕宦官回去给人报信，泄露两位小王爷的行踪，便派人将这些来人全部沉入江中。

虽去了一时后患，但陈宜中一想到元朝已经派了人来，温州不可久留，与其坐以待毙，不如继续南下。

众臣一番商议，一致决定前往闽广。

于是，陆秀夫、张世杰、陈宜中等人，带着两位小王爷启程前往福州。

他们前脚刚走，文天祥后脚才到温州，只得继续往福州追去。

与此同时，伯颜收了南宋的降书，押着已降元的宋恭帝等人北上，授命将领阿剌罕掌军，与中书左丞董文炳、大将阿术等继续追击南宋南逃的两位小王爷。

元军北上，经过扬州。

伯颜派人劝降扬州守将李庭芝。

硬骨头李庭芝，直接将元使给杀了。

伯颜对于有骨气的人一向有耐心，便让人去请谢太皇太后写了封劝降诏书。

谢太皇太后如今是他人手中刀，案板上的肉，迫于压力，只得提笔给李庭芝写信道："现下哀家与皇帝都已臣服大元，爱卿固守扬州，是为何人守城？"

扬州城下，元朝使者大声宣读太后的旨意。

李庭芝不发一言，他守的是南宋汉室城池，即便南宋不在，也得守着汉室城池，绝不可叫蒙古人占去。诏书读完，李庭芝提弓搭箭，将城下宣读诏书之人射杀。随行的其他人一见，作鸟兽散。

另一方面，李庭芝一知道元军押送皇帝太后北上，已令大将姜才埋伏在北上元大都的途中，希望能救下宋恭帝和谢太皇太后。

只是消息泄露，元军更改了行军路线，姜才的营救没能成功。

三月，宋将夏贵投降。元将阿术随后驱赶降兵到扬州城下让李庭芝等人看，李庭芝只淡然道："我只有一死而已。"

忽必烈喜欢有志气的人，亲自给李庭芝写去招降诏书，以示求才之心。

元朝使者送来诏书，李庭芝命人开城门，欢迎使者入城。使者以为李庭芝这次愿意投降了，高高兴兴地随人入城。谁料李庭芝随后带着使者上城门，当着全城百姓的面，一刀砍了使者的脑袋，并将忽必烈亲笔书写的诏书丢到火盆里。

城外的阿术看到此景，当即召集人马，对扬州进行围困，断绝了扬州的运粮船和宋军给扬州的粮草补给。

围城断粮，常见的戏码，但扬州苦战许久，不论是人还是粮都陷入匮乏局面，如今又属孤城，李庭芝无奈之下，向城内百姓集聚存粮以供军饷。但乱世之中，百姓又哪有多少余粮？不久，城中所有能食的粮食食尽，饿死者不计其数。

李庭芝依然咬牙坚守城池，身为大宋将士，当守好每一寸国土，这是宁死亦不可动摇的决心。

忽必烈在元大都听闻李庭芝依然不降，爱才心起，再次亲下诏书，特赦李庭芝焚诏杀使之罪。

七月，诏书到达元军的军帐，阿术挑了个胆大的人前去将诏书送到扬州城中，最后这人因为不敢进城劝降，只好拿弓箭将诏书射到城楼上。

只是这最后一次劝降，注定会失败。

因为，这一年的五月，陆秀夫、张世杰、陈宜中等人在福州建立起一个小朝廷，拥立赵昰为新皇帝，改元景炎，史称宋端宗。

端宗登基的消息给李庭芝注入了一剂强心针，更加坚定了他坚守扬州的信念。忽必烈就是送十封劝降信来，李庭芝也不可能投降，因此他看都未看忽必烈的诏书，便将之烧了。

另一方面，文天祥匆匆从镇江赶到福州，正巧遇上端宗称帝。

端宗登基，改元景炎，尊其生母杨淑妃为太妃，一同听政，封同行的三弟广王赵昺为卫王，任命老臣陈宜中为左相兼都督，陈文龙、刘黻为参知政事（相当于副相），张世杰为枢密副使，陆秀夫为签书枢密院事，苏刘义为殿前指挥使。同时，福州提升为福安府，温州为瑞安府。

文天祥的到来令福州小朝廷的每一个人都很高兴，大家都赞同文天祥有勇有谋，一片忠心天地可鉴，何况他本就是领了右相的差出使元朝才被扣押。因此，在新朝廷之中，由文天祥担任右相，无人提出异议。

新朝廷刚刚建立，急需强有力的军事力量护持，文天祥派人到江淮之地招募豪杰之士，又派杜浒到温州募兵，加上南来投奔的南宋残余军力，结集在一起足有十七万之多，是一股不小的战力。福建、两广的大片地区上，有了南宋军队，那更需要一位忠贞服众的将领来带领。

扬州守将李庭芝被推举上来。

小朝廷任命李庭芝为右相，请他来福州主持朝政。

七月，李庭芝收到诏书，打点好行囊，将扬州交给部下朱焕，并吩咐定要好好守好扬州，带着大将姜才领兵从泰州突围南下。

本来扬州的军士在城中都吃不好，睡不饱，在李庭芝突围时又遇元阿术沿道穷追猛打，等李庭芝离开扬州到泰州，身边已损失上千士兵。

阿术想拿下扬州，硬骨头李庭芝不好啃，现在李庭芝一走，他们召来降元汉臣，询问可有法子说动城中守将。

一位名叫陈楚客的汉人站出来表示，他曾是现扬州守将朱焕的好友，愿意前去招降。

陈楚客入扬州见到朱焕，朱焕没能抵挡住元朝递来的糖衣炮弹，已有投降之意，但他顾虑到李庭芝前脚刚走，城中军士及百姓抗元情绪依然强烈，所以并不敢立时投降。

陈楚客见朱焕意动，趁机奉上忽必烈亲笔诏书。

随后，朱焕举降书，开门迎元军进城。

李庭芝妻儿在扬州城内，得到投降的消息，要再逃出去已为时晚矣，被入城的元军俘虏。

元军依照忽必烈的指示，入城之后没有屠城。扬州城内，一片废墟，到处是饥民，也早已没有屠城的必要。

阿术知晓李庭芝刚逃到泰州，决定趁势拿下泰州，活捉李庭芝。

随后，元军主力围攻泰州，阿术命人将李庭芝的妻儿以及部将们的家人拉到泰州城下。

李庭芝心中恨极，却也无可奈何，坚守城池，保卫国土，是他的职责与信仰。但是副将孙贵等人生了降意，他们跟在扬州的朱焕一样，背地里开了泰州城门，引元军入城。

李庭芝闻此叛变，知道再难坚守南宋国土，遂跳入莲池，后因水浅而自杀未成。而此时的姜才因背疽发作，正在病榻上。两人被叛军抓住，献给元军。

投降蒙古人的朱焕献语道："扬州自从用兵以来，尸骨满地成堆，都因李庭芝与姜才而起，应当杀之。"

阿术下令将李庭芝、姜才押到扬州处死。

姜才一路不语，直到扬州刑场，见到投降元军的夏贵，他才开口，反问夏贵："见到我，有没有觉得羞愧到死？"而后与李庭芝一起，从容就义。

此时，淮东地区最后一块土地——文天祥曾逃去的真州，也被元军攻破，守将苗再成阵亡。

消息传到福州小朝廷，群臣沉默。

文天祥很快意识到，北方的元军已经连成一片，接下去必是元军休整时期。他当即上奏，请求挥兵北上。

文天祥表示："一旦等元军归整完结，要想将之击破将更加艰难。再者，一旦元军集合完军力，全力向着福州而来，我们也抵抗不住。"

左相陈宜中还固守老一派思想，新朝刚建立，百废待兴，先要稳定局势，休养生息几年再说，何况才从浙江逃出来到了福建，不如好好建设眼下手里这点土地。

根据惯例，左右宰相意见不合，那就以权位更高的左相为主，因此文天祥的建议被驳回。

而杨亮节这位国舅爷，一看外甥当了皇帝但岁数还小，辅政的亲王们把持朝政，皇权旁落，又生出了心思想帮外甥把权力拢到手上。

杨亮节争权夺利过于明显，赵氏宗亲秀王赵与檡当然不能视而不见，两人暗地里较起了劲。

官场新秀陆秀夫观点激进，与理念陈旧的陈宜中产生矛盾，陈宜中指使谏官上奏弹劾陆秀夫并罢免了他。

张世杰坚决反对陈宜中此举，他气愤地道："陆秀夫一路护持陛下，尽职尽责，除了没应和你之外，人家也没什么错，陈公为何老让言官弹劾陆秀夫呢？"

陆秀夫与陈宜中手下都不曾领兵，张世杰这位手握军权的人一开口，陈宜中只得被迫吞下这口气，并将陆秀夫召回。

南宋小朝堂上，不说刀光剑影，至少也是明争暗斗，各自为营，似乎元军南下这种国家不存的事都是远虑，眼下的利益争斗才更重要，让这样一班人齐心抗元，已经是天方夜谭，也难怪南宋最终落得那般下场。

福州小朝廷里刀光剑影，转眼向外，更是处处危机。

六月，元军于鄂州、临安设尚书省，下设诸路宣慰司，全力追歼南宋残余。

紧接着，元军进军江西，江西招谕史吴浚面对的是时任元左副都元帅李恒。

　　李恒是西夏宗室后裔，蒙古攻占西夏后，他的父亲李惟忠被蒙古宗王收养，而李恒自幼聪颖，深得忽必烈信任，因曾告发李璮谋反，被授予淄莱路奥鲁总管之职，后随元军伐宋，参与进攻襄阳，而后随伯颜进攻江浙，接着随元右丞阿里海牙继续南下伐宋。

　　对于宋军而言，李恒是一个战场上历练出来的对手，履历漂亮，果敢英勇，有勇有谋。

　　江西方面有十万军与其骑兵短兵相接，李恒略胜一筹，随后夺取了整个江西，吴浚在兵败后逃往宁都（今江西省赣州市宁都县）。

　　江西失守，广西在被动防守，广东这边也遭遇元兵敌袭。

　　广东制置使赵溍赶紧派曾逢龙带领熊飞在南雄抗御元军，宋军不敌，曾逢龙正衣冠自尽旗下，熊飞经过浴血奋战，撤往韶州。元军乘胜追击熊飞，眼见熊飞逃入韶州，更下令围困韶州。韶州之前本就被元兵把守，几个月前熊飞才将其收复。守将刘自立眼见元军带着大部队围困韶州，便生出了投降之心，打开城门降元。熊飞率兵与元军在巷路交战，终不敌元军，为国捐躯。

　　十一月，秀王赵与檡与几位赵氏宗亲子侄，在瑞安府阻击元军，不幸被俘杀害。浙江的元兵休整好以后，领兵从海上南下进攻福建，行都福州危矣。

　　陈宜中、张世杰、陆秀夫忙护卫端宗及皇室逃往海上。

　　随即，南剑州失守，福州主动降元。

　　十一月二十三日，小朝廷逃到泉州。

　　南宋秉承着经济开放的策略，泉州更是欢迎各国商人齐聚，到南宋后期，泉州便是最大的外贸通商港口。

　　而管理这个港口的人，是出身阿拉伯商人家庭的蒲寿庚。

　　宁宗嘉定十年（1217），蒲寿庚的家族便从广州举家迁到泉州定居。蒲寿庚的家族在泉州经商三代，积累了大量的财富。

蒲寿庚的父亲蒲开宗，曾因贸易有功，被南宋朝廷授予"承节郎"的官衔。蒲寿庚更是被提举为泉州市舶使。

泉州市舶司相当于海关，具有招揽外商前来贸易的任务，也有管理处理坊内事务及纠纷的权力。一般不出重大事故，南宋朝廷都不会过问。在这样的制度下，蒲寿庚被提举为市舶使的三十年间，成了当地的土皇帝，不仅拥有巨额的财富，还控制着大量贸易海船。而船在战争年代，属于军事战略物资。

端宗赵昰带人乘船来到泉州时，蒲寿庚起先很是高兴。他整理好衣冠，前去拜见端宗。

端宗尚且年幼，陈宜中及张世杰并一众大臣接见了蒲寿庚，并向蒲寿庚打听福建及泉州的情况。蒲寿庚逐一作答，他见皇帝辛苦奔波，真心诚意地邀请皇帝在泉州停留。

陈宜中与张世杰商议之后，保险起见，拒绝了蒲寿庚，但提出要征用蒲寿庚的船队和资产。

南宋上下官员眼中，普天之下，皆是王土，四海之内，皆是王臣。目前国家危急，每个有血性的国人，都应该将财产捐给国家。更何况蒲寿庚身为南宋官员，当以身作则，当好表率。

只是蒲寿庚不仅是南宋的官员，还是一位地地道道的商人。

在蒲寿庚看来，在商言商，朝廷要物资自然可以，但作为交易，等价交换，朝廷又能给他蒲寿庚什么呢？

张世杰显然还没有意识到蒲寿庚为何拒绝，甚至恼羞成怒。

蒲寿庚也坚决不交财产与船只。

双方因为观念上的差距谈崩了。

张世杰派人前去强制征收了蒲寿庚的船只及资产。

蒲寿庚被小朝廷的行为彻底激怒，他并非没有第二个选择。早在宋端宗来泉州之前，元朝曾派人前来招降蒲寿庚，但蒲寿庚土皇帝当久了，元朝又远在千里之外，蒲寿庚并不太感兴趣。

与南宋彻底撕破脸后，蒲寿庚转头便向元朝抛出了橄榄枝，写信给元军表示要投降。不仅如此，蒲寿庚还发动自己的武装在泉州城里对南宋官吏、军队和皇室发起了进攻。

小朝廷不得不令陈文龙为闽广宣抚使，在兴化抵抗元军，然后大臣们带着端宗赵昰离开泉州，漂泊入海，四处流亡。

陈文龙随后倾尽家财招募兵勇组成民军，厉兵秣马，准备与元军战斗。

十二月，福州、泉州先后降元，下一处对准了陈文龙镇守的兴化。

元将阿剌罕想招降陈文龙，派人前去劝降。

陈文龙四次斩杀来使，最后一次的劝降使者是陈文龙的姻亲，陈文龙也未曾动心，依然下令斩杀。

元军劝降的招数，甚至把陈文龙弄烦了，他派人给蒙古人送信："陈某人不怕死，此生谁无一死？孟子曰：'效死弗去。'贾谊曰：'臣死封疆。'国事如此，不如无生，惟当翊一死守！"为了让蒙古人断了劝降的想法，陈文龙命人在城墙之上竖起大旗，上书"生为宋臣，死为宋鬼"八个大字。

陈文龙坚守兴化，但并不死守城池，时常派人前去探察敌情，随时改变应敌策略。然而，孤木难支，陈文龙还有继续保家卫国的决心，他身边的部将林华、陈渊等人却认为南宋已经没有希望，两人与降将王世强内外勾结，引元军至城下，通判曹澄孙主动向元朝投降，陈文龙奋力与元军抗争，可惜终寡不敌众，力尽被抓。

随后，见到进入兴化的元军烧杀抢掠，陈文龙气急，大呼："快杀我，不要害百姓！"

元朝中书左丞董文炳劝降陈文龙道："国家兴亡自有天意，你这个书生，还看不出天时吗？"

陈文龙道："国亡我当速死！"就算元军以其母的性命相要挟，也绝不妥协。

元军随后将陈文龙押送往临安，陈文龙自启程起便绝食。到临安后，陈文龙要求祭拜岳飞，前往孝宗时期为纪念岳飞建立的忠祐庙。在忠祐庙内，陈文龙看着岳飞的雕像，不禁悲从中来，他是多么希望岳飞这位前辈可以重生在眼前，带着南宋子民抵抗元军啊！可是，这一切不可能发生了，南宋没有希望了！陈文龙痛哭流涕，当晚，他在庙中咽下了最后一口气，年仅四十六岁。

在福建的陈母听闻此事，不再食用汤药，她道："我和我的儿子一块儿死去，心无怨恨！"几日后病故。

端宗景炎二年（1277）正月，元军进逼汀州（今福建省长汀县），文天祥欲占据汀州以抗元军进犯。不料，汀州守将黄去疾拥兵自重，文天祥强龙压不过地头蛇，率军退至漳州。

散落在外的宋军如赵时赏等军纷纷向漳州集合，唯独不见吴浚的身影。文天祥有了不祥的预感，果然，没多久，吴浚与黄去疾降元的消息便传了回来。

吴浚降元后，亲自到漳州劝降文天祥，文天祥斥责吴浚，另派人缚起吴浚，将之吊死。

二月，忽必烈下诏召回诸师。

元军主力回撤，让南宋小朝廷得以喘息片刻。

文天祥等军经过短暂整顿，在三月，收复梅州，同月陈文龙的从叔陈瓒在兴化起兵，反杀守将林华，收复兴化城。

五月，文天祥又率军从梅州出发并打响了收复江西的战役。

在文天祥的领导下，各路义军配合督府军作战，分别夺回会昌、零都、兴国，文天祥也在赣南占领了大片土地。

同时，张世杰也趁机收复了潮州。

南宋连续多场战争胜利，似乎形势大好。

张世杰眼见元兵主力撤退，亲自率领淮兵讨伐蒲寿庚，誓要将蒲寿庚斩于戟下。奈何蒲寿庚躲在泉州城中，闭城不出。

张世杰随后向诸路义军传下檄文。

南宋境内抗元的情绪日渐高涨，留下的少量元军发出求援信，元军统帅张恒收到信后挥军南下，直攻文天祥所在的兴国。

文天祥不料张恒杀了个回马枪，仓促之下，不敌张恒，败走永丰。他命部将江西招讨使巩信率兵断后。

老将巩信与元军交战于石岭一带，以身殉国。在咽气之前，他与将士们坐在岩石上，令元军以为宋军还在坚守，不敢贸然前进。用这种方法，巩信给文天祥争取到一天后撤时间。

次日，文天祥被元军追上，将士赵时赏见元军依然紧追不舍，便坐上文天祥的肩舆，掩护文天祥及杜浒等人骑马逃走。赵时赏后来被元军杀害。

八月，文天祥夫人欧阳氏及子女被元军俘虏，被送至元大都，次子死于途中。

九月，忽必烈决心不给南宋留下一丁点机会，下诏令塔出与李恒、吕师夔以步军，忙兀台、唆都、蒲寿庚、刘深等以水军南下，两路大军齐下，务必拿下二王。

大批元军随后支援泉州，并派人劝说张世杰，张世杰将人扣下。另一边，蒲寿庚听闻元军到来，立马写信给元军统帅唆都求援，唆都率兵亲至，张世杰只得退兵，蒲寿庚得以脱围。

唆都率军进入福建后，直逼兴化，陈瓚闭城不出，唆都命人造梯炮石。不久，兴化城破，陈瓚誓死抵抗，最终被俘。唆都入城后，屠城杀民，陈瓚被车裂而亡。百姓们将陈瓚的衣冠葬于壶公山下，为他和陈文龙建二忠祠。

唆都夺下兴化之后，率元军沿潮州向惠州进发，途中与吕师夔会军于广州。

元将刘深率水路军南下，攻于浅湾，张世杰不敌元军，带领端宗驶船从秀山（今广东省东莞市虎头山）逃往井澳（今广东省中山市外海），陈宜中则趁乱逃往占城。

时值十二月，海上突起大风，大量船只倾覆，端宗被卷入海中。虽然不久众臣便将端宗救起，但端宗终究只是个十岁的孩子，惊吓过度，从此一病不起。

这一场飓风过后，本就艰难的宋军死伤过半。张世杰从此不再主动与元军硬拼，尽量避开与元军主力交锋。于是，上演了一出海上你追我逃的戏码。

景炎三年（1278）三月，一病四个月的赵昰身体抗不住长久的奔波，急需稳定一处休养。众臣随端宗赵昰迁到硇州（今广东省湛江外海硇洲岛）驻扎下来。

时任雷州知州曾渊子听闻皇帝来到硇州，立时赶来效命。

四月，端宗终究未能抗过命运，离开了人世，年仅十一岁。

众臣们人心惶惶，到了崩溃的边缘。

陆秀夫见状，道："度宗皇帝尚有一位皇子在世，众将军欲怎样处置小王爷？古人曾以一城中兴，而我们现今百官都在，还有数万军队，上天若不想亡我大宋，难道我们不能依靠这些振兴家国了？"这句话让众人又重拾了些许希望。

于是，年方八岁的卫王赵昺被众臣拥护登坛告慰天下，次月，改年为祥兴元年，杨太妃垂帘听政。

在占城的陈宜中却没有回来的意思，小朝廷任命陆秀夫为左相，专门掌管文事；张世杰为枢密副使，专门掌管军事。虽流离海上，陆秀夫仍旧坚持每日给幼帝赵昺讲课。

张世杰努力给小朝廷找一处安稳地，结束海上漂泊的岁月。他观察各地情况，认为崖山处于新会南方八十里海域之中，属于浅海，大船不易进出，只小船可依潮汐出入，而与崖山对立的奇石山，两山如两扇大门。

于是，六月，幼帝迁居崖山。

张世杰命人入山伐木，造行宫三十间、军屋三千间，正殿是慈元殿，由杨太妃居住。

经历南海风暴，与元兵交战之后，宋军此时尚有民兵二十余万人，众将士所食皆取自广右诸郡、海外四州。

吃住解决了，工防亦要提上日程，建造兵船，招兵买马，训练军队，林林总总，等忙完，已到了十月。

南宋在海边建了小行宫，消息早传到元朝。

张弘范向忽必烈进言："应该将这些南宋余孽拿下。"

忽必烈任张弘范为元帅，另赐宝剑，授其独立决裁军事的权力。

张弘范选李恒为副帅，自带水军由海路南下，李恒带陆军南下，两路包抄南宋小朝廷。

八月，皇帝下诏加张世杰为越国公，文天祥征战在外，加少保信国公。

文天祥的军中此时暴发了瘟疫，很多士兵死于瘟疫，文天祥的母亲、长子，也尽皆去世。即便如此，文天祥依然坚守前线，抗击元军。

十月，元军骑兵、步军、水军数路并进南下，所到之处，南宋无力抗争。

十二月，张弘范率主力支援潮阳，文天祥眼见不敌，率麾下士兵退走广东海丰，张弘范率骑兵突至，于海丰的五坡岭将文天祥俘获。文天祥心存死志，吞药自杀，但药力失效，未能殉国。

张弘范将文天祥关在珠江的一只船中，百般诱降，文天祥毫不动摇。

祥兴二年（1279）正月，张弘范乘船从潮阳港入海，至甲子门，命斥候将刘青、顾凯前去探查，终于得知幼帝在崖山。张弘范立即率军攻打到了崖山附近，并派兵封锁海口。

张世杰和张弘范这对堂兄弟各为其主，走到了决战的一刻。

张世杰担心众兵士久居海上，一旦开战，船只散开，便如同散沙，便将船周贯以铁索，四周起楼棚，将幼帝请于船中。

因为崖山北面水浅，元军大船不得进，张弘范只得下令转东面入大洋，与张世杰大军相遇，张弘范强攻，但南宋的船只坚固异常，无法攻破。

张弘范又欲用火攻，奈何张世杰早有预料，船上早早已涂上了泥，正防着元兵的火攻呢。

张弘范一时无法攻下宋军，便使人前去劝降张世杰，张世杰拒降。

张弘范召来文天祥，逼文天祥向张世杰劝降，文天祥答道："我不能保护自己的国家，难道还要叫我去教别人背叛自己的国家，可能吗？"

张弘范之后占领海口，命部队切断宋军砍柴、打水的途径。

崖山本是一个小岛，岛上的生活资源需要附近的大陆及海南岛运送。眼下元兵断了宋军的补给，宋军没有淡水喝，只能吃干粮，十余日后，实在没有办法，宋军就只有舀海水解渴。海水又咸又苦，许多人因为饮用海水病倒。

张弘范也把文天祥带到了前线，让他亲眼见证即将到来的大战，看着南宋最后的一点点力量消散。在这里，张弘范逼迫文天祥给宋军写劝降信。文天祥提笔，将这一年正月过零丁洋之时写的《过零丁洋》又写了一遍，以明其志。这首诗中的最后两句便是几乎每一个中华儿女都知道的"人生自古谁无死，留取丹心照汗青"。

宋元两军僵持到二月初六，崖山发生暴风雨。

元军自北面对宋军发动突袭，到中午，宋军出现支撑不住之象。元军抓住机会，在宋军中撕开一道口子，将宋军南北包抄。

张世杰知大势已去，忙命人前去以小舟接幼帝离开，寻个机会逃遁而去。

陆秀夫眼见元军攻破军阵，生怕来人被元人收买，若幼帝被俘，岂不是让幼帝生生受辱？故而不答应让幼帝随人离开。他命妻儿先行跳海，自己欲带着幼帝一起跳海。

面对九岁的幼帝赵昺，陆秀夫悲从中来，道："先帝被辱，臣不能让陛下再受辱，请陛下为国捐躯。"

幼帝没有挣扎，年幼的他似乎什么都明白，也做出了一样的决定。陆秀夫随后用白绫将幼帝和自己绑缚在一起，纵身跳入海中。

这是值得永远被后人记住的一跳。

昔年，宋朝开国天子赵匡胤定下"与士大夫共治天下"的基调，之后宋朝文人名士辈出，犹如星空璀璨，成为中国历史上文化璀璨的一个朝代。

而如今的陆秀夫与幼帝，给这份帝王与文臣之间的约定画上了悲凉的句号。

见皇帝跳海，崖山的其他人，众将士、侍从甚至是当地百姓都跟随着跃入海中。

七日后，海上浮尸十万。

元军占领崖山后，在崖山北面石壁上刻下了十二个大字——镇国大将军张弘范灭宋于此。

两百年之后，元朝灭亡，明朝也已经建立了百年，明朝巡按御史徐瑁来到崖山见到这行字，下令将原字铲去，改成"宋丞相陆秀夫殉国于此"。

崖山之战后，张世杰原本带着杨太妃冲出重围，但杨太妃得闻幼帝跳海而亡，痛哭道："我艰难至此，只为保赵氏一点血脉而已，天不佑我，还有什么指望啊？"说完跳入带走儿子的大海之中。

张世杰随后带领残军继续在海上流亡，后遇暴风雨，他顿感前路已断，感叹道："臣为赵氏尽心尽力，然而一君亡，又立一君，现在又亡。我苟活于世只是想打败元军，另立赵氏后裔。可现在这样是天意要赵氏亡吧！"风雨掀翻了船只，张世杰堕入水中，这一次他未做挣扎，溺水殉国。

南宋小朝廷只剩下了文天祥，他被押送到大都，长路漫漫，自年头从中国的最南端出发，抵达大都时已是年尾深秋。

这一路上，文天祥都在挣扎，对于一个忠臣而言，最痛苦的莫过于眼睁睁看着自己的祖国被一点点蚕食，最后灭亡。文天祥想要殉国，服了毒药又被救活，绝食八日，还是没有死。忽然之间，他想通了，决定坦然面对未来，又重新开始进食，昂首挺胸地走向自己的结局。

这个人是宋朝的脊梁，最明亮的希望。而元朝又何尝不知道文天祥代表的意义？

张弘范劝文天祥："如果转投元朝，定然会有一番作为。"

文天祥道："国亡而不能救，作为臣子已经是死罪，怎么还能怀有二心呢？"

张弘范将文天祥的行为言语报告给忽必烈，忽必烈感慨道："谁家没有忠臣呢？"他下令用上宾之礼对待文天祥，既是期许打动文天祥，也是为元朝的忠臣树立楷模。

文天祥到大都后，新一轮的劝降开始，除了之前宋朝的那些降臣降将，还有南宋的降帝。

谢太皇太后领着恭帝赵㬎投降元朝之后，被封为寿春郡夫人，赵㬎也被封为瀛国公，他们成了元朝劝降时的一道王牌。

在临安，跟随谢太皇太后递交降书的赵㬎只是一个五岁的孩子，到现在他也才八岁，如何能深深地体会个人荣辱和肩负起一个政权的存亡？

文天祥见到赵㬎，立刻跪地，失声痛哭："圣驾请回！"

关于赵㬎还有一段记录，他长到十八岁后，元人将他送去吐蕃修习佛法。赵㬎很有佛缘，之后成为了藏佛界的一位高僧，把汉文佛典译成藏文，还经常四处讲经，最后在五十三岁时离世。但是，终其一生，他都未能踏上故土。

在一切劝降手段都用尽之后，忽必烈也失去了耐心，文天祥人生的最后三年在监狱中度过。他不断被施以刑罚、审讯，时间慢得像针扎一样，这是一种比酷刑还痛苦的折磨……

但是，宋朝的脊梁没有被打断，正是在这样的环境下，文天祥写下了《正气歌》。

　　叱咤风云的忽必烈也不禁在这个文人身上感受到了挫败感，即便在处死文天祥的前一天，忽必烈依然不想放弃，他对文天祥道："若你改变心意，中书省定有你一席之地。"

　　文天祥平淡地回复："吾乃大宋宰相，国已亡，但求一死。"

　　第二日，元至元十九年（1282）十二月初九，文天祥被押送刑场。他悄悄给自己写下了遗书，放在贴身的衣服内："孔曰成仁，孟曰取义。唯其义尽，所以仁至。读圣贤书，所学何事？而今而后，庶几无愧。"

　　天很冷。

　　到刑场后，文天祥询问哪里是南方，在得到答复后，面南下拜。

　　监斩官直到最后一刻还在努力，道："相公是否有什么话想说？我现在回奏，还可以免死。"

　　文天祥答道："吾事已毕，心无怍矣。"

　　这位南宋的最后一位宰相，用自己的鲜血，为中国历史屹立了一座跨越千万年都不会倒塌的丰碑……

　　南宋的历史就此绝笔。